Les Cent Jours

Mémoires pour servir à l'histoire de la vie privée, du retour et du règne de Napoléon en 1815.

baron Pierre Alexandre Édouard Fleury de Chaboulon

Alpha Editions

This edition published in 2023

ISBN : 9789357947176

Design and Setting By
Alpha Editions
www.alphaedis.com
Email - info@alphaedis.com

AU LECTEUR

La révolution du 20 mars formera, sans doute, l'épisode le plus remarquable de la vie de Napoléon, déjà si féconde en événemens surnaturels. Mon intention n'a point été d'en écrire l'histoire: cette noble tâche est au-dessus de mes forces; j'ai voulu seulement mettre Napoléon en scène, et opposer ses paroles, ses actions et la vérité, aux assertions erronées de quelques historiens, aux mensonges de l'esprit de parti et aux outrages de ces écrivains de circonstance habitués à insulter, dans le malheur, ceux qu'ils ont honorés dans la prospérité.

Jusqu'alors, on n'avait pu s'accorder sur les motifs et les circonstances qui avaient déterminé l'Empereur à quitter l'île d'Elbe. Quelques personnes supposaient qu'il avait agi de son propre mouvement; d'autres, qu'il avait conspiré avec ses partisans la perte des Bourbons. Ces deux suppositions étaient également fausses. On apprendra avec surprise, avec admiration peut-être, que cette étonnante révolution fut l'ouvrage inoui de deux hommes et de quelques mots.

La relation du colonel Z***, déjà si précieuse par les révélations qu'elle renferme, nous paraît devoir fixer sous d'autres rapports l'attention du lecteur. En l'étudiant soigneusement, on y découvre le type des défauts, des qualités, des passions, qui, confondus ensemble, forment le caractère, si plein de contrastes, de l'incompréhensible Napoléon. On l'aperçoit tour-à-tour défiant et expansif, ardent et réservé, entreprenant et irrésolu, vindicatif et généreux, libéral et monarchique. Mais on voit dominer par-dessus tout, cette activité, cette force, cette chaleur d'âme, ces inspirations brillantes et ces déterminations soudaines qui n'appartiennent qu'aux hommes extraordinaires, qu'aux hommes de génie.

Les conférences que j'eus à Bâle avec l'agent mystérieux du prince de Metternich, étaient restées ensevelies jusqu'à ce jour dans un profond secret. Les historiens qui m'ont précédé, ont raconté, sans autre explication, que le duc d'Otrante avait mis sous les yeux de l'Empereur, au moment de l'abdication, une lettre de M. de Metternich; et que cette lettre, artificieusement conçue, avait déterminé Napoléon à abdiquer, dans l'espoir que la couronne passerait à son fils. Les détails donnés dans ces Mémoires, changeront entièrement les idées qu'on s'était formées de cette lettre et de son influence. Ils confirmeront aussi l'opinion assez généralement répandue, que les souverains Alliés attachaient peu d'importance au rétablissement des Bourbons, et qu'ils auraient volontiers consenti à placer sur le trône le jeune prince Napoléon.

On avait pensé que le fameux décret qui traduisait devant les tribunaux le prince de Talleyrand et ses illustres complices, avait été rendu à Lyon, dans un premier accès de vengeance. On verra qu'il fut le résultat d'une simple combinaison politique; et la noble résistance que le général Bertrand (aujourd'hui condamné à mort) crut devoir opposer à cette mesure, ajoutera (s'il est possible) à la haute estime que mérite, à tant de titres, ce fidèle ami du malheur.

Les écrits publiés avant cet ouvrage, ne contenaient, non plus, sur l'abdication de Napoléon, que des rapports inexacts ou fabuleux. Certains historiens s'étaient plu à représenter Napoléon dans un état d'accablement pitoyable; d'autres l'avaient dépeint comme le jouet des menaces de M. Regnault (de St.-Jean d'Angely) et des artifices du duc d'Otrante. Ces Mémoires apprendront que Napoléon, loin d'être tombé dans un état de faiblesse qui ne lui permettait plus de soutenir son sceptre, aspirait au contraire à se faire investir d'une dictature temporaire, et que, s'il consentit à abdiquer, ce fut parce que l'attitude énergique des représentans le déconcerta, et qu'il céda à la crainte d'ajouter, aux malheurs de l'invasion étrangère, les calamités de la guerre civile.

On ignorait complétement encore que Napoléon, après son abdication, eût été retenu prisonnier à la Malmaison. On présumait qu'il avait différé son départ, dans l'espoir d'être replacé à la tête de l'armée et du gouvernement. Ces Mémoires feront connaître que cet espoir (s'il régna intérieurement dans le coeur de Napoléon) ne fut pas le motif réel de son séjour en France, et qu'il y fut retenu par la commission du gouvernement, jusqu'au moment où, l'honneur l'emportant sur toute considération politique, elle força Napoléon de s'éloigner, pour le préserver de tomber entre les mains de Blucher.

Les négociations et les entretiens des plénipotentiaires Français avec les généraux ennemis, les procédés du prince d'Eckmühl, les intrigues du duc d'Otrante, les efforts des membres de la commission restés fidèles à leur mandat, les débats sur la capitulation de Paris, et tous les faits accessoires qui se rattachent à ces diverses circonstances, avaient été totalement dénaturés. Ces Mémoires rétablissent la vérité ou la dévoilent. Ils mettent au jour la conduite tenue par les membres de la commission, qu'on supposait dupes ou complices de M. Fouché, par les maréchaux, par l'armée, par les Chambres. Ils renferment en outre la correspondance des plénipotentiaires et leurs instructions: documens inédits qui feront connaître quels étaient alors la politique et les voeux du gouvernement de la France.

J'observerai enfin, pour compléter le compte que je crois devoir rendre au lecteur, de la substance de cet ouvrage, qu'il offre, sur la campagne de 1815, des éclaircissemens dont le besoin s'était fait sentir impérieusement. On ne savait point les causes qui déterminèrent Napoléon à se séparer à Laon de son armée; je les indique. Le général Gourgaud, dans sa relation, n'avait pu donner l'explication de la marche du corps du comte d'Erlon à la bataille de Ligny, de la conduite du maréchal Ney le 16, de l'inaction de Napoléon le 17, etc. J'éclaircis (je crois) tous ces points. Je montre aussi que ce ne fut point, comme l'avancent encore et le général Gourgaud et d'autres écrivains, pour relever le courage et le moral de l'armée Française que son chef lui fit annoncer l'arrivée du maréchal Grouchy. Napoléon (et ce fait est certain) fut abusé lui-même par une vive fusillade engagée entre les Prussiens et les Saxons; et c'est à tort qu'on lui impute d'avoir trompé sciemment ses soldats, dans un moment où les lois de la guerre et de l'humanité lui prescrivaient de songer plutôt à la retraite qu'à prolonger la bataille.

J'avais d'abord refusé l'entrée de ces Mémoires aux pièces officielles déjà connues. J'ai cru devoir les y admettre: cet ouvrage, qui embrasse tous les événemens du règne des Cent Jours, serait incomplet, s'il fallait que le lecteur recourût aux écrits du tems pour relire ou consulter l'Acte du Congrès de Vienne qui plaça l'Empereur Napoléon hors de la loi des nations, l'Acte Additionnel qui lui fit perdre sa popularité, et les discours éloquens et les déclarations vigoureuses par lesquels Napoléon, ses ministres, et ses conseillers cherchèrent à expliquer, à justifier le 20 Mars. J'ai pensé, d'ailleurs, qu'il ne serait peut-être point sans intérêt de rendre le lecteur témoin des combats livrés, à cette grande époque, par la légitimité des nations à la légitimité des souverains.

Les couleurs sous lesquelles je représente Napoléon, la justice que je rends à la pureté de ses intentions, ne plairont pas à tout le monde. Beaucoup de personnes qui auraient cru aveuglément le mal que j'aurais pu dire de l'ancien souverain de la France, n'ajouteront peut-être que peu de foi à mes éloges; elles auraient tort: si les louanges prodiguées à la puissance sont suspectes celles données au malheur doivent être vraies: ce serait un sacrilége d'en douter.

Je ne me dissimule pas davantage que les hommes qui, par respect pour les principes, persistent à ne voir, dans la révolution du 20 Mars, qu'une odieuse conspiration, m'accuseront d'avoir embelli les faits et défiguré à dessein la vérité; peu m'importe: j'ai peint cette révolution, telle que je l'ai sentie, telle que je l'ai vue. Que d'autres se complaisent à flétrir l'honneur national, à représenter leur patrie comme un composé de poltrons ou de rebelles: moi je crois qu'il est du devoir d'un bon Français de prouver à l'Europe, que le Roi ne fut point coupable d'abandonner la France; que l'insurrection du 20 Mars ne fut pas l'ouvrage de quelques factieux qu'on aurait pu réprimer, mais un grand acte national contre lequel seraient venus se briser les efforts des volontés particulières; que les royalistes ne furent point des lâches, et les autres Français des traîtres; enfin, que le retour de l'île d'Elbe fut la terrible conséquence des fautes des ministres et des *ultrà* qui appelèrent sur la France l'homme du destin, comme le fer provocateur appelle la foudre.

Ce sentiment me portait naturellement à terminer ces Mémoires par l'examen philosophique des Cent Jours et la réfutation des reproches journellement adressés aux hommes du 20 Mars. Des considérations faciles à pénétrer m'ont retenu. J'ai dû me borner à mettre les pièces du procès sous les yeux du grand jury public et à lui laisser le soin de prononcer. Je sais que la question a été décidée dans les champs de Waterloo, mais une victoire n'est pas un jugement.

Quelle que soit l'opinion que le lecteur impartial portera de cet ouvrage, je puis protester d'avance que je ne me suis laissé influencer par aucune considération particulière, par aucun sentiment de haine, d'affection ou de reconnaissance. Je n'ai écouté d'autre impulsion que celle de ma conscience, et je puis dire, avec Montaigne: *Ceci est un livre de bonne foi.*

Trop jeune pour avoir pu participer aux erreurs ou aux crimes de la révolution, j'ai commencé et terminé, sans reproche et sans tache, ma carrière politique. Les places, les titres, les décorations que l'Empereur daigna m'accorder, furent le prix de plusieurs actes d'un grand dévouement et de douze années d'épreuves et de sacrifices. Jamais je ne reçus de lui ni grâces ni largesses: j'entrai, riche à son service, j'en suis sorti pauvre.

Lorsque Lyon lui ouvrit ses portes, j'étais libre; j'embrassai spontanément sa cause: elle me parut, comme à l'immensité des Français, celle de la liberté, de l'honneur et de la patrie. Les lois de Solon déclaraient infâmes ceux qui ne prenaient point de part dans les troubles civils. Je suivis leurs maximes. Si les malheurs du 20 Mars doivent retomber sur les coupables, ces coupables, aux yeux de la postérité, ne seront pas (je le répète) les Français qui abandonnèrent l'étendard royal, pour retourner sous les anciens drapeaux de la patrie; mais ces hommes imprudens et insensés qui, par leurs menaces, leurs injustices et leurs outrages, nous forcèrent d'opter entre l'insurrection et la servitude, entre l'honneur et l'infamie.

Pendant la durée des Cent Jours, je n'ai fait de mal à personne, souvent j'ai trouvé l'occasion de faire du bien; je l'ai saisie avec joie.

Depuis le retour du gouvernement royal, j'ai vécu tranquille et solitaire; et, soit par oubli, soit par justice, j'ai échappé, en 1815, aux persécutions qu'ont essuyées les partisans et les serviteurs de Napoléon.

Cette explication ou cette apologie m'a paru nécessaire: il est bon que le lecteur sache à qui il a affaire.

J'aurais désiré m'abstenir de parler, dans la première partie de cet ouvrage, du gouvernement royal: cela ne m'a point été possible. Il m'a fallu rappeler fastidieusement une à une les erreurs et les fautes des ministres du Roi, pour rendre évidente cette vérité, *qu'ils sont les seuls auteurs du 20 Mars.* En disant ici et ailleurs *le gouvernement,* je n'entends point nommer le Roi, mais ses ministres. Dans une monarchie constitutionnelle où les ministres sont responsables, on ne peut ni ne doit les confondre avec le Roi. «C'est du Roi, a dit M. le Garde-des-Sceaux en proposant aux députés de la nation le projet de loi sur la responsabilité ministérielle, c'est du Roi qu'émane tout acte d'équité, de protection, de clémence, tout usage régulier du pouvoir: c'est aux ministres seuls que doit être imputé l'abus, l'injustice et la malversation.»

MÉMOIRES POUR SERVIR À L'HISTOIRE DE LA VIE PRIVÉE, DU RETOUR, ET DU RÈGNE DE NAPOLÉON EN 1815.

Napoléon, depuis son avènement au Consulat et à l'Empire, avait joui constamment, et sans nuage, de la confiance, de l'amour et de l'admiration des Français. La guerre d'Espagne fut décidée; et la multitude, qui juge et ne peut juger les actions des souverains que d'après des apparences souvent trompeuses, ne vit dans cette guerre qu'une injuste agression, et dans les procédés de Napoléon qu'un odieux attentat. Des murmures se firent entendre; et pour la première fois, Napoléon, en butte aux reproches de la nation, fut accusé de sacrifier à une vaine et coupable ambition le sang et les trésors de la France.

La guerre contre la Russie vint détourner l'attention et le mécontentement public.

Cette guerre, couronnée d'abord par de brillans succès, se termina (l'humanité en frémit encore) par une catastrophe sans exemple dans les fastes du monde.

L'Empereur, échappé presque seul à ce désastre, revint dans sa capitale. Sa contenance fut celle d'un grand homme au-dessus de l'adversité; mais cette contenance ne fut considérée que comme l'effet d'une barbare insensibilité. Elle aigrit les coeurs au lieu de les rassurer. De toutes parts éclatèrent de nouveaux murmures, de nouveaux cris d'indignation. Cependant, tel était encore l'orgueil dont les triomphes de Napoléon avaient enivré la France, que la France, honteuse de ses revers, implora de nouvelles victoires: des armées se formèrent par enchantement, et Napoléon reparut en Allemagne aussi formidable que jamais.

Après avoir vaincu à Lutzen, à Bautzen, à Dresde, la bataille de Leipsik[1] fut donnée: pour la première fois s'offrit aux regards des Français le spectacle déchirant de la retraite précipitée d'une armée nationale en désordre; de tous côtés apparurent à la fois les débris épars de nos soldats, dernier effort, dernier espoir de la patrie. Mais ce n'était plus ces soldats pleins de force et de dévouement, c'était des hommes flétris par les fatigues, la misère et le découragement. Bientôt on vit arriver à leur suite, et errant au hasard, ces nombreux transports de fiévreux et de blessés, où les mourants, entassés pêle-mêle avec les cadavres, puisaient et propageaient ces germes infects qui répandirent partout la contagion et la mort. L'abattement, le désespoir, s'emparèrent des âmes les plus fortes; les pleurs arrachés par la perte récente de tant de braves, renouvelèrent les larmes des mères, des épouses de tous les autres braves moissonnés avant eux en Espagne, en Russie: on n'entendit plus que des imprécations contre l'auteur de tant de maux, contre Napoléon.

Tant que Napoléon avait été victorieux, les Français avaient applaudi à ses ambitieuses entreprises; ils avaient vanté la profondeur de sa politique, exalté son génie, admiré son audace. Quand il devint malheureux, son génie ne fut plus que de l'ambition, sa politique de la mauvaise foi, son audace de l'imprévoyance et de la folie.

Napoléon, que l'injustice et l'infortune n'abattaient point, réunit les faibles restes de ses armées, et annonça hautement qu'il irait vaincre ou se faire tuer à leur tête. Cette résolution ne produisit qu'une impression passagère. Les Français qui naguères attachaient à la vie de Napoléon le bonheur et le salut de la France, envisagèrent de sang-froid la mort qu'il allait affronter, comme le seul moyen (la paix paraissant impossible) de mettre un terme aux calamités de la guerre.

Napoléon partit: il fit des prodiges, mais en vain: l'énergie nationale était éteinte; de degré en degré, l'on était arrivé à cette extrémité si fatale aux princes, où l'âme découragée reste insensible à leurs dangers, et les abandonne au destin.

Tel était l'état de la France au moment où Napoléon, réduit par l'inertie publique à ne pouvoir plus faire ni la guerre ni la paix, consentit à déposer la couronne[2].

Son abdication mit fin aux hostilités.

Paris, à peine revenu de la première frayeur que lui avaient inspirée les bandes indisciplinées de la Russie, fit éclater la satisfaction la plus vive en se voyant préservé des malheurs dont le menaçait derechef la présence des Alliés et l'approche de l'armée Impériale.

Les départemens voisins, que l'ennemi se disposait à envahir, se félicitèrent de n'avoir plus à redouter le pillage et la dévastation.

Les départemens conquis entrevirent avec ivresse le terme de leurs souffrances.

Ainsi la France presque entière détourna les yeux des malheurs de son ancien souverain, pour s'abandonner à la joie d'être délivrée des fléaux de la guerre et à l'espérance de jouir enfin des bienfaits de la paix.

Ce fut au milieu de cette effusion d'égoïsme, que les sénateurs appelèrent au trône le frère de Louis XVI; et ce choix, quoique contraire à l'attente publique et aux voeux manifestés en faveur de l'Impératrice et de son fils, souffrit peu d'opposition, parce que le rappel de Louis paraissait être le gage de la paix, et que la paix était, avant tout, le premier voeu de la nation.

D'un autre côté, les Bourbons, sagement conseillés, s'étaient empressés de combattre, par des proclamations, les répugnances et les craintes qu'inspiraient leur retour: *Nous garantissons*, disaient-ils, *à l'armée ses grades, ses récompenses, ses honneurs; aux magistrats, aux fonctionnaires, la conservation de leurs emplois et de leurs distinctions, aux citoyens l'oubli du passé, le respect de leurs droits, de leurs propriétés, de leurs institutions.*

Les Français, si faciles à abuser, regardaient ces garanties comme inviolables, et se complaisaient à répéter ce mot si heureux du Comte d'Artois[3]: *Il n'y aura rien de changé en France; il n'y aura que quelques Français de plus.*

Cette sécurité naissante était soigneusement entretenue par les hommes qui avaient renversé la dynastie impériale. Chaque jour, de nouveaux écrits, répandus avec profusion, dépeignaient le chef de leur choix sous les couleurs les plus propres à lui concilier les suffrages: «C'est lui, répétait-on sans cesse, qui ouvre et lit toutes ses dépêches, qui seul y fait les réponses. C'est lui, lorsqu'il est dans le cas de recevoir des envoyés des puissances étrangères, qui les entretient, qui entend le rapport de leur mission, et qui leur donne ses réponses de vive voix, ou par écrit. C'est lui seul enfin qui traite, exclusivement, toutes les affaires de son administration et de sa politique.

«Si l'excellence et la bonté du coeur font pressentir aux Français qu'ils vont retrouver dans leur Roi un bon et tendre père, tant de lumières, une telle force de caractère, et cette aptitude à expédier les affaires, doivent les rassurer pour l'avenir[4].»

Les Français se félicitèrent donc de voir à leur tête un prince éclairé, un prince juste et bon, qui ne confierait qu'à ses propres mains les rênes de l'état; et leur imagination, prompte à s'enflammer, les faisait jouir d'avance des bienfaits que sa bonté, sa sagesse et ses lumières allaient ménager et répandre sur eux. Quelques regrets, quelques doutes venaient-ils interrompre ce concert d'espoir et de confiance? ils étaient aussitôt combattus, repoussés au nom de la patrie, au nom de Napoléon lui-même. N'avait-il point dit à ses braves: *Soyez fidèles au nouveau souverain de la France; ne déchirez point cette chère patrie si longtems malheureuse.*

Tout se réunissait donc, et même l'attrait de la nouveauté, pour rendre propice au Roi les esprits et les coeurs. Il parut: de nombreuses démonstrations d'allégresse et d'amour l'accueillirent et l'accompagnèrent jusques dans le palais de ses ancêtres.

Jamais changement de dynastie ne s'était opéré, à la suite d'une contre-révolution, sous d'aussi favorables auspices.

Les Français fatigués de leurs dissensions, de leurs revers, et même de leurs victoires, éprouvaient le besoin d'être tranquilles et heureux. Ces paroles mémorables du frère de leur Roi: *Oublions le passé, ne portons nos regards que sur l'avenir; que les coeurs se réunissent pour travailler à réparer les maux de la patrie;* ces paroles sacrées avaient retenti dans toutes les âmes, et étaient insensiblement devenues la règle de tous les sentimens et de tous les devoirs.

Cet accord subsista tant qu'il ne fut point question de mettre le gouvernement en action; mais quand l'heure fut venue de toucher à l'armée, à l'administration, à la magistrature, l'orgueil, l'ambition, l'esprit de parti se réveillèrent, et l'amour de soi-même l'emporta sur l'amour de la patrie.

Les émigrés qui, depuis vingt-cinq ans, avaient traîné chez l'étranger leur vie importune dans une honteuse et lâche oisiveté, ne pouvaient se dissimuler qu'ils n'avaient ni les talens ni l'expérience des hommes de la révolution; mais ils se figurèrent que la noblesse devait, comme autrefois, suppléer au mérite, et que leurs parchemins étaient des titres suffisans pour les autoriser à prétendre, de nouveau, à la possession exclusive de toutes les places.

Les hommes de la révolution, les nationaux, se reposaient avec complaisance sur la légitimité de leurs droits, sur les promesses royales. Les anciens privilégiés, loin de leur donner de l'ombrage, n'étaient pour eux qu'un sujet d'innocentes plaisanteries: ils s'amusaient de la tournure grotesque des uns, de la fatuité surannée des autres. Comment supposer que de prétendus militaires, dont l'épée, encore vierge, s'était rouillée paisiblement dans le fourreau, disputeraient à nos généraux le commandement des armées, et que des nobles, vieillis dans l'ignorance, aspireraient à l'administration de l'état?

Mais à défaut de mérite et de valeur, ils avaient un immense avantage, celui d'occuper les avenues du trône. L'on ne tarda point à s'apercevoir à leur arrogance, qu'ils en avaient habilement profité; et l'on prévit, non sans amertume, que les vieux préjugés, les préventions haineuses, les anciennes affections, triompheraient tôt ou tard des principes de justice et d'impartialité si solennellement proclamés.

Les émigrés, en effet, déjà fiers de l'avenir, ne traitaient plus leurs rivaux qu'avec hauteur et mépris; la vue des cicatrices de nos braves ne leur permettait point d'oser les insulter en face, mais ils ne laissaient échapper aucune occasion détournée de ravaler leur naissance, leurs services, leur gloire, et de leur faire sentir la distance qui existerait désormais entre d'anciens gentilshommes restés purs, et des révolutionnaires parvenus[5].

Les nationaux, inquiets, jaloux, mécontens, invoquèrent avec confiance les promesses du Roi; ils ne furent point écoutés: le gouvernement les repoussa durement, et ils purent dire de Louis XVIII, comme le Doge Génois de Louis XIV: Le roi nous avait ôté nos coeurs, ses ministres nous les rendent[6].

Le gouvernement avait paru jusqu'alors conserver l'intention de tenir une balance exacte entre les deux partis, et d'observer fidèlement les engagemens contractés par le nouveau monarque envers la nation. Mais, dominé par une haute influence, à laquelle il ne lui était point permis de résister; circonvenu par les intrigues, les menaces, les prédictions sinistres des émigrés; persuadé peut-être que le nouvel ordre de choses était incompatible avec la sûreté du trône des Bourbons, il avait entièrement changé de maximes; et regardant l'égalité des droits comme une conquête révolutionnaire, les libertés nationales comme une usurpation, la constitution nouvelle comme un attentat à l'indépendance du souverain, il avait résolu d'éconduire des emplois et des commandemens *les gens dangereux*[7], de replacer le pouvoir dans les mains sûres et fidèles de l'ancienne noblesse; d'anéantir graduellement la Charte royale, et de ramener la France, de gré ou de force, sous l'empire absolu de l'ancienne monarchie.

Bonaparte, dont il invoquait souvent l'autorité, Bonaparte, disait-il, avait reconnu le danger de donner aux Français un gouvernement représentatif et la nécessité de les gouverner despotiquement. Mais Bonaparte, en rétablissant le trône, la morale et la religion; en créant de nobles institutions; en rendant la France calme au-dedans et formidable au-dehors, avait acquis, par ses services et par ses victoires, une autorité imposante, et, si je puis m'exprimer ainsi, un droit au despotisme, que n'avaient point et ne pouvaient avoir les Bourbons.

Le gouvernement impérial, quel que soit, d'ailleurs, le despotisme réel ou prétendu qu'on lui attribue, n'avait jamais cessé d'être national, tandis que celui des Bourbons ne l'était point et ne tendait nullement à le devenir.

Les symptômes de la réaction que méditait le ministère se manifestèrent de toutes parts: le corps législatif, effrayé lui-même, se rendit l'organe de l'inquiétude publique et se hâta de rappeler au roi les garanties données à la nation:

«La Charte,» lui dit-il dans son adresse, on pourrait dire dans sa protestation du 15 Juin, «la Charte ouvre aux accens de la vérité toutes les voies pour arriver au trône, puisqu'elle consacre la liberté de la presse et le droit de pétition.

«Entre les garanties qu'elle donne, la France remarquera la responsabilité des ministres qui trahiraient la confiance de votre majesté, en violant les droits publics et privés que consacre la Charte constitutionnelle.

«En vertu de cette Charte, la noblesse ne se présentera désormais à la vénération du peuple, qu'entourée de témoignages d'honneur et de gloire que ne pourront plus altérer les souvenirs de la féodalité.

«Les principes de la liberté civile se trouvent établis sur l'indépendance du pouvoir judiciaire et la conservation du jury, précieuse garantie de tous les droits, etc. etc. etc.»

Cette adresse si expressive n'aurait point manqué son but, si le roi eût connu la vérité; mais comment aurait-il pu la connaître? D'abord il avait eu la sage pensée d'attacher à sa personne la plupart des grands notables de la révolution. Mais à force de remontrances et de récriminations, on était parvenu à ramener sa raison sous le joug des préjugés; et il ne s'était entouré que d'anciens nobles, c'est-à-dire que d'hommes qui n'avaient point voulu se soumettre à la constitution de Louis XVI, parce qu'elle détruisait leurs priviléges, et qui, par le même motif, ne voulaient point reconnaître la constitution nouvelle contre laquelle ils avaient osé protester.

Que d'hommes qui, aveuglés, abrutis par une sotte présomption, se croyaient assez habiles pour renverser avec des édits et des ordonnances l'oeuvre de tout un peuple et de vingt-cinq ans de révolution! que d'hommes enfin, qui, loin de vouloir éclairer le souverain sur les projets des ministres et de la faction dont ils n'étaient plus que l'instrument docile, s'étaient rendus leurs complices, et conspiraient avec eux l'anéantissement de la Charte royale!

Dans le sein du ministère se trouvaient placés, cependant, des hommes d'état pleins de talens et d'expérience. Ils avaient senti qu'au lieu d'inquiéter les esprits en laissant entrevoir le rétablissement des anciens priviléges, on devait au contraire s'efforcer de les rassurer en garantissant la stabilité des institutions nouvelles; qu'en voulant rétablir la monarchie sur ses anciennes bases, on ôtait au nouveau gouvernement le seul avantage qu'il possédât sur l'ancien: celui d'être libéral; enfin que, si le caractère distinctif du gouvernement de Napoléon avait été, comme on le prétendait, l'arbitraire et la force, il fallait que le caractère distinctif du gouvernement royal fût la justice et la modération.

Mais ils n'avaient point assez d'empire, assez de considération personnelle, pour pouvoir lutter avec succès contre les émigrés et leurs protecteurs. Leurs vues, souvent sages, et toujours bienveillantes, étaient approuvées en conseil; hors du conseil, chaque ministre n'agissait plus qu'à sa guise, et malheureusement les ministères appelés à exercer le plus d'influence sur les personnes et sur les choses, avaient été confiés à des hommes qui semblaient prendre à tâche d'aigrir et de soulever les esprits.

L'un, chargé du département de la guerre[8], avait dû ce poste éminent au mérite d'avoir été proscrit par l'Empereur; car, alors, on appela proscription le châtiment modéré, l'exil qui lui fut imposé pour avoir méconnu son souverain, et conduit honteusement sous le joug les légions qui lui avaient été confiées. Faible, indolent, irrésolu, dénué de toute espèce de caractère et de moyens, il n'eut jamais ni l'ambition, ni le talent d'être un seul jour le ministre de la nation et du roi. Il ne fut et ne pouvait être que le ministre complaisant de la cour et des courtisans en crédit.

L'autre[9], qu'une éloquence douce et persuasive avait fait remarquer à l'Assemblée constituante, et dont la modération semblait garantie par sa qualité de ministre de l'Évangile, par une vie paisible, et une santé chancelante, avait reçu le portefeuille de l'intérieur. Humble, doux, timide tant qu'il ne fut pas le plus fort, il devint, lorsqu'il fut puissant, dédaigneux, irascible, intolérant. Un seul principe, haine et mépris pour la révolution, j'ai presque dit pour la France, dirigeait son administration. Il n'examinait point si telle et telle institution était bonne et utile, si elle avait coûté à établir, si elle pouvait être modifiée, améliorée, appropriée aux circonstances actuelles; il regardait seulement l'époque de sa création, et cette époque décidait tout.

Un troisième[10], qui, jeune encore, s'était distingué dans nos parlemens, non moins par ses talens que par sa sagesse et ses principes, se trouvait placé à la tête de la magistrature. Rappelé dès long-tems sur le sol de la patrie, il avait rempli en citoyen zélé, en sujet fidèle, ses devoirs envers l'état, envers l'Empereur; et tout portait à croire qu'il serait le protecteur des institutions sous lesquelles il avait si long-tems vécu paisible et honoré. Mais à peine fut-il revêtu de la simarre, qu'il devint l'oppresseur des tribunaux et des juges, l'antagoniste des lois nouvelles, et le zélateur stupide des formules serviles, des coutumes et des édits barbares, que l'ascendant des lumières, de la raison et de la liberté avait plongés depuis un quart de siècle dans le néant et l'oubli.

Le malheur de voir une partie de l'administration confiée à de pareils chefs, ne fut point le seul: on avait annoncé que Louis régnerait en personne; et autant les Français sont heureux et empressés d'obéir à la voix de leur souverain, autant ils éprouvent de répugnance à se soumettre aux ordres de ses favoris. Quelle ne fut donc point la consternation générale, lorsqu'on apprit que Louis, affaibli par une maladie opiniâtre et douloureuse, avait laissé tomber les rênes du gouvernement dans les mains de M. de Blacas! et combien cette consternation ne s'accrut-elle pas encore, quand on sut quels étaient les principes, les projets, et le funeste ascendant de ce ministre!

Avec de semblables élémens, il était impossible que le gouvernement royal pût conserver la confiance publique. On vit avec chagrin que les efforts insensés d'une poignée d'individus allaient faire naître la guerre civile, ou replonger la France dans les désordres et l'asservissement dont la révolution l'avait affranchie. Le besoin de s'opposer à ces tentatives monstrueuses se fit sentir d'une extrémité de la France à l'autre: personne ne voulut rester neutre.

Dans les premiers jours de la Restauration, le parti des émigrés et celui des Bonapartistes n'étaient, à vrai dire, que de grandes catégories dans lesquelles se trouvaient classés les anciens privilégiés et les nouveaux parvenus. Plus occupés d'abord de leurs intérêts privés que des intérêts publics, ils s'étaient bornés à se disputer les emplois de l'état et la faveur du prince, et ne s'étaient fait réciproquement qu'une guerre de calcul et d'amour-propre Mais quand leurs divisions vinrent à se compliquer des intérêts essentiels de la révolution; quand des personnes, les émigrés voulurent en venir aux choses, la nation, jusqu'alors témoin du combat, prit part à la querelle, et la France entière[11] se trouva partagée en deux partis distincts.

Le premier, sous le titre de *royalistes purs*, ayant pour chefs la cour et le gouvernement; pour auxiliaires les nobles, les prêtres, quelques transfuges du gouvernement impérial, et tous les hommes qui n'avaient point été jugés dignes ou capables de le servir, voulait détruire tout ce qui avait été fait depuis vingt-cinq ans, et rétablir tout ce qui avait été détruit.

Le deuxième, désigné sous le nom de *Bonapartistes*, ayant à sa tête les plus illustres et les meilleurs citoyens, et dans ses rangs la masse de la nation, s'opposait au renversement des nouvelles institutions et au rétablissement des anciens abus et priviléges.

L'un cherchait à anéantir la Charte, et l'autre à la conserver; en sorte que par une contradiction bizarre, la Charte royale avait pour ennemis les royalistes, et pour défenseurs les Bonapartistes prétendus.

Des écrivains, dévoués ou vendus à la cause anti-nationale, se précipitèrent dans l'arène et cherchèrent à persuader aux Français que le rétablissement de la monarchie absolue, de la féodalité et des momeries religieuses pouvait seul leur rendre et leur garantir le bonheur et la paix.

D'autres écrivains se déclarèrent les soutiens des libertés et des droits publics.

Les premiers pas du gouvernement avaient été marqués par des fautes et des infractions à la foi promise. On avait *octroyé* à la France, en vertu du libre exercice de l'autorité royale, une *ordonnance de réformation*, au lieu de la *constitution* que l'on s'était engagé à *recevoir* du sénat et à *accepter*. On avait préféré la cocarde blanche souillée du sang français, à la cocarde tricolore portée par Louis XVI et illustrée par nos armées. On avait appelé le monarque Louis XVIII, et daté ses actes de la dix-neuvième année de son règne, ce qui constituait la nation en état de rébellion depuis vingt-cinq ans. On avait dédaigné de devoir la couronne aux suffrages des Français, et l'on en avait fait hommage au prince régent et à la grâce de Dieu.

Ces fautes graves, quoique sensibles à la nation, n'avaient point été relevées au moment même, parce qu'on craignait de perdre par des récriminations le fruit des sacrifices autrement importans qu'on avait fait au bien général. Mais quand les patriotes reconnurent que le gouvernement avait levé le masque, ils rompirent le silence et l'attaquèrent sans ménagement.

À leur tête, se trouvaient placés les rédacteurs du *Censeur*. Chaque abus de pouvoir, chaque infraction à la Charte fut signalé à la France par ces jeunes tribuns; et la France entière applaudit à leur zèle, à leurs talens, à leur courage.

D'autres plumes, moins sérieuses, assaillirent les émigrés avec les traits du ridicule et de la satire, et vouèrent au mépris et à la risée publique ceux que la gravité du *Censeur* avait épargnés.

Le Mémoire de M. Carnot, les ouvrages de M. Benjamin Constant, pleins de faits irrécusables et de vérités austères, contribuèrent puissamment encore à éclairer la nation sur les projets contre-révolutionnaires des ministres, et sur les dangers dont étaient menacés nos libertés et nos droits.

Mais les avertissemens, les leçons, les reproches étaient perdus pour le gouvernement. Loin d'être intimidé et retenu par les clameurs publiques, il tenait à honneur de les braver; son parti était pris: trompé par l'opinion qu'il s'était formé de la faiblesse des partisans de la révolution et de la toute puissance de la faction régnante, il se croyait assez fort, assez craint, pour se passer de ménagemens et marcher droit au but qu'il s'était proposé. Nous allons donc le voir, aveuglé par ses erreurs et ses passions, heurter de front les individus, et attaquer, sans scrupule et sans déguisement, les uns après les autres, leurs intérêts les plus chers et leurs droits les plus précieux.

La garde impériale avait trop de gloire pour ne point offusquer les émigrés, trop de patriotisme pour ne point les alarmer: elle fut éloignée. Les murmures qu'elle fit entendre lors de l'entrée du roi, motivèrent, dit-on, cette rigueur[12]. Mais n'avait-on pas excité soi-même ces murmures? N'avait-on pas manqué de générosité en obligeant ces braves, dont la douleur et la fidélité devaient être respectées, à marcher devant le char de triomphe du nouveau monarque? Je les vis ces nobles guerriers; leurs regards abattus, leur morne silence exprimaient ce qui se passait au fond de leur âme: tout entiers à leurs tristes pensées, ils semblaient ne rien voir, ne rien entendre; en vain les Parisiens attendris les saluaient des cris de *Vive la garde impériale!* Ces cris, qu'ils méprisaient peut-être, n'arrivaient plus jusqu'à leurs coeurs; soumis aux ordres suprêmes, ils avaient été appelés là pour marcher, ils marchaient et c'était tout.

On se hâta de les éloigner et de les remplacer par des troupes de ligne. Ces troupes nouvelles ne tardèrent point à faire éclater elles-mêmes leur propre mécontentement.

On les indisposa en brisant leur ancienne organisation, et en introduisant dans leurs rangs des officiers inconnus.

On les dégoûta du service en les fatiguant par des manoeuvres et des revues perpétuelles, ordonnées non plus pour leur instruction, mais bien pour celle de leurs nouveaux chefs.

On les humilia en les maltraitant; en les contraignant de porter les armes aux gardes-du-corps qu'elles avaient pris en aversion: et l'on sait qu'on n'humilie pas en vain l'amour-propre français[13].

L'amour-propre chez le soldat est le véhicule de la gloire. C'est en le flattant, c'est en l'élevant par des proclamations dignes de l'antiquité, que Napoléon, dans ses immortelles campagnes d'Italie, parvint à ranimer le courage de son armée et à faire de chaque soldat un héros.

C'est en l'humiliant, cet amour-propre, par le mépris des victoires nationales, par des airs de hauteur et de fierté, par le vain étalage de la supériorité de la naissance et du rang, que les nouveaux chefs donnés à l'armée s'aliénèrent sa confiance et son affection.

Cependant ce n'était point là l'exemple ni les préceptes qu'ils recevaient journellement du plus grand et du plus redoutable de nos ennemis. Ce prince, qu'il est inutile de nommer, au lieu de chercher à rabaisser la gloire des Français, se plaisait à rendre un hommage sans cesse renouvelé à leurs talens, à leur bravoure. Les généraux qui l'approchaient n'étaient point accueillis par lui avec ce dédain déguisé qu'on prodigue aux vaincus, mais avec la franche estime qu'inspire la valeur, et avec les égards, j'ai presque dit le respect, qu'on doit à une noble infortune. Si quelquefois il se trouvait entraîné par la nature de ses entretiens à rappeler nos revers, il en adoucissait le souvenir en donnant des éloges animés, aux efforts que nous avions faits pour lui arracher la victoire, et semblait s'étonner lui-même de n'avoir point succombé.

Quel effet cette magnanime générosité ne devait-elle pas produire sur le coeur de nos guerriers, quand ils la comparaient aux efforts qu'on faisait pour empoisonner le souvenir qui leur restait de leurs triomphes, souvenir qui seul pouvait les consoler de leurs malheurs et les leur rendre supportables!

Cependant la plupart des officiers et des généraux s'étaient ralliés franchement à la cause royale; et si quelques-uns moins confians montraient encore de la tiédeur ou de l'éloignement, il eût été facile de les ramener, soit avec ces mots flatteurs si bien placés dans la bouche des rois, soit en donnant à leur ressentiment le tems de s'apaiser de soi-même.

Lorsque ce roi, qu'on ne se lasse point d'entendre nommer, lorsque Henri IV se rendit maître de son trône, quelques ligueurs fanatiques, auxquels il avait pardonné, continuèrent à se répandre contre lui en injures et en menaces; on lui proposa de les punir: *Non*, dit-il, *il faut attendre; ils sont encore fâchés.* Ah pourquoi ces hommes qui sans cesse invoquaient le bon Henri ne cherchaient-ils point à l'imiter! mais au lieu de donner à nos généraux le tems de n'être plus fâchés, ils les aigrissaient chaque jour par de nouveaux outrages et ne les traitaient plus que comme des brigands et des rebelles qui devaient s'estimer heureux qu'on eût daigné leur pardonner. C'était pour l'armée de Condé, pour les Vendéens, pour les Chouans qu'on réservait les éloges et les grâces; on menaçait d'une destruction sacrilége les arcs de triomphes destinés à consacrer les exploits de nos armées, et l'on proposait avec emphase d'élever un monument à la mémoire des Vendéens et des émigrés morts à

Quiberon. Sans doute ils étaient dignes de nos regrets et de nos larmes, ces Français égarés; mais n'étaient-ils pas descendus les armes à la main sur le sol sacré de la patrie? n'étaient-ils pas les auxiliaires ou les salariés de nos implacables ennemis les Anglais? Et pouvait-on les honorer comme d'illustres victimes, sans ne pas déclarer que leurs vainqueurs n'étaient que des meurtriers ou des bourreaux?

Les titres de noblesse que nos braves avaient obtenus en répandant leur sang pour la patrie, étaient dénigrés publiquement; et publiquement on anoblissait Georges Cadoudal dans la personne de son père, pour avoir égorgé des Français et tenté de commettre un parricide.

Georges, en voulant attenter à la vie de Napoléon, s'était rendu coupable d'une action que les lois divines et humaines regardent et punissent comme un crime. Ériger ce crime en vertu, lui décerner une récompense éclatante, c'était encourager l'assassinat, le régicide; c'était compromettre la vie de Louis XVIII et de tous les rois, et proclamer ce principe, aussi dangereux qu'antisocial, qu'un individu a le droit de juger de la légitimité de son souverain et d'attenter à sa vie, si son pouvoir lui paraît usurpé.

L'anoblissement de la famille de Georges n'était point le seul scandale donné à l'armée et à la France. Des titres honorifiques, des grades, des pensions furent portés dans la Vendée aux Chouans les plus horriblement célèbres, et distribués, au grand jour, sous les yeux des victimes de leurs brigandages et de leur férocité[14].

Ce n'était point encore assez pour la faction dominante de chercher à élever les hommes qui avaient combattu la France, au-dessus de ceux qui l'avaient défendue et illustrée; il fallait encore rabaisser et détruire les institutions qui pouvaient rappeler les services et la gloire des défenseurs de la patrie.

On commença d'abord, au mépris des promesses les plus saintes, à dépouiller la Légion d'honneur de ses prérogatives. On fit insinuer ensuite dans les feuilles ministérielles, que l'ordre de Saint-Louis serait désormais le seul ordre militaire, et que la Légion d'honneur ne serait plus que la récompense de services civils… Le coup était mortel: l'armée frémit, les maréchaux s'indignèrent… Le gouvernement fut obligé d'abandonner son projet et de le désavouer.

Il lui restait un autre moyen d'avilir la Légion d'honneur: c'était de la prodiguer; il l'employa.

La croix, qu'on n'obtenait qu'après l'avoir si long-tems méritée et attendue, devint alors la proie facile de la faveur et de la bassesse; elle fut prostituée à une foule d'intrigans et de favoris subalternes, sans autre titre que le caprice des uns, ou la protection vénale des autres.

Les militaires qui n'avaient obtenu cette récompense qu'au prix de leur généreux sang; l'administrateur, le magistrat, le savant, le manufacturier, qui l'avaient reçue pour prix des services signalés rendus à l'état, aux sciences, aux arts, à l'industrie, furent consternés de se voir associés à des hommes sans mérite, sans réputation, souvent sans honneur; et par un juste mouvement d'orgueil, la plupart cessèrent de porter une décoration qui ne servait plus à les honorer, mais à les confondre avec des hommes poursuivis et flétris par l'opinion publique.

Le gouvernement ne s'en tint point à ce premier succès. L'Empereur avait ouvert de nobles asiles aux filles des membres de la Légion: le ministère, sous le prétexte d'une économie de quarante mille francs, surprit au roi l'ordre de les en chasser. En vain le maréchal Macdonald déclara-t-il que les anciens chefs de l'armée n'abandonneraient jamais les enfans de leurs compagnons d'armes, et qu'ils étaient prêts à déposer au trésor public les quarante mille francs qui servaient de prétexte à leur expulsion. En vain la supérieure de la maison de Paris offrit-elle de se passer des secours du gouvernement, et de consacrer sa fortune entière au soulagement de ses jeunes élèves. En vain représenta-t-on qu'un grand nombre de ces enfans n'avaient ni parens, ni protecteurs, ni amis, et qu'en les abandonnant à leur malheureux sort, on les livrerait indubitablement à la misère, ou aux piéges de la séduction; rien ne put émouvoir la compassion ministérielle.

Cependant l'indignation publique trouva de dignes interprètes dans l'enceinte de la représentation nationale, et les mandataires du peuple allaient adresser au chef de l'état des remontrances, lorsque le ministère déconcerté renonça honteusement à ses criminelles entreprises.

Cet échec ne le corrigea pas. Quelques jours à peine écoulés, il supprima les écoles militaires de Saint-Cyr et de Saint-Germain, comme excédant les besoins du service; et rétablit simultanément l'École royale militaire, «afin de faire *jouir la noblesse du royaume* des avantages accordés par l'édit du mois de janvier 1757».

Cette audacieuse violation des principes de la Charte souleva de nouveau la représentation nationale, et le ministère fut encore obligé de reculer.

Pour se venger de ces affronts réitérés, et dans l'espoir mal conçu de diminuer les moyens de résistance, il effaça des cadres de l'armée une masse innombrable d'officiers, et réduisit de moitié leur solde, dont la conservation et l'intégralité avaient été formellement garanties. Le nombre des officiers de l'ancienne armée n'était plus, sans doute, en harmonie avec la force de l'armée royale; mais puisqu'on les réformait sous prétexte de surabondance et d'économie, il n'aurait point fallu insulter à leur disgrâce en accordant, sous leurs yeux, des grades et de l'emploi à une multitude d'émigrés incapables de servir; et en créant cinq à six mille gardes-du-corps, mousquetaires, chevau-légers, gendarmes de la garde, etc., qui, par leurs épaulettes fraîchement acquises, et le luxe et l'éclat de leurs uniformes, scandalisaient Paris et révoltaient l'armée.

Enfin, le gouvernement dans sa fureur subversive, ne respecta même point les vieux soldats que la mort moins cruelle avait épargnés sur les champs de bataille; sans égards, sans pitié pour leurs cheveux blancs, pour leurs glorieuses mutilations, il ravit, sous prétexte d'économie, à deux mille cinq cents de ces infortunés, l'asile et les bienfaits que la patrie reconnaissante leur avait accordés.

Si le gouvernement ne redoutait point d'offenser publiquement l'armée dans ses plus chères affections; s'il ne craignait point de méconnaître ouvertement ses services et ses droits: de combien de dégoûts et d'injustices ne dut-elle pas être abreuvée dans ses rapports individuels avec le ministère? Je n'entrerai point dans le détail des plaintes, des accusations qui s'élevèrent de tous côtés; je rapporterai seulement le fait suivant, parce qu'il peint doublement l'esprit dans lequel on agissait alors.

Le général Milhaud s'était distingué dans le cours des guerres nationales par une foule de succès et de belles actions. Lors de l'invasion des alliés, il s'était couvert de gloire en sabrant, à la tête d'une poignée de dragons, un corps considérable de troupes ennemies. Ce général, par son grade, son rang, ses services, avait été nommé, de droit, chevalier de Saint-Louis. Au moment de sa réception, la croix lui fut retirée ignominieusement, parce que vingt ans auparavant il avait eu le malheur de voter la mort du roi.

Louis XVIII, en rentrant en France, avait promis qu'on ne ferait aucune recherche des votes émis contre son auguste frère. Cette promesse qu'on avait exigée et qu'il consacra par la Charte, fut sans doute bien douloureuse pour son coeur; il dut lui en coûter d'admettre en sa présence, et d'offrir aux regards de la fille de Louis XVI, les juges qui avaient envoyé à l'échafaud ce prince vertueux: mais enfin, il avait juré de ne point venger sa mort, et les sermens des rois aux nations doivent être inviolables et sacrés.

Il fallait donc imposer silence aux ressentimens, et ne point souffrir, puisque les votans avaient été absous, qu'on fît revivre leur crime, et qu'on appelât sur leurs têtes la vengeance et la mort. Il fallait tirer un voile funèbre sur cette époque de notre révolution, époque pendant laquelle tous les Français furent également égarés ou coupables. Disons-le, d'ailleurs, avec franchise: la douleur qu'excitait le meurtre de Louis XVI n'était point le véritable moteur des imprécations que les émigrés faisaient retentir contre les régicides; on sait, malheureusement, quel fut l'effet que produisirent à Coblentz le procès et l'exécution du Roi. On ne s'attachait avec tant d'acharnement à rechercher les excès, les erreurs de quelques hommes de la révolution, que pour arriver à cette conclusion: que la révolution étant l'oeuvre du crime, il fallait renverser de fond en comble tout ce qui provenait de la révolution.

L'affront fait au général Milhaud fut donc moins une punition individuelle qu'une combinaison politique; et le choix que le gouvernement fit de ce général pour diriger une première attaque contre les régicides, prouve combien le gouvernement était malheureux et maladroit; car, s'il voulait rendre les régicides méprisables ou odieux, il ne fallait point s'attaquer à un général qui depuis long-tems avait lavé les traces du sang de Louis XVI dans le sang ennemi.

Mais tandis que les militaires de tout grade étaient en butte aux offenses et aux persécutions du parti dominant, les fonctionnaires des ordres civil et judiciaire enduraient également les traitemens et les injustices les plus révoltantes.

Dans les premiers jours de la restauration, on avait envoyé des commissaires dans les départemens *pour assurer l'établissement du gouvernement royal, et examiner la conduite tenue par les fonctionnaires dans les circonstances actuelles* (c'est-à-dire au moment du rétablissement des Bourbons). Telle était, à cette époque, la confiance qu'inspiraient les promesses et les garanties royales, que cette mission n'éveilla aucune inquiétude; on pensa généralement qu'elle opérerait un grand bien, celui de calmer les partis et de rattacher plus promptement au trône les intérêts et les opinions.

Cette flatteuse illusion fut de courte durée. Un grand nombre d'émigrés nouvellement rentrés furent nommés commissaires; et au lieu de s'entourer des conseils d'hommes sages et expérimentés, ils se laissèrent circonvenir par une foule de prêtres et d'anciens nobles dépourvus de lumières ou de modération.

La classe intermédiaire, qui, par ses rapports journaliers avec les classes inférieures, exerce une si grande influence, ne leur parut qu'un assemblage grossier de roturiers parvenus; ils la traitèrent avec hauteur, avec mépris. Trompés par les souvenirs des excès de la révolution, ils se persuadèrent qu'on était maître de la France, quand on avait pour soi la populace; et comme, à défaut d'argent, le plus sûr moyen de lui plaire est de flatter ses passions, ils publièrent qu'ils étaient venus pour rendre justice au peuple, pour entendre ses plaintes, pour faire cesser les abus, pour abolir les droits réunis, la conscription, etc.

Des assemblées furent convoquées dans les villages, dans les petites villes.

Les gens honnêtes ne s'y présentèrent point, les intrigans, et la populace avide de bruit et de nouveauté, s'y rendirent en foule. Mille griefs, plus dérisoires les uns que les autres, furent accumulés contre les dépositaires de l'autorité publique. Les magistrats, les préfets, les sous-préfets, les maires, les agens de l'administration, les préposés du fisc, personne ne fut épargné.

Les commissaires, au lieu de mépriser ces accusations populaires, ou de les soumettre à un examen impartial, les accueillaient avec transport; ils regardaient ce tumulte comme un triomphe; et pleins du bonheur que leur inspirait le prétendu succès de leurs efforts, ils s'écriaient sans cesse avec une joie toujours croissante: Mes amis, c'est parfait; soyez tranquilles; le roi est votre père, ces gens-là sont de la canaille, ils seront chassés, foi de gentilshommes, etc.

Bientôt, en effet, et selon leurs promesses, les employés, les fonctionnaires de toutes les classes, furent à peu près destitués, et leurs places données à leurs principaux dénonciateurs ou aux nobles.

La populace, promptement refroidie et détrompée, ne s'en trouva ni plus riche ni plus dévouée; et les commissaires, au lieu d'avoir popularisé la royauté, comme ils l'avaient cru, la décrièrent, en la compromettant par des scènes tumultueuses, et en l'avilissant par des actes injustes et arbitraires.

Ce ne fut point ainsi que procédèrent les commissaires non-émigrés: ils surent apprécier, à leur juste valeur, les déclamations mensongères des nobles et de la canaille qu'ils avaient ameutée.

Cette différence de conduite produisit comme il est facile de le penser, les effets les plus disparates. Les fonctionnaires publics furent conservés dans un département, honnis et conspués dans un autre.

La France, spectatrice de ces scènes scandaleuses, blâma hautement le gouvernement d'avoir confié des missions aussi importantes que celles de prononcer sur l'honneur et l'existence de tant d'hommes recommandables, à des émigrés, qui depuis vingt-cinq ans avaient vécu loin du sol national, et qui, étrangers aux formes, aux principes, aux vices mêmes de l'administration impériale, ne pouvaient apprécier la conduite bonne ou mauvaise qu'avaient pu tenir les dépositaires de l'autorité.

Elle vit qu'on l'avait abusée; et que cette mesure, déguisée sous un masque trompeur, n'était dans le fait qu'un moyen de consommer plus sûrement le déplacement des fonctionnaires nationaux.

Elle vit enfin que ce déplacement allait enlever leurs protecteurs naturels aux individus qui avaient pris une part quelconque à la révolution, et les placer sous la dépendance de leurs ennemis irréconciliables, les nobles, les prêtres et tous leurs adhérens.

Ces craintes furent encore augmentées par le dessein manifesté d'épurer les tribunaux. L'inamovibilité des juges était cependant au nombre des garanties données à la France; et de toutes celles qu'elle avait obtenues, c'était sans doute la plus précieuse. Mais plus elle était importante, moins elle devait être respectée.

À la nouvelle de cette épuration, les nouveaux magistrats tremblèrent sur leurs siéges, et pressentirent qu'ils seraient éliminés pour faire place aux anciens parlementaires.

De toutes parts s'élevèrent des protestations, des cris d'alarme. L'épuration n'en fut pas moins arrêtée. Elle commença par le premier tribunal de l'état, la cour de cassation; et pour ne point laisser de doutes sur ses intentions ultérieures, le gouvernement annonça officiellement que l'élimination, déguisée sous le titre d'installation royale, n'avait été différée que pour *recueillir des renseignemens propres à éclairer ou diriger les choix, et qu'elle s'opérerait successivement dans les autres cours et tribunaux du royaume.*

Cette installation ne fut point considérée seulement comme un acte déloyal, mais comme une conspiration manifeste contre la sûreté des personnes et des propriétés.

On prévoyait que les tribunaux seraient composés de magistrats dont les préjugés, les principes, les intérêts se trouveraient en opposition avec les lois nouvelles, et qu'ils chercheraient à les éluder ou à les anéantir. On pressentait que ces magistrats seraient les parens, les amis, ou les créatures des émigrés, des nobles, de tous ceux enfin qui avaient des droits ou des priviléges à revendiquer; et qu'ils ne pourraient point tenir une balance exacte entre les privilégiés, qu'ils regardaient comme les victimes des révolutionnaires, et les révolutionnaires, qu'ils considéraient comme les oppresseurs, les spoliateurs des privilégiés.

L'expulsion prochaine des juges de la révolution inquiéta particulièrement les acquéreurs de domaines nationaux.

La Charte leur avait garanti l'inviolabilité de leurs propriétés; mais ils n'avaient point oublié que la rédaction de cet article avait donné lieu à des discussions fort animées, et qu'on avait reproché déjà au ministère de n'avoir pas voulu chercher, par une rédaction franche et positive, à prévenir pour l'avenir toute espèce d'interprétation et de difficultés.

Ils n'ignoraient pas que l'annulation de ces ventes était le voeu public des émigrés, des nobles, des prêtres, et le voeu secret de très-hauts personnages.

Les doutes élevés par les journaux ministériels sur la légitimité de ces ventes, et par conséquent sur leur validité; les attaques formelles dirigées contre les acquéreurs, dans des écrits répandus avec profusion; la protection et l'impunité qu'avaient obtenu les auteurs de ces écrits[15]; enfin les consultations faites, dit-on, par ces mêmes grands personnages, sur les moyens d'annuler les ventes, se réunissaient pour justifier les appréhensions des possesseurs des biens nationaux, et faire généralement regarder la désorganisation des tribunaux comme une calamité nationale.

Une occasion se présenta de dissiper les inquiétudes de cette masse imposante de la population de la France[16]. Il s'agissait de la loi sur la réintégration des émigrés dans la propriété de leurs biens non-aliénés. Il était naturel de penser que le ministère saisirait cette occasion pour rétablir la confiance et renouveler les garanties consacrées par la Charte. Il n'en fut point ainsi. L'orateur du gouvernement, l'un des hommes qui a fait le plus de mal à la France et au roi (M. Ferrand), se livra, au contraire, suivant l'expression du rapporteur, à toute l'âcreté de ses ressentimens, et à toute la dépravation de ses principes. Aussi imprudent qu'insensé, il ne craignit point de déclarer dans l'enceinte de la représentation nationale, que les émigrés avaient des droits plus particuliers à la faveur et à la justice du gouvernement royal, parce que seuls ils ne s'étaient point écartés de la ligne droite; et partant de ce raisonnement, il fit envisager la confiscation et la vente de leurs biens, non point comme un acte législatif, mais comme une spoliation révolutionnaire, qu'il fallait se hâter de réparer.

La chambre réprouva hautement le langage et les doctrines séditieuses de l'orateur royal, et repoussa de la loi proposée le mot de *restitution* (qu'on n'y avait point inséré sans dessein), parce que *restitution* suppose *spoliation*, et que les biens des émigrés n'avaient point été spoliés, mais confisqués en vertu d'une loi, sanctionnée par le roi, laquelle n'était elle-même qu'une application nouvelle du système de confiscation créé et suivi par les rois ses prédécesseurs.

En effet, et sans remonter à une époque plus éloignée, n'était-ce pas avec les dépouilles des victimes de la politique meurtrière de Richelieu, et de l'intolérance religieuse de Louis XIV, qu'avaient été enrichies les premières familles de l'état? Et qui sait si les biens que les émigrés réclamaient avec tant de hauteur et d'amertume, n'étaient point les mêmes que ceux que leurs ancêtres n'avaient point rougi d'accepter des mains ensanglantées de Richelieu et de Louis?

Je conviens que le dévouement inaltérable d'un certain nombre d'émigrés, imposait au gouvernement royal l'obligation de reconnaître leur fidélité, et de réparer leurs malheurs. Mais tous n'avaient pas droit à sa sollicitude, à sa reconnaissance. Si quelques-uns avaient généreusement sacrifié au roi et à la royauté leurs fortunes et leur patrie, les autres n'avaient abandonné la France que pour se soustraire aux poursuites de leurs créanciers[17], et aller chercher chez l'étranger des ressources ou des dupes qu'ils ne pouvaient plus trouver impunément sur le sol natal.

Il fallait donc distinguer les émigrés de cette première espèce, des émigrés de la seconde; et (cette distinction établie) en appeler loyalement à la justice et à la générosité de la nation. Les Français, si accessibles aux nobles sentimens, n'auraient point voulu laisser dans la pauvreté les fidèles et vertueux serviteurs de leur roi. J'en ai pour garant l'assentiment universel qu'obtint la proposition du duc de Tarente, de consacrer annuellement dix millions à indemniser les émigrés et les militaires dotés, de la perte de leurs biens et de leurs dotations.

Mais il ne fallait pas venir au secours des émigrés par des voies injurieuses à la nation et attentatoires à la Charte. Il ne fallait pas surtout leur inspirer de folles et orgueilleuses espérances. Abandonnés à eux-mêmes, ils se seraient rapprochés des acquéreurs de leurs biens, leur auraient proposé des arrangemens à l'amiable, et seraient rentrés successivement, sans secousse et sans scandale, dans l'héritage de leurs pères.

La partialité qu'on affectait sans cesse en faveur des émigrés, fit un autre mal plus grand encore; ce fut de contribuer, beaucoup plus que la malveillance, à persuader aux paysans qu'on voulait les attacher à la glèbe, et les rendre tributaires de la noblesse et du clergé.

Les paysans avaient été habitués par la révolution à être quelque chose dans l'état; la révolution les avait enrichis et libérés de la double servitude dans laquelle ils rampaient autrefois sous les nobles et les prêtres. Ils ne pouvaient donc songer sans effroi à un autre avenir. Chaque jour ils entendaient répéter, ou ils lisaient (car tout le monde lit en France maintenant) qu'on voulait ramener l'ancien régime: et ramener l'ancien régime signifiait pour eux, comme pour beaucoup d'autres, rétablir le vasselage, les dîmes et les droits féodaux. Les prétentions outrées des émigrés, les déclamations des prêtres les fortifiaient encore dans cette inquiétante et dangereuse opinion: en vain cherchait-on à les rassurer: leur confiance avait été déjà trahie, et rarement les paysans se laissent attraper deux fois. On leur avait annoncé l'abolition de la conscription, et tous les jours ils voyaient garrotter sous leurs yeux les conscrits réfractaires, et condamner leurs familles à l'amende. On leur avait promis de supprimer les droits réunis, et non-seulement ils étaient perçus avec plus de hauteur et de dureté que précédemment, mais quelques-uns même avaient subi de fortes augmentations.

Telle était en général la fatalité attachée aux procédés du gouvernement, que les choses les plus simples, les plus raisonnables, se dénaturaient, s'envenimaient dans ses mains; et qu'au lieu de produire le bien qu'on pouvait en attendre, elles ne faisaient qu'augmenter le désordre, la méfiance et le mécontentement.

Ce mécontentement, résultat inévitable du mépris du gouvernement pour les hommes et pour leurs intérêts[18], s'accrut encore par la violation manifeste et successive des droits publics que le pacte national semblait devoir préserver de toute atteinte.

La Charte avait proclamé la liberté de conscience: et cette liberté fut presque aussitôt anéantie par une ordonnance de police[19], qui faisait revivre les réglemens rendus dans les tems de l'intolérance, sur l'observation rigoureuse et générale des fêtes et dimanches.

Elle le fut encore par le rétablissement des processions extérieures, que Napoléon, jaloux de tenir une balance exacte entre les Catholiques et les Protestans, avait prohibées, dans les lieux où des temples de l'une et de l'autre communion se trouvaient en présence.

Les prêtres Catholiques jouirent de ces processions comme un vainqueur des honneurs du triomphe; et au lieu de rassurer les sectaires, et d'édifier les fidèles par une modestie du moins apparente, ils les scandalisèrent par leur orgueil, et les irritèrent par leurs violences[20].

La victoire qu'ils venaient de remporter enflamma leur pieuse imagination. Ils se persuadèrent qu'ils avaient déjà recouvré la plénitude de leur puissance; et ils voulurent en faire un second usage, en interdisant l'inhumation d'une actrice du Théâtre Français, morte sans avoir obtenu et songé qu'il fallait obtenir la révocation de l'excommunication lancée jadis contre les comédiens français; excommunication, il faut le rappeler, qui priva Molière de la sépulture.

Le peuple, attiré par la curiosité au convoi de cette actrice célèbre, fut informé de l'injure faite à ses cendres; transporté d'une soudaine indignation, il se précipite sur le char funéraire, et l'entraîne: en un instant les portes de l'église interdite sont assiégées et forcées. On demande un prêtre; il ne paraît point. Le tumulte augmente, l'église et les rues adjacentes retentissent des murmures, des menaces de dix mille individus témoins ou acteurs de cette scène déplorable. L'agitation augmente, et l'on ne pouvait prévoir où s'arrêterait cette effervescence toujours croissante, lorsqu'un envoyé du roi vint, en son nom, donner l'ordre de procéder au service funèbre.

Cet événement, propagé et commenté, fit à Paris et dans la France la plus vive sensation. Les ennemis de la religion s'en réjouirent; les amis de l'ordre et de la décence accusèrent le gouvernement d'encourager les progrès alarmans du despotisme des prêtres. C'était particulièrement dans les petites villes, dans les villages, qu'ils abusaient, avec la plus coupable audace, de l'indépendance qu'on leur avait rendue. La chaire était devenue un tribunal du haut duquel ils jugeaient et condamnaient à l'infamie et aux peines éternelles, ceux qui ne partageaient point leurs principes et leurs fureurs. Unis de coeur et d'intérêts avec les émigrés, ils mettaient tout en oeuvre, insinuations, suggestions, promesses, menaces, et le nom de Dieu lui-même! pour contraindre les acquéreurs de domaines nationaux à se dessaisir de leurs biens, pour amener les malheureux paysans à se courber de nouveau sous le joug de la tyrannie seigneuriale et de la superstition.

Ce Dieu, qu'ils invoquaient, le sait: on ne commande point à la conscience, à l'opinion. Les prêtres, pendant la révolution, s'étaient montrés sans masque et s'étaient attirés trop de mépris, pour que le gouvernement pût espérer de leur faire recouvrer tout à coup l'ascendant salutaire qu'ils avaient perdu. Cet ascendant devait être le prix d'une conduite sage et modérée, d'une bienfaisance active et impartiale, de la pratique enfin de toutes les vertus sacerdotales: il ne pouvait point s'acquérir par des ordonnances de police, par des injures, des violences, et par des processions qui, dans nos moeurs actuelles, ne peuvent plus être que ridicules et inconvenantes.

Ainsi que la liberté des cultes, la Charte avait compris, au nombre de ses garanties, la liberté de la presse; et cependant chaque jour une foule d'écrits étaient saisis ou supprimés. Un député, qui ne transigea jamais, ni avec sa conscience, ni avec la crainte (M. Durbach), s'en plaignit à la tribune, et le gouvernement, cédant au voeu de la Chambre, lui fit soumettre, par M. de Montesquiou, un projet de loi qui, au lieu d'affranchir la presse de son esclavage, la plaçait sous le joug de la censure et la soumettait de droit à la tyrannie de fait exercée sur elle par le gouvernement précédent.

Ce projet fut attaqué avec vigueur par les journaux, par M. Benjamin Constant, par tous les publicistes.

M. de Montesquiou ne se déconcerta point. Lui démontrait-on que sa loi était destructive de la liberté de la presse; lui prouvait-on, la Charte à la main, que la Charte se bornait à vouloir que les abus de la presse fussent réprimés, et que dès-lors son projet était radicalement inconstitutionnel, puisqu'il tendait, au moyen de la censure préalable, non point à réprimer ces abus, mais à les prévenir; il répondait avec assurance que les auteurs de semblables objections n'entendaient point le français; que *prévenir* et *réprimer* étaient parfaitement synonymes, et que la loi présentée, loin d'être oppressive et inconstitutionnelle, était au contraire le développement le plus parfait, le plus libéral des dispositions de la Charte. Cette prétention inouïe de faire prendre le change à une assemblée de Français, sur la signification des mots de leur propre langue, parut à la Chambre le comble de l'impudence et de la folie. N'est-ce pas une insulte au bon sens? répétèrent plusieurs députés; n'est-ce pas une dérision amère que de prétendre détruire un droit public consacré par la loi de l'état au moyen de subtilités grammaticales? Jamais, au fait, on ne montra tant de front et de mauvaise foi; aussi le rapporteur de la commission (M. Raynouard) s'écria-t-il avec l'accent d'une douloureuse indignation: «Ô vous, ministres du roi, que n'avouez-vous du moins que la loi est contraire à la constitution, puisque vous ne pouvez-vous refuser à l'évidence? Votre obstination à contester une vérité si claire ne nous inspirerait pas de si justes alarmes».

Néanmoins la loi fut adoptée par l'une et l'autre Chambre.

Cette lutte, dans laquelle on vit l'influence du ministère triompher de la raison, et renverser le plus ferme rempart des garanties nationales, fit dans toutes les âmes la plus profonde impression: *La sérénité ne se trouva plus sur le visage d'un seul homme en état de penser et de prévoir.* L'on fut convaincu que la Chambre des députés, malgré le patriotisme des Dupont de l'Eure, des Raynouard, des Durbach, des Bedoch, des Flaugergues, etc., ne pourrait point arrêter les entreprises despotiques et anti-constitutionnelles du gouvernement: que le gouvernement serait le maître, quand il le voudrait, de faire interpréter à sa guise les dispositions de la Charte, et de ravir à la France les faibles droits qu'elle lui assurait encore. «C'était, disait-on, à l'aide de semblables interprétations que le Sénat avait sacrifié à l'Empereur l'indépendance nationale; mais du moins le despotisme impérial était accompagné de tout ce qui pouvait le justifier et l'ennoblir. Il tendait à faire de la nation la première nation du monde; tandis que le despotisme qu'on nous prépare, n'a d'autre compagne que la mauvaise foi, et d'autre but que d'abaisser et d'asservir la France.»

Ces réflexions portèrent au comble de la défiance, le dégoût et l'aversion qu'inspirait le gouvernement. Elles firent plus: les Français, naturellement enclins à changer d'opinion et de sentiment, passèrent de leurs anciennes préventions contre Napoléon à de nouveaux transports d'admiration: ils comparèrent l'état de désordre, d'abâtardissement et d'humiliation dans lequel la France était tombée sous le roi, avec l'ascendant, la force et l'unité d'administration dont elle jouissait sous Napoléon; et Napoléon, que naguères ils accusaient d'être l'auteur de tous leurs maux, ne fut plus à leurs yeux qu'un grand homme, qu'un héros malheureux.

Les regrets, les éloges donnés à l'ancien chef de l'état furent entendus. On crut en affaiblir l'effet en l'insultant par de grossières caricatures, et en cherchant, par des écrits outrageans et calomnieux à rendre odieux son gouvernement et sa mémoire. On se trompa: les caricatures n'obtinrent que le sourire du mépris; et les actions, les erreurs de la vie politique de Napoléon, celles même qui avaient excité le plus de scandale et de blâme, trouvèrent alors de nombreux défenseurs, de zélés apologistes.

L'accusait-on d'avoir, le 18 brumaire, renversé la République et asservi la France?—ils répondaient[21]: «Au 18 brumaire, l'anarchie, accrue par les revers, ne pouvait plus se guérir par la victoire. La guerre civile était organisée dans plus de vingt départemens; des révoltes s'annonçaient dans plusieurs, le brigandage se répandait dans presque tous. Le vol et l'assassinat se commettaient avec impunité sur un grand nombre de routes. Deux lois terribles (celles des otages et de l'emprunt forcé) appelaient plus de maux qu'elles n'en pouvaient guérir. Un désordre de finance, tel qu'aucune nation n'en avait jamais supporté, une succession de banqueroutes partielles prolongeaient l'opprobre de la banqueroute générale. Le trésor public était pillé sur tous les chemins, dans les maisons même des receveurs; et son vide ne pouvait se remplir même par les plus violentes exactions. Les Jacobins étaient près de ressaisir leur règne terrible; les royalistes recouraient sans scrupule à tous les moyens que pouvait leur fournir la vengeance, et les paisibles amis des lois étaient réduits à garder entre les deux partis la honteuse neutralité de la faiblesse. Telle était, concluaient-ils, à l'époque où Napoléon s'empara du gouvernement de l'état, la situation désespérée de la France; et loin de l'accuser de l'avoir asservie, on doit au contraire le bénir de l'avoir arrachée aux spoliations, aux meurtres, à la tyrannie que lui réservaient l'anarchie et la terreur.»

Prétendait-on qu'il avait gouverné la France despotiquement?—ils soutenaient que cette imputation n'était point fondée, et voici quels étaient leurs discours: «Lorsque Napoléon détrôna l'anarchie, il lui fallut substituer l'ordre au désordre, l'autorité d'un seul à l'autorité de tous; il lui fallut comprimer les partis, anéantir les factions, dompter les préjugés des nobles et les habitudes révolutionnaires des Jacobins. Ce grand oeuvre ne put s'opérer sans blesser des opinions, des intérêts, des individus; Napoléon fut considéré comme un despote, et cela devait être: toutes les fois que, dans un état, l'ordre des choses anciennement établi a été renversé, celui qui, le premier, reconstruit un nouvel édifice social, est nécessairement accusé de despotisme, puisqu'il n'a d'autre règle apparente que sa volonté. D'un autre côté, Napoléon avait contracté dans les camps l'habitude de commander en maître. Il ne la perdit point en montant sur le trône. Le plus souvent il parlait à ses courtisans, à ses conseillers, à ses ministres, comme il avait autrefois parlé à ses soldats, à ses généraux[22]. Ce langage, inusité dans les relations civiles, donna naturellement à ses manières, à l'expression de ses volontés, l'apparence du despotisme, et presque toujours l'apparence est prise pour la réalité. Le ton absolu de Napoléon, blâmé d'abord, admiré ensuite, fut bientôt étendu aux ambassadeurs, aux monarques étrangers. Les formes artificieuses de l'ancienne diplomatie furent mises de côté. Napoléon ne négocia plus; il commanda. Tenant d'une main son épée victorieuse, et de l'autre des couronnes, il offrait aux souverains son amitié ou sa haine, des royaumes ou *des coups*; et ces souverains, avertis par l'expérience, qu'il avait le double pouvoir de récompenser et de frapper, subissaient son alliance, et se vengeaient de leur faiblesse en criant à la tyrannie[23]. Ces diverses causes réunies ont dû faire croire que Napoléon était un véritable despote: car il est des choses, comme le remarque Montesquieu, qu'on finit par croire à force de les entendre répéter. Mais quand on considère impartialement le gouvernement de Napoléon, on reconnaît que le despotisme, qu'on lui attribue, existait réellement plus dans les mots et dans les formes, que dans les faits. Qu'on recherche les actes de son règne, l'on n'en trouvera aucun empreint du caractère d'un véritable despotisme, c'est-à-dire, d'un despotisme uniquement fondé sur le bon plaisir du prince. Tous attesteront, au contraire, que Napoléon n'eut jamais en vue que l'intérêt et la grandeur de la France, et que jamais les Français, loin d'être gouvernés tyranniquement, ne jouirent si complètement des bienfaits de la justice distributive, et ne furent si parfaitement protégés contre les hautes classes de la société et contre les dépositaires du pouvoir. On peut le blâmer d'avoir, de complicité avec le sénat et les représentans de la nation, abusé de certaines lois. Mais les lois (et les publicistes les plus rigides consacrent ce principe), ne lient les princes que dans le cours ordinaire des choses. Dans les circonstances extraordinaires, il est de leur devoir de s'en écarter. Pour juger équitablement les actes d'un souverain, il ne faut point d'ailleurs les isoler les uns des autres. Tel acte qui, pris isolément est répréhensible ou odieux, cesse de l'être si on le rattache aux événemens dont il est né, ou à l'enchaînement politique dont il fait partie. Il ne faut point les juger non plus d'après les principes du droit naturel; en fait de gouvernement, la nécessité et le salut commun. Voilà la loi suprême. Tout ce qui blesse l'intérêt particulier, disparaît et doit disparaître devant la raison d'état. Au surplus, continuaient-ils, la véritable question à décider, est moins de savoir si le gouvernement de Napoléon était plus ou moins despotique; mais s'il était tel que les hommes et le tems pouvaient l'exiger, tel qu'il devait être pour rendre la France tranquille, heureuse et puissante. Or, on ne peut contester que la France, sous le règne de Napoléon, n'ait joui intérieurement d'un calme imperturbable, et ne soit parvenue, par l'ascendant du génie de son chef, à un degré de force et de prospérité qu'elle n'avait jamais atteint, et que probablement elle n'atteindra jamais plus.»

Reprochait-on à l'Empereur son ambition démesurée; ses guerres injustes et désastreuses d'Espagne et de Russie?—La guerre d'Espagne, aux yeux des infatigables apologistes de Napoléon, n'était plus une injuste agression, mais une guerre éminemment politique: elle avait été provoquée par l'inconstance et la perfidie d'un allié qui, au mépris de ses engagemens, intriguait sourdement avec les Anglais, et plusieurs fois, à leur instigation, avait tenté de profiter de nos embarras et de l'éloignement de nos armées, pour envahir notre territoire et s'associer aux trames de nos ennemis. La capture de Ferdinand n'était plus un odieux abus de confiance, mais la conséquence nécessaire de la duplicité de ce prince, de ses projets parricides, et de ses liaisons avec l'Angleterre. L'élévation de Joseph au trône d'Espagne n'était point, comme autrefois, attribuée au désir immodéré de placer des couronnes sur la tête de chaque membre de la famille impériale, mais à la nécessité d'enlever pour toujours l'Espagne à l'influence des Anglais. Napoléon n'avait-il pas laissé aux Cortès le choix de leur souverain? ne leur avait-il pas dit publiquement: *Disposez du trône: peu m'importe que le roi d'Espagne s'appelle Ferdinand ou Joseph, pourvu qu'il soit l'allié de la France et l'ennemi de l'Angleterre*[24]? La guerre avec la Russie était plus facile encore à légitimer: ce n'était plus la passion du merveilleux qui l'avait suggérée, mais le besoin de venger le mal que cette puissance nous avait causé en rouvrant ses ports aux Anglais, et en frustrant la France du prix des sacrifices qu'elle avait faits pour établir et consolider le blocus continental, cette digue universelle qui fit trembler l'Angleterre et ses mille vaisseaux! Les envahissemens de Napoléon en Allemagne n'étaient plus l'effet d'une insatiable avidité de puissance et de gloire[25], c'était le seul moyen d'ôter aux ennemis irréconciliables de la France (les Anglais) leur funeste ascendant sur le continent, et de les contraindre par nécessité, ou par force, d'abdiquer l'empire absolu des mers; c'était enfin le juste châtiment qu'avaient mérité ces souverains de toutes les statures, qui, après avoir imploré ou accepté l'alliance de Napoléon, et l'avoir cimentée par des promesses, dont il avait eu la générosité de se contenter, le contraignaient de recourir aux armes pour les empêcher d'ouvrir complaisamment leurs cabinets aux agens de l'Angleterre, et leurs états à ses marchandises.»

Les partisans de Napoléon trouvaient ainsi les moyens de pallier ses fautes, de justifier ses erreurs; aucune objection, aucun reproche n'était laissé sans réponse; et quand, après l'avoir défendu, ils arrivaient aux pages brillantes de son histoire, leurs éloges plus justes, et peut-être plus sincères, ne connaissaient alors aucune borne. Napoléon, disaient-ils, eut toutes les qualités des grands rois, et n'eut point leurs défauts: il n'était ni débauché comme César, ni intempérant comme Alexandre, ni cruel comme Charlemagne. À l'âge où l'on commence à peine sa carrière, il comptait déjà autant de victoires que d'années; et l'Europe, vaincue par son épée, ou subjuguée par son génie, se courbait humblement devant ses aigles victorieuses. La France, agrandie par ses conquêtes, semblait appelée à reproduire aux yeux du monde étonné la puissance de l'ancienne Rome; le nom français, flétri par les crimes de la révolution, avait repris son lustre, son empire; il était craint, admiré, respecté de tout l'univers. Non moins philosophe que guerrier, Napoléon, après avoir illustré la France par ses armes, voulut la rendre heureuse par les lois. Il lui fit présent de ce code immortel que nos anciens rois aspirèrent vainement à lui donner, et de ce beau système de finance et d'administration qu'imploraient inutilement leurs peuples oppressés. Ce n'était point assez: il voulut encore la rendre florissante par les sciences, les arts et l'industrie. D'un côté naquirent, à l'aide de ses magnifiques secours, ces mille et mille manufactures dont les produits achevés devinrent l'orgueil des Français, et le désespoir et la ruine des étrangers. De l'autre, les favoris d'Apollon, auxquels il prodigua noblement ses largesses et ses grâces[26], saisirent leurs crayons, leurs compas, leurs ciseaux, et enfantèrent ces merveilles de l'art qui firent de Paris une nouvelle Athènes. On vit alors, et comme par enchantement, le Louvre antique sortir de ses ruines abandonnées; les palais des rois s'embellir; les temples des arts s'enrichir de chefs-d'oeuvre dignes de l'antiquité; le sol de la patrie se peupler de ces établissemens pompeusement utiles aux citoyens, et de ces monumens impérissables destinés à transmettre aux races futures le souvenir de notre gloire. Au même moment, en d'autres lieux, par ses ordres souverains, des mains non moins habiles réprimaient les flots de la mer, leur creusaient de nouveaux abîmes, substituaient de superbes chantiers, de vastes ports, de fertiles canaux à des plages stériles, à des marais infects, et rendaient le commerce et la vie aux nombreux habitans des bords de l'océan, des rives de l'Escaut et de la Somme. Au même moment s'enfantaient à ses ordres ces nouvelles voies romaines qui, parcourant de toutes parts la France, l'Allemagne, l'Italie, assuraient aux peuples de ces contrées et à leur industrie, des communications aussi promptes que faciles, aussi belles que majestueuses. Et quel homme, ami ou ennemi de Napoléon, a pu, ou pourra jamais franchir les sommets des Alpes et leurs flancs tortueux, sans bénir le prince magnanime qui, pour favoriser ses pas et protéger ses jours, a fermé les précipices, enchaîné les torrens, et abaissé ces gigantesques montagnes qui, depuis tant de siècles, bravaient impunément la puissance des hommes et du tems? La postérité, quand elle rassemblera tout ce que Napoléon a fait de grand et de magnifique, quand elle comptera ses bienfaits et ses victoires, doutera qu'un seul homme, en si peu d'années, ait pu opérer tant de prodiges. Elle croira qu'on s'est plu à rechercher dans une longue suite de siècles, et à entasser sur une seule tête, les hauts faits d'une foule de grands hommes.

Les braves, qui avaient servi sous les drapeaux de Napoléon, n'entendaient point vanter leur général, sans vouloir lui offrir aussi leur tribut d'éloges. Ses conquêtes lointaines, qu'ils avaient eux-mêmes regardées comme la cause de nos malheurs, étaient redevenues le sujet intarissable de leurs récits et de leur admiration.

Les uns rappelaient avec fierté que Napoléon avait commandé en maître au Caire, à Moscou, à Vienne, à Madrid, à Munich, à Lisbonne, à Milan, à Amsterdam, à Varsovie, à Hambourg, à Berlin, à Rome, etc., etc.

D'autres le représentaient au pont de Lodi, ranimant ses soldats découragés, défiant, à leur tête, le drapeau national à la main, les dangers et la mort, et enlevant à l'ennemi ses remparts et sa gloire.

D'autres le montraient franchissant le mont Saint-Bernard, à travers les frimas et les précipices, et venant remporter, dans les plaines de Marengo, cette immortelle victoire, qui fut le gage de la paix et de la grandeur de la France.

D'autres le figuraient à Austerlitz, culbutant, avec la force et la rapidité de la foudre, les bataillons de l'Autriche et de la Russie, et donnant, à leurs souverains éperdus, l'exemple d'une générosité que plus tard ils furent si loin d'imiter.

D'autres le transportaient sur le plateau de Jena, faisant fuir, devant ses enseignes triomphantes, ces soldats de Frédéric qui, trompés par leurs souvenirs, se croyaient encore les premiers soldats du monde.

D'autres le conduisaient au milieu des sables brûlans de l'Égypte, ou des déserts glacés de la Russie, supportant sans ostentation les feux ou les rigueurs du climat, et donnant à ses soldats l'exemple de la fermeté et de la résignation.

D'autres le ramenaient dans les plaines de la Champagne à la tête d'une armée à peine égale à l'une des nombreuses divisions de l'ennemi, épiant, évitant, surprenant les Autrichiens, les Russes, les Prussiens, et les frappant de ses armes victorieuses de tous côtés à la fois, et avec tant de promptitude, qu'il semblait avoir donné des ailes au fer et à la mort.

D'autres le plaçaient en avant de quelques escadrons, affrontant à Arcis-sur-Aube les balles et les boulets ennemis, et voulant perdre, au champ d'honneur, une vie qu'il prévoyait ne pouvoir plus consacrer sur le trône à la gloire et à la prospérité de la France.

Tous enfin, généraux, officiers, soldats, appelaient à l'envi les marches, les attaques, les siéges, les combats, les batailles qui avaient immortalisé leur général; et quel coeur français ne tressaillait point à de semblables souvenirs[27]!

Les amis de Napoléon et tous les hommes qui, fatigués ou mécontens des Bourbons, désiraient son retour, entretinrent et fortifièrent les sentimens réveillés en sa faveur. Son nom, qu'on osait à peine prononcer, se retrouvait dans toutes les bouches, son souvenir dans tous les coeurs; insensiblement, il devint l'objet des regrets, des espérances, des voeux de la nation; et chacun fut averti par un pressentiment secret, que ses voeux ne tarderaient point à être exaucés.

Pendant que cette redoutable fermentation s'accroissait et se manifestait de toutes parts, la cour, les ministres, les émigrés se reposaient avec une complaisante sécurité sur le volcan qu'ils avaient allumé, et ne se doutaient point de sa prochaine explosion.

«S'ils veulent sortir du royaume, écrivait M. de Chateaubriant, en parlant des partisans de l'Empereur, y rentrer, porter des lettres, en rapporter, envoyer des courriers, faire des propositions, semer des bruits et même de l'argent, s'assembler en secret, en public, menacer, répandre des libelles, en un mot, conspirer; ils le peuvent. Ce gouvernement de huit mois est si solide, que, fît-il aujourd'hui fautes sur fautes, il tiendrait encore en dépit de ses erreurs.»

Cet aveuglement ne tarda point, cependant, à diminuer. Sans apercevoir toute l'étendue du mal, on reconnut que la nation et l'armée étaient agitées, mécontentes; et l'on délibéra sur les moyens, non point de les apaiser, mais de les contraindre à se taire.

Quelques chouans furibonds, instruits des inquiétudes du gouvernement, publièrent qu'il était tems de se défaire des Bonapartistes. Un chef célèbre dans les fastes de la Vendée, poussa l'audace jusqu'à déclarer au général Ex… qu'il n'attendait, pour faire main basse sur les prétendus jacobins, que l'arrivée de ses fidèles Vendéens.

Le bruit de ce massacre fut bientôt entendu des victimes qu'on devait frapper. Les unes sortirent de Paris; les autres s'armèrent, et firent des dispositions pour vendre chèrement leurs vies.

Le gouvernement, assure-t-on, eut connaissance des projets homicides des Chouans, et épargna à la France et au monde le spectacle d'une nouvelle Saint-Barthélemy.

Ce projet d'assassinat, auquel je n'ai jamais pu croire, démontra aux hommes de la révolution, qu'ils n'avaient plus aucune trêve, aucun quartier à espérer des royalistes, et qu'il fallait qu'un des deux partis écrasât l'autre. Les anciens militaires commencèrent à se réunir, à se concerter. Le gouvernement, voulant dissoudre ces réunions qui l'inquiétaient, interdit à tous officiers, généraux ou particuliers, de séjourner à Paris sans autorisation, et ordonna à ceux d'entre eux qui n'étaient point nés dans cette ville, de retourner sur-le-champ dans leurs foyers.

Cette mesure augmenta l'exaspération sans diminuer le danger. Les officiers en non activité, au lieu de s'y soumettre, s'enhardirent mutuellement à la désobéissance, et forcés par l'ordre du ministre d'opter entre Paris et leur demi-solde, beaucoup, quoique pauvres, préférèrent l'indépendance à la soumission.

Le gouvernement, irrité de cette résistance, voulut faire un exemple.

En ce moment, on venait d'intercepter une lettre de félicitation, que le général Excelmans écrivait au roi de Naples, son ancien souverain.

Le nouveau ministre de la guerre[28] s'empara de cette occasion. Il mit le général en demi-activité, et lui prescrivit, par voie de punition, de se rendre immédiatement, et jusqu'à nouvel ordre, à soixante lieues de Paris.

Excelmans prétendit que le ministre n'avait point le droit d'éloigner de leur domicile, les officiers non employés activement, et refusa d'obéir.

Il fut arrêté sous le prétexte d'entretenir des correspondances criminelles avec les ennemis du roi, et comme coupable, en outre, de désobéissance à ses ordres. Ce coup d'éclat et d'autorité, dont le gouvernement attendait les plus heureux effets, tourna contre lui. La France connaissait Excelmans. Elle le considérait comme l'un de ses plus valeureux, de ses plus dignes enfans; et les accusations de trahison que la haine et le dépit des ministres accumulaient sur sa tête, loin de lui ravir l'estime et l'affection publique, ne le rendirent que plus intéressant et plus cher à ses compagnons d'armes et à la nation.

Excelmans, jugé, fut absous[29].

Le conseil de guerre, en sanctionnant la désobéissance de ce général, déclara implicitement que le gouvernement n'avait point le droit d'exercer, sur les officiers en non-activité, l'autorité qu'il s'était arrogée.

Dès ce moment, le gouvernement fut perdu: le jugement qui affranchissait de sa dépendance les militaires à la demi-solde, et leur laissait la faculté de braver impunément son autorité, était un coup de massue qui l'avait terrassé, sans lui laisser l'espoir de se relever jamais.

Je m'arrête ici: à quoi me servirait-il d'étendre davantage le récit et l'examen de la conduite oppressive et insensée du gouvernement?

Si l'on a suivi la marche et l'enchaînement successif de ses idées et de ses actions, on l'aura vu former et mettre en oeuvre le projet de rétablir l'ancienne monarchie et de renverser par surprise ou par force le gouvernement constitutionnel.

On l'aura vu se jouer sans pudeur de la Charte royale, et fouler aux pieds, sans scrupule, les droits civils et politiques qu'elle avait consacrés.

On l'aura vu attaquer, méconnaître, violer les garanties individuelles données solennellement à l'armée, à la magistrature, à l'administration, à tous les Français.

On l'aura vu insulter la gloire nationale, blesser les affections publiques, tourmenter les opinions, les moeurs, les habitudes nouvelles, et froisser et mécontenter, les unes après les autres, toutes les classes de l'état.

On l'aura vu aliéner au roi, par l'injustice et le manque de foi, la confiance et l'amour de la nation, et reporter sur Napoléon les espérances et les voeux.

On l'aura vu enfin, malgré les obstacles qu'il avait rencontrés, les avanies qu'il avait reçues, les pas rétrogrades qu'il avait été obligé de faire, poursuivre à tort et à travers le funeste système qu'il avait adopté, et préparer par ses fautes le retour de Napoléon, comme Napoléon avait préparé par les siennes le retour des Bourbons.

Mais tandis que tout présageait à la France un prochain bouleversement, que faisait Napoléon? Privé de toute ambition, il semblait préférer à sa grandeur passée une vie modeste et paisible; aux nobles agitations de la guerre, un doux repos; aux méditations de son génie, un désoeuvrement agréable. L'étude de la botanique, les soins de sa maison, les plantations qu'il avait faites, celles qu'il projetait encore, occupaient plus particulièrement ses loisirs[30]; et comme Dioclétien, il pouvait dire aux hommes qui le soupçonnaient de regretter le trône: «Venez me voir dans ma retraite; je vous montrerai les jardins que j'ai plantés, et vous ne me parlerez plus de l'empire.»

Pendant les premiers tems de son séjour à l'île d'Elbe, Napoléon n'éprouvait effectivement qu'un besoin vague de régner. Affligé des maux de la France qu'il aimait passionnément, fatigué des vicissitudes de la fortune, dégoûté des hommes, il appréhendait, en cherchant à ressaisir le sceptre, de précipiter la France et lui-même dans de nouvelles chances, de nouveaux malheurs; et sans abandonner le projet de remonter un jour sur le trône, il laissait à l'avenir le soin de fixer ses résolutions.

Il fut bientôt tiré de cet état d'indifférence et d'hésitation, par la tournure que prirent en France les affaires publiques. Il avait pensé (et je le lui ai entendu dire) que les Bourbons, instruits par l'adversité, rendraient la France libre et heureuse; mais quand il s'aperçut de l'ascendant qu'on accordait aux prêtres, aux émigrés, aux courtisans, il prévit que les mêmes causes qui avaient amené la première révolution, en amèneraient bientôt une seconde: dès-lors il reporta ses regards sur le continent, et ne perdit plus de vue le Congrès, la France et les Bourbons. Il connaissait[31] les talens, les principes, les vices et les vertus de tous ceux qui avaient surpris ou obtenu la confiance de Louis XVIII; il savait le degré d'influence que chacun d'eux était susceptible d'acquérir et d'exercer; et il calculait d'avance les erreurs dans lesquelles ils entraîneraient nécessairement son facile successeur.

Les journaux français et étrangers, les écrits périodiques, redevinrent l'objet de ses lectures assidues: il les étudiait, les commentait, et pénétrait avec sagacité ce que l'esclavage de la presse les forçait de dissimuler ou de taire.

Il accueillait les étrangers de distinction, et particulièrement les Anglais, avec grâce et bonté. Il s'entretenait familièrement avec eux de la situation politique de l'Europe et de la France; il les faisait causer adroitement sur les points qu'il voulait approfondir, et tirait presque toujours, de leur conversation, d'utiles éclaircissemens: c'était par ces simples moyens que Napoléon savait ce qui se passait sur le continent. Il avait trop d'habitude des crises politiques pour ne point prévoir que la force des choses lui ouvrirait les portes de la France, et il était trop habile pour vouloir entretenir, avec ses partisans, des correspondances qui auraient pu révéler ses voeux secrets, et fournir à ses ennemis l'occasion d'attenter à son indépendance et à sa liberté.

Napoléon attendait donc en silence le moment de reparaître en France, lorsqu'un officier déguisé en matelot vint débarquer à Porto-Ferrajo[32].

Cet officier me remit, quelques jours avant son départ pour l'armée, en 1815, la relation de son voyage à l'île d'Elbe: «Je vous confie, me dit-il, mon histoire et celle du 20 mars. L'Empereur, lors de son rétablissement sur le trône, n'ayant point parlé de moi, j'ai dû me taire; mais je suis aussi jaloux que lui de vivre dans la postérité[33]. Je veux qu'elle connaisse la part glorieuse que j'ai prise au renversement du gouvernement royal, et au retour de Napoléon. J'ai le pressentiment que je serai tué dans cette campagne. Gardez cet écrit, et promettez-moi de le publier un jour.—Je le promis. Ce pressentiment se réalisa; M. Z. fut tué à Waterloo.

Je remplis aujourd'hui ma promesse. Je ne me suis permis de faire subir à ces mémoires aucun changement, j'aurais cru trahir les intentions de mon ami. Je me suis borné seulement à taire les noms et à supprimer quelques phrases de circonstance, injurieuses à la famille des Bourbons.

HISTOIRE DU 20 MARS.

Lorsque Napoléon abdiqua la couronne, je brisai mon épée, en jurant de ne plus servir ni la France, ni son nouveau souverain. Mais ému par les adieux magnanimes de l'Empereur, et subjugué par ce pouvoir irrésistible qu'exerce sur les soldats français, l'amour de la gloire et de la patrie, je revins promptement à des sentimens plus modérés et plus louables. Mes souvenirs et mes regrets s'adoucirent, et j'aspirai sincèrement à l'honneur de servir encore mon pays et son Roi.

La réputation que je m'étais acquise, me valut d'abord l'accueil le plus flatteur, les promesses les plus brillantes; je crus à leur sincérité: cette erreur fut de courte durée. Abusé, repoussé, je vis qu'on se jouait de l'armée et de moi: qu'on nous honorait en masse parce qu'on nous craignait; qu'on nous insultait en particulier par système et par haine. J'avais l'âme trop haute pour souffrir les insultes et le mépris dont on voulait m'abreuver: je donnai ma démission.

Dégoûté de la France et de son gouvernement, mais toujours passionné pour le métier des armes, je pensai que l'Empereur, qui m'avait distingué sur le champ de bataille, ne m'aurait point oublié, et daignerait m'accorder la grâce, si chère à mon coeur, de vivre et mourir à son service. Je résolus donc de me rendre à l'île d'Elbe. Au moment de partir, je fus arrêté par cette réflexion: l'Empereur, abandonné, trahi, renié par des hommes qu'il avait comblés de bienfaits et d'honneurs, ne croira pas à l'attachement que je lui ai gardé; peut-être même me suspectera t-il d'avoir été envoyé près de lui, par les Bourbons, pour épier ses paroles et ses actions. Que faire? J'avais conservé des relations avec trois personnes investies autrefois de la confiance de l'Empereur; leur conduite depuis la restauration avait été franche et loyale: fidèles à Napoléon par sentiment, dévoués à sa cause par principes et par patriotisme, elles n'avaient dissimulé ni leur fidélité ni leur dévouement, et étaient restées inaccessibles aux tentatives faites pour les attirer dans le parti royal. Je pensai que ces personnes, en me recommandant d'une manière quelconque à l'Empereur, pourraient me préserver de ses soupçons, et je fus leur confier sans détour mes desseins et mes inquiétudes.

La première et la seconde me témoignèrent le plus vif intérêt, la plus tendre sollicitude; me chargèrent d'exprimer à l'Empereur leurs douleurs de l'avoir perdu, leur espérance de le revoir. Mais l'un et l'autre craignirent de se compromettre en lui écrivant, et je les quittai sans en avoir rien obtenu.

Je me présentai chez le troisième, M. X. Nous nous étions connus dans ces tems de crise où les hommes s'éprouvent, et il avait daigné conserver de mon courage et de mon caractère une opinion favorable. Je lui dévoilai mes projets et mes craintes: «Vos craintes, me dit-il, sont fondées. L'Empereur se méfiera de vous, et ne vous permettra point probablement de rester près de lui, Ma recommandation vous serait sans doute fort utile, mais je ne pourrais vous la donner sans danger; non point pour moi, mes sentimens pour l'Empereur sont connus, mais pour l'Empereur lui-même. Car si l'on vous enlevait ma lettre, on pourrait la remettre à un espion, peut-être même à un assassin.»

Cette raison me parut décisive. Il me vient une inspiration, lui dis-je. Il a existé entre l'Empereur et vous, des relations si multipliées, que vous devez avoir conservé le souvenir de quelques circonstances, de quelques épanchemens qui, rappelées par moi à Sa Majesté, pourraient lui prouver que j'ai votre confiance, et que je suis digne de la sienne.—Votre idée est parfaite: mais non, ajouta-t-il, je ne pourrais que vous donner des détails insignifians, et alors l'Empereur ne s'en ressouviendrait plus: ou vous révéler des choses importantes, et mon devoir s'y oppose; au surplus, j'y réfléchirai: revenez demain matin.

Je revins. J'ai fouillé ma mémoire, me dit M. X. en m'abordant, et voici votre affaire. Il me remit une note. Je n'avais considéré, poursuivit-il, votre voyage à l'île d'Elbe que sous les rapports qui vous concernent; mais il est d'une importance bien plus grande que vous ne pensez, et que je ne l'avais pensé moi-même. Il peut avoir d'immenses résultats. L'Empereur ne peut être indifférent à ce qui se passe en France. S'il vous interrogeait, que lui répondriez-vous? Vous devez sentir combien il serait dangereux de lui donner, sur notre situation, des renseignemens erronés.—Quoique militaire, je ne suis point totalement étranger à la politique. J'ai souvent réfléchi sur la position où se trouve la France, et je crois la connaître assez bien pour être en état de satisfaire la curiosité de Napoléon.—Je n'en doute point: mais voyons, qu'en pensez-vous?—Voici ce que j'en pense: je lui fis alors une analyse raisonnée des fautes du gouvernement et de leurs conséquences... Notre conversation s'échauffa graduellement; et quand, après avoir examiné le présent, nous portâmes notre attention sur l'avenir, nos pensées prirent tout à coup un essor si rapide; elles nous transportèrent si loin de notre premier but, que nous en fûmes effrayés, et que nous restâmes plongés l'un et l'autre pendant quelques momens dans une espèce de stupéfaction... Enfin, lui dis-je, en rompant le silence, si l'Empereur, après m'avoir interrogé, me demandait: Croyez-vous que le moment de reparaître en France soit arrivé; que lui répondrai-je?—Vous êtes plus hardi que moi: cette question s'était offerte à mon esprit et je n'avais pas osé l'aborder.—Et bien?—Et bien, me dit M. X., vous diriez à Sa Majesté, que je n'ai point osé prendre sur moi de décider une question aussi importante; mais qu'il peut regarder comme un fait positif et incontestable que le gouvernement actuel, ainsi que vous l'avez remarqué, s'est perdu dans l'esprit du peuple et de l'armée; que le mécontentement est au comble; et qu'on ne croit pas que le gouvernement puisse lutter long-tems contre l'animadversion générale. Vous ajouterez que l'Empereur est devenu l'objet des regrets et des espérances de l'armée et de la nation. Il décidera ensuite dans sa sagesse ce qui lui reste à faire.—S'il me demande si cette façon de penser est uniquement la vôtre, ou si elle est aussi celle de MM... Que lui répondrai-je?—Vous lui direz que toutes ces personnes-là ont, depuis son départ, cessé de se voir et de s'entendre, mais que mon opinion est conforme à l'opinion générale.—Je suis maintenant en état de répondre à toutes les questions de l'Empereur: Adieu. Nous nous embrassâmes à plusieurs reprises et nous nous séparâmes.

À peine eus-je quitté M. X. que tout ce qui s'était passé entre nous se reproduisit à ma mémoire. Je mesurai dans toute son étendue, dans toutes ses conséquences, l'espèce de mission que j'étais appelé à remplir; et je ne pus me défendre d'une émotion mêlée de surprise et d'effroi. Tant que ma seule intention, en me rendant à l'île d'Elbe, avait été d'offrir mes services à l'Empereur, il m'avait semblé que mon voyage était une chose toute naturelle; et j'aurais volontiers déclaré au gouvernement que j'allais rejoindre mon ancien bienfaiteur et le souverain de mon choix. Depuis que l'objet de ce voyage s'était agrandi, depuis enfin qu'il pouvait avoir, suivant les paroles de M. X., d'immenses résultats, il me semblait au contraire que le gouvernement devait avoir les yeux sur moi, qu'il devait épier mes pas, et chercher à pénétrer mes pensées et mes desseins... Je devins défiant et inquiet: la note de M. X. me parut pesante. Je l'appris par coeur, et je la brûlai. Au lieu de demander directement mon passe-port pour Gènes ou pour Livourne, comme j'en avais eu l'intention, je le demandai pour Milan. Je connaissais dans cette ville un officier général, et je pensai que je pourrais déclarer à la police, si elle me questionnait, que j'allais à Milan réclamer de cet officier, mon ami, le remboursement de sommes que je lui avais prêtées autrefois.

Ce plan ainsi arrêté, je me rendis à la préfecture de police. En franchissant le seuil de la porte, je me sentis saisi tout à coup d'un tel battement de coeur, que je pouvais à peine trouver la force de me mouvoir et de respirer. Si dans ce moment une voix m'eût crié: Malheureux, que vas-tu faire? je crois que je serais tombé interdit et que j'aurais tout confessé. Ce trouble n'était point l'effet d'une lâche terreur; c'était sans doute l'impression que doit éprouver un homme de bien, lorsque pour la première fois il commet une action qu'il ne peut avouer.

Quelques minutes suffirent pour me rendre à moi-même. Je me présentai hardiment devant le préfet de police, M. Rivière. Il me fit subir un assez long interrogatoire; mes réponses furent claires et positives: mon air d'assurance parut prévenir toute espèce de soupçon; il m'accorda mon passe-port. Cependant j'eus soin, à tout hasard, d'examiner si j'étais suivi, et deux jours de suite, je m'aperçus, à mon grand étonneraient, qu'on observait mes pas. Je feignis de l'ignorer; et pour tromper l'espion, je le conduisis aux messageries publiques où je retins et payai une place pour Lyon. Dans la nuit, je fis prendre des chevaux de poste sous un nom supposé, et je partis en toute hâte: en peu de jours je fus à Milan.

Mon ami était absent; je lui écrivis; il accourut. Je lui avouai que j'allais demander du service à Napoléon. Tu n'en obtiendras point, me dit-il: il n'a pas assez d'argent pour subvenir à la solde de sa garde. Plusieurs de mes anciens officiers ont été le rejoindre; ils sont à la suite, et ne reçoivent pour eux et leur famille que cinquante ou soixante francs par mois: ils sont dans le désespoir et dans la misère. N'importe, repris-je, j'aime l'Empereur, et je veux à quelque prix que ce soit aller le retrouver: enseigne-moi le moyen de m'embarquer promptement.—La chose n'est point aisée. Tu ne trouveras à t'embarquer qu'à Livourne ou à Gènes: et ces deux points sont si bien surveillés que tu te feras arrêter, si on te reconnaît pour un Bonapartiste. Tu pourrais réussir plus facilement à leur échapper, en te faisant passer pour un marchand de cette ville; je tâcherai de te faire avoir un passe-port, mais je crains que cela ne soit difficile.—Il y a une autre difficulté bien plus grande, ma foi: c'est que je ne sais pas dix mots d'italien.—Comment! cela est-il possible?—Oui, vraiment.—Et tu oses tenter l'aventure? tu es donc devenu fou?—Fou ou non, je la tenterai. N'y a-t-il donc pas d'autres points d'embarquement que Gènes et Livourne?—Il y a sur les côtes de Toscane une foule de petits ports, mais il faut y attendre l'occasion et rester exposé, en attendant, à la surveillance des autorités qui sont toutes fort mal disposées pour l'Empereur et pour les siens. Tu trouveras peut-être à t'embarquer sur-le-champ dans le golfe de la Spézia, à Lerici. Mais pour y arriver, il te faudrait passer par Gènes et longer les côtes, et il est à craindre que les carabiniers piémontais ou le nouveau consul de Gènes, qui, dit-on, est un enragé, ne te happent au passage. Il y a bien une autre route à travers les montagnes de la Spézia, mais elle est abandonnée depuis long-tems, et tu courrais risque de t'y engloutir ou de t'y faire assommer.—N'importe: à vaincre sans péril, on triomphe sans gloire; cette route me convient, et dès demain je vais à la découverte.—Ton passe-port est-il en règle?—Je le ferai viser pour Lerici.— Autre sottise. Tu ne sais donc pas que tu auras affaire aux Autrichiens, nos plus implacables ennemis, et qu'ils te chercheront mille difficultés? Je connais un colonel tudesque (c'est le nom qu'on donne aux Autrichiens en Italie), qui probablement nous arrangera tout cela. Allons lui offrir à dîner. Les affaires et les querelles s'arrangent à table avec ces messieurs.

Notre colonel me fit effectivement régulariser mon passe-port. Je laissai à Milan ma calèche et mes effets, et le lendemain je montai en cédiole[34]. J'arrivai par des chemins de traverse au pied des montagnes. Leur trajet en voiture étant impossible, je me séparai à regret de mon conducteur. J'achetai deux chevaux, l'un pour mon nouveau guide, l'autre pour moi. Ce nouveau guide ne savait point un mot de français. J'avais eu soin de me munir d'un dictionnaire de poche; mais j'ignorais à peu près la manière de prononcer et d'arranger les mots: de sorte que notre conversation se réduisait à quelques phrases isolées que nous ne parvenions point toujours à comprendre.

Nous partîmes à la pointe du jour. Sur le midi, la neige commença à tomber, et nous eûmes mille peines à gagner le hameau de... Le lendemain, le tems devint encore plus mauvais. Le cheval de mon guide s'abîma dans la neige, et nous perdîmes deux heures à l'en retirer. Mon guide, superstitieux comme tous les Italiens et facile comme eux à rebuter, regardait cet accident comme de mauvais augure, et voulait rétrograder. Je ne pus vaincre sa répugnance qu'avec un double napoléon d'or. À peine le lui eus-je donné, que je sentis mon imprudence: c'était exciter la cupidité de cet homme et m'exposer à en devenir la victime. À mesure que nous avancions, la route devenait de plus en plus difficile; nous rencontrions à chaque pas des excavations, ou des chutes de rochers qui barraient notre passage, et nous forçaient à nous créer au hasard de nouveaux chemins. Il était tombé en 1814 tant de neige dans l'Italie septentrionale, et particulièrement dans la partie que nous traversions, que les muletiers eux-mêmes avaient déserté la montagne; en sorte que mon guide, ne trouvant plus de sentiers frayés, était obligé de s'orienter à chaque pas pour ne point nous égarer, ou nous précipiter dans les gouffres cachés qui bordaient notre périlleuse route.

Nous arrivâmes le lendemain à Borcetto. Éclairé par les dangers de la veille, je pris deux chevaux de réserve et un guide de plus. On me les fit payer au poids de l'or. Je trouvai là un préposé des douanes: il m'engagea, soit par bonté d'âme, soit pour me faire peur, à me tenir sur mes gardes en traversant la Size, montagne fort élevée et fort dangereuse. Elle était, disait-il, infestée de brigands. Je renouvelai l'amorce de mes pistolets; je jetai les yeux au ciel pour invoquer sa protection, et je partis.

Arrivé à la moitié de la montagne, je fus arrêté par un soldat, qui me fit entrer au corps-de-garde pour y exhiber mon passe-port. Ce poste, établi peu de jours auparavant pour la sûreté des voyageurs, était occupé par un sous-officier et six soldats qui tous avaient servi dans les armées impériales. Ils se doutèrent à ma mine que j'avais été militaire; et après quelques momens de conversation, ils me proposèrent, pour me réchauffer, de boire à la santé de l'Empereur Napoléon. J'hésitai d'abord, craignant de donner dans un piége; mais ils insistèrent si franchement que je ne pus leur résister. Je leur donnai en partant 20 fr., pour boire à la santé de Napoléon et à la mienne, et je les priai de me recommander à mes guides. Le commandant du poste les fit venir et leur dit, avec un feu de file de juremens, que, s'il m'arrivait quelque chose, il les ferait fusiller tous deux à leur retour. Ces braves gens m'escortèrent assez long-tems, et nous nous séparâmes avec une émotion qu'il faut avoir été soldat pour éprouver et pour comprendre.

Nous devions aller coucher à Pontrémoli. La halte que j'avais faite nous avait retardés, et nous nous trouvâmes surpris par la nuit. Pour abréger le chemin, mes guides me firent descendre par un large sentier pratiqué le long du flanc de la montagne: la pente était si rapide que nos chevaux s'accroupissaient à chaque instant, et que nous-mêmes nous étions forcés de nous laisser glisser. Je me trouvai au pied de la côte dans un lieu si obscur et si sauvage que je crus que mes guides m'y avaient conduit dans le dessein de s'y défaire de moi. Après avoir marché à tâtons pendant assez long-tems, mes guides s'arrêtèrent tout à coup: la neige et la nuit défiguraient tellement le terrain, qu'ils ne savaient plus où ils se trouvaient, ni de quel côté ils devaient se diriger: leur inquiétude était extrême; ils invoquaient tour à tour les saints du Paradis, se serraient la main, et se pressaient dans leurs bras, comme s'ils eussent été sur le point de faire naufrage. Je conservai mon sang-froid, et voyant que je n'avais rien à attendre de ces deux imbéciles, je pris un cheval, qui me parut être un vieux routier, et après lui avoir mis la bride sur le cou, je lui appliquai un vigoureux coup de fouet: il prit son élan, je le suivis, et peu d'instans après, au grand étonnement et surtout à la grande satisfaction de mes conducteurs, nous reconnûmes que nous étions dans la bonne voie et à une demi-heure de marche de Pontrémoli, où nous arrivâmes à minuit.

J'étais encore à vingt-quatre heures de distance de la Spézia, et vingt-quatre heures avec de semblables chemins sont des siècles. Mais quel fut mon ravissement, quand, au lieu des déserts et des montagnes de glaces que j'avais traversés la veille, je n'aperçus, au sortir de Pontrémoli, que des vallons émaillés de verdure et de fleurs, des coteaux entourés et couronnés d'arbustes et d'oliviers! Hier c'était l'hiver et ses rigueurs, aujourd'hui le printems et ses charmes. Cette agréable métamorphose trompa mon impatience, et fit succéder aux agitations habituelles de mon âme, ce calme heureux qu'inspire la contemplation des beautés et des dons de la nature.

À quelques lieues de Pontrémoli, le passage se trouve interrompu par un torrent profond et rapide. On le passe à gué: mes conducteurs, que j'avais devancés, me l'eurent à peine indiqué que je m'élançai dans l'eau. Mais au lieu de porter mon cheval à gauche, je le dirigeai dans le sens contraire. Mes guides, témoins de ma déviation, criaient à tue tête, *Fermate, fermate!* ce qui veut dire arrêtez: je crus que cela signifiait, *ferme, ferme;* et j'éperonnais et fouettais mon cheval de toutes mes forces: il perdit pied; je manquai d'être submergé. Parvenu à bord, je reçus de mes guides un sermon qui devait être sans doute fort sévère, et dans lequel les noms de diable et de Français jouaient le rôle principal.

J'arrivai le… à Lerici. Je vis avec joie la mer, dernier obstacle qui me restait à franchir pour atteindre le terme de mes voeux et de mes travaux. Mais hélas! ma joie ne se prolongea point. Je fus saisi, dans la nuit, d'une forte oppression de poitrine et d'une fièvre brûlante: c'était le résultat de mon immersion dans le torrent. Si j'ai le malheur d'avoir une fluxion de poitrine, me disais-je tristement, que deviendrai-je ici, sans secours, sans appui, au milieu d'une terre étrangère? Je n'aurai donc quitté ma patrie, ma mère chérie, que pour venir expirer loin d'elle dans les bras de mercenaires et d'inconnus? Je n'aurai donc approché des bords si désirés de la Spézia, que pour éprouver le douloureux regret de ne pouvoir les franchir? Ah! du moins, si j'avais pu arriver près de l'Empereur, lui parler, et mourir à ses pieds, je ne regretterais point la vie. Mon dévouement aurait été connu, ma mémoire honorée; et mon nom, associé aux destinées de l'Empereur, aurait passé peut-être avec le sien à la postérité.

Je fis appeler un médecin; par un bonheur inespéré, il se trouva que c'était un ancien chirurgien militaire, homme de mérite, et chaud partisan des Français. Quand je fus hors de danger, il me témoigna le désir de connaître le motif qui m'avait amené à Lerici. à travers les montagnes, et me fit entrevoir qu'il l'avait pénétré. Un homme qui parle est toujours moins suspect que celui qui se tait. Je résolus donc de satisfaire la curiosité du docteur. Après avoir exigé le secret, je lui avouai mystérieusement que j'étais colonel; que j'allais à l'île d'Elbe; qu'un officier supérieur de la garde de Napoléon avait épousé ma soeur; que l'expatriation de son mari l'avait plongée dans un tel état d'accablement et de souffrances, que les médecins avaient déclaré qu'elle était perdue sans ressource; que sa santé, et quatre enfans en bas âge, ne lui permettant point de venir rejoindre son mari, j'avais pris le parti, pour rendre à ma pauvre soeur le bonheur et la vie, de venir rappeler à mon beau-frère ce qu'il devait à son épouse et à ses enfans, et que j'espérais le déterminer à retourner en France, au moins momentanément.

Cette fable, que j'eus soin d'entrecouper de soupirs et de réflexions sentimentales, parut le toucher infiniment. Il me plaignit, me consola, me flatta des plus douces espérances, et me promit de me servir de tout son pouvoir.

Devenu convalescent, je m'occupai avec plus d'ardeur que jamais des moyens de m'embarquer promptement. L'officieux docteur me fit connaître un capitaine de félouque courrière, et je frétai son bâtiment pour quinze jours.

Il me demanda mon passe-port pour aller chez l'officier du port prendre sa feuille de bord, et ma *boletta*. En effet (et je l'ignorais complètement), on ne peut sortir d'un port et entrer dans un autre, sans être pourvu d'une feuille de bord, constatant le nombre des marins et des passagers qui se trouvent sur le bâtiment, et d'une boletta ou certificat des inspecteurs de la santé, qui atteste, nominativement, qu'aucun des passagers et des marins n'est atteint de maladie contagieuse. Ces deux pièces ne se délivrent que sur la présentation des passe-ports, avec lesquels elles doivent être d'une identité absolue. Cette formalité, à laquelle je ne m'étais point attendu, déconcerta totalement mes calculs. Mon passe-port ne me donnait point le droit de m'embarquer, et je craignais, en le produisant (car on s'effraye de tout en pareille circonstance), qu'on ne me fît des difficultés, et qu'on n'en référât au consul ou à ses agens.

Mon capitaine devina mon embarras, et m'offrit de me procurer un passe-port et une boletta sous des noms supposés; je refusai, préférant m'exposer à être puni comme Bonapartiste, que comme faussaire. En ce cas, me dit le capitaine, vous n'avez qu'un seul moyen, c'est de vous jeter dans une barque et de vous faire passer pour matelot: j'arrangerai cela. Quelques heures après, il m'amena Un matelot franco-génois, qui me proposa de me conduire, sans papiers, où cela me ferait plaisir. Il ajouta que l'un de ses parens était canonnier à bord du brick l'*Inconstant*, de Napoléon, et qu'il serait bien content de le revoir. Je jugeai que mon dessein de passer à l'île d'Elbe était éventé, et je résolus de partir la nuit même, s'il était possible. Il fut convenu, avec mon matelot (dont le nom était Salviti), qu'il viendrait me prendre à minuit, et que nous nous éloignerions de la terre, quelque tems qu'il fît.

Sur ces entrefaites, mon docteur vint me trouver, et m'annonça que le commandant du pays, dont il était le médecin, se proposait de m'envoyer chercher par ses carabiniers, pour connaître le motif de mon arrivée et de mon séjour dans le golfe. Je lui ai annoncé, me dit-il, que vous êtes malade, et que votre intention est de vous rendre en Corse, dans le sein de votre famille, aussitôt que vous pourrez supporter la mer. Je crois l'avoir tranquillisé: cependant, ne vous y fiez pas, et partez sans délai.—Je partirai ce soir; mais comme il pourrait prendre d'ici là, à votre commandant ou à ses gendarmes, la fantaisie de m'arrêter, j'aime mieux me présenter chez lui de bonne volonté, et lui confirmer le conte que vous lui avez fait.—Je m'y rendis immédiatement, et instruit par les détails que m'avait donnés le médecin, de l'homme à qui j'avais affaire, je parvins facilement à lui plaire et à le rassurer. Il me fit promettre, néanmoins, de lui apporter, le lendemain, mon passe-port. Je lui promis tout ce qu'il voulut: à minuit, nous mîmes clandestinement à la voile, et à la pointe du jour j'avais déjà perdu de vue le golfe de la Spézia et ses bords majestueux.

La barque qui me portait, moi et ma fortune, n'était qu'un bateau ordinaire, à quatre rames, avec une petite voile latine. Elle était montée par six hommes. Salviti seul parlait français; il avait bonne mine; les autres portaient sur leurs figures l'empreinte de la misère et de la plus profonde immoralité. Ils me regardaient avec curiosité, et parlaient continuellement de moi. Salviti me traduisait leurs discours; j'y répondais de bonne grâce: on cherche à plaire, même à des matelots, quand on a besoin d'eux. Le mal de mer ne me laissait point un moment de repos, et pour comble de malheur, je n'avais point eu la précaution de me procurer des vivres. Il me fallut partager la nourriture de mes compagnons; elle consistait en salaisons avariées, et principalement en bacalat ou morue sèche, qui se mange toute crue.

Le vent contrariant notre marche, ce ne fut que le matin du second jour, que nous aperçûmes le phare de Livourne. Quelle fut ma surprise, mon indignation, lorsque je vis notre barque se diriger vers l'entrée du port! «Où me conduisez-vous, Salviti?—À Livourne.—Je ne veux point y aller, m'écriai-je en blasphémant; ce n'est point là ce que vous m'aviez promis.» Salviti déconcerté, m'avoua qu'il n'était pas le maître du bâtiment; qu'il le louait en commun avec les autres matelots; qu'ils faisaient la contrebande; et qu'ils se rendaient à Livourne pour se concerter avec d'autres contrebandiers, au sujet d'une expédition importante; que cela serait bientôt fait; et qu'ils me conduiraient ensuite à Porto-Ferrajo; qu'il m'en donnait sa parole, et que je pouvais m'y fier.—Je ne veux pas de cet arrangement, lui répondis-je, en portant mes pistolets à sa poitrine; il faut aller droit à l'île d'Elbe, ou je le tue.—Tuez-moi, si vous voulez, cela ne vous servira à rien: vous serez jeté à la mer par mes camarades, ou guillotiné à Livourne.» Le sang-froid de cet homme me désarma. «Eh bien, lui dis-je, jure-moi donc que tu me conduiras demain à l'île d'Elbe.—Je vous l'ai déjà dit, que je sois un… si je vous manque de parole.» Les matelots, qui ne nous comprenaient pas, ne savaient à quel motif attribuer ma fureur; l'un d'eux, déserteur de la marine anglaise, saisit un grand couteau en forme de stilet, les autres semblaient attendre l'événement pour se précipiter sur moi. Cette scène finie, je voulus essayer de faire rétrograder Salviti pour de l'argent: il résista, il avait donné sa parole de se trouver à Livourne, *et sa parole était inviolable.*

Je me vis donc conduit, malgré moi, dans le piége que j'avais voulu éviter. Mon dépit, ma colère étaient au comble: j'écumais de rage et de désespoir: «ainsi donc, pensai-je, en me tordant les bras, ces scélérats vont me ravir le fruit de tout ce que j'ai souffert. Et l'Empereur! l'Empereur! si près de lui, sous ses yeux, au moment…» Malheureux! dis-je à Salviti; je ne te quitterai pas plus que ton ombre; et avant de me laisser prendre, je te ferai sauter la cervelle.—C'est bon, reprit-il en haussant les épaules: en attendant, il faut ôter vos habits et vous mettre en matelot.—Pourquoi?—Parce que vous n'avez point de papiers et qu'on vous mettrait dedans.» Je me soumis à cette nouvelle épreuve. L'un de ces misérables se dépouilla pour moi d'une grande veste à capuchon que j'endossai: un autre ôta de son col, et mit au mien un mouchoir de couleur tout ruisselant la sueur et la crasse; un troisième me donna son bonnet de laine, et malgré ma juste répugnance, il fallut me l'enfoncer jusqu'aux yeux… Ma barbe heureusement était aussi longue que celle de mes camarades, et pour que mes mains ne me trahissent point, je les imprégnai de l'eau bourbeuse qui croupissait sous le plancher de notre bateau. Ce n'est point tout; notre feuille de bord n'énonçait que six hommes d'équipage: nous étions sept; il fallait donc en cacher un[35]: nous choisîmes le plus petit et le plus mince d'entre nous. Il se blottit sous le bout du bateau, et nous jetâmes négligemment sur lui quelques vieilles nattes et deux ou trois vestes de matelot. Ces préparatifs terminés, on me plaça sur un banc de rameur, la rame en main, et à la nuit tombante nous fîmes notre entrée dans la rade.

Salviti présenta nos papiers; la date[36] en était trop ancienne; on lui fit des difficultés; il s'emporta, et par châtiment et par précaution, on nous astreignit à faire la petite quarantaine: c'est-à-dire, à demeurer prisonniers dans la rade pendant trois jours.

Salviti revint tristement m'annoncer cette nouvelle infortune; notre bateau fit volte-face, et nous nous rendîmes au lieu de notre exil.

Le soir du troisième jour, Salviti me prévint qu'on allait nous mettre à bord, selon l'usage, un garde de la santé, qui passerait la nuit avec nous, pour s'assurer si nous n'avions point de symptômes de maladie. Il avait su, par l'homme qui nous avait apporté ou plutôt jeté des vivres, car tout contact est interdit sous peine de mort; il avait su, dis-je, le nom du garde qu'on nous destinait: c'était un joueur et un ivrogne. Salviti se procura des cartes et du vin, et m'assura qu'il l'endoctrinerait si bien, qu'il n'aurait point le tems de s'occuper de moi.

Je n'étais point aussi tranquille que Salviti. Je redoutais que cet homme ne découvrît le matelot que nous avions à cacher, ou qu'il ne s'aperçût à mes manières, à mes traits, à ma gaucherie, que je n'étais point ce que je paraissais être. Il lui suffisait d'ailleurs d'une seule question pour me pousser à bout, puisque, ne sachant point l'italien, je n'aurais pu lui répondre ou garder le silence sans me trahir. Il me vint dans l'idée de contrefaire le sourd, pour n'être point dans le cas de soutenir de conversation, et de supposer que je m'étais blessé à la main, afin de rester oisif, et d'éviter de laisser paraître que je ne savais point mon métier. Je me tirai quelques gouttes de sang que j'épanchai sur de vieux haillons, et m'enveloppai la main. Salviti expliqua mon stratagème à nos camarades, et de longs éclats de rire m'annoncèrent qu'il avait obtenu leur approbation.

Le garde de la santé arriva: le matelot mystérieux ne bougea point: Salviti joua son rôle à merveille; je m'acquittai fort bien du mien; et à ma vive satisfaction, la soirée se termina sans accidens. Jusques-là, j'avais été couché à part, et sur un assez bon matelas; on fit les honneurs de ma place et de mon lit, à M. le garde, et je fus obligé de m'étendre par terre, tête bêche avec les matelots; le dégoût, la mauvaise odeur, la privation d'air me firent porter le sang à la tête, et je pensai suffoquer. À la pointe du jour, mes camarades se mirent à boire et à manger. Je me tins à l'écart. «Approchez et mangez, me dit Salviti.—Je ne le puis.—Le garde va supposer que tous êtes malade, et il n'en faut pas davantage pour nous faire recommencer la quarantaine.—Je mangeai.» À dix heures du matin les officiers de la santé s'approchèrent de nous; et sur le rapport favorable de notre surveillant, nous obtînmes l'entrée du port. Je restai dans le bateau, avec un de nos gens que je gardai en otage. À deux heures, les conciliabules de mes contrebandiers furent terminés; à trois heures, nous levâmes l'ancre. Un vent propice enfla notre voile, et j'oubliai bientôt mes angoisses et mes dangers, en apercevant le rocher sur lequel j'allais retrouver Napoléon le Grand.

Nous arrivâmes, sans obstacles, dans la rade de Porto-Ferrajo[37], au moment où le canon venait de donner le signal de la fermeture du port: j'entendis battre la retraite à la française: mon coeur tressaillit. Je passai la nuit sur le pont du bateau. Malgré ma joie d'être arrivé au port, je ne pus me défendre d'une certaine mélancolie que m'inspirèrent sans doute le calme de la nuit, et l'aspect des montagnes sombres et arides dont j'étais environné. Ô vanité des grandeurs humaines! me disais-je, c'est donc là, sur ce roc desséché, que respire cet homme incompréhensible qui naguères trouvait *qu'il étouffait en Europe*! C'est dans cette humble bicoque qu'habite, avec quelques serviteurs fidèles, cet homme que j'ai vu, dans le palais des Césars, entouré des hommages et des adorations de la plus brillante cour du monde; que j'ai vu assis, la tête couverte, au milieu de huit rois se tenant respectueusement devant lui chapeau bas! C'est sur cette peuplade, à peine égale à la population d'un village, que règne maintenant ce Napoléon le Grand, si long-tems le maître et la terreur du monde; ce Napoléon qui, d'une part de ses conquêtes, élevait des trônes pour les princes ses alliés.

Le jour vint mettre fin à mes réflexions. Je reconnus sur le rempart, avec une joie inexprimable, ces vieux et braves grenadiers que j'avais tant de fois honorés et admirés sur le champ de bataille. Je m'élançai à terre et me jetai précipitamment dans la première auberge, pour quitter mon déguisement de matelot et voler au palais de Napoléon. Mais j'avais été remarqué et suivi; et l'on vint sur-le-champ, de la part du commandant de la place (le général Cambronne), pour s'assurer de ma personne. Je tranquillisai ses émissaires, et me rendis avec eux à la municipalité où logeait le général Bertrand. Je me fis annoncer; le général vint au-devant de moi: «Venez-vous de France, Monsieur?—Oui, Monsieur le Maréchal.—Que venez-vous faire ici?—Voir l'Empereur et lui demander du service.—L'Empereur vous connaît-il?—Oui, Monsieur. M. X. m'a donné d'ailleurs des moyens de prouver à l'Empereur que je ne suis point indigne de ses bontés.—Nous apportez-vous des nouvelles de France?—Oui, Monsieur le Maréchal, et je les crois bonnes.— Dieu vous entende! nous sommes si malheureux! Je brûle de causer de la France avec vous; mais je dois avant tout prévenir l'Empereur de votre arrivée. Peut-être ne pourra-t-il point vous recevoir sur-le-champ: nous avons aujourd'hui la corvette anglaise[38], et ces gens-là s'effrayent de tout. Sait-on qui vous êtes?—On sait que je suis officier français.—Tant pis; cachez vos décorations, ne dites rien à personne, et restez à votre auberge à vous reposer; je vous enverrai chercher.» Une demi-heure après, il me fit avertir de me rendre en toute hâte à la porte du jardin de l'Empereur; que l'Empereur y viendrait, et que sans avoir l'air de me connaître, il me ferait appeler. Je m'y rendis: l'Empereur, accompagné de ses officiers, se promenait, suivant sa coutume, les mains derrière le dos; il passa plusieurs fois devant moi sans lever les yeux; à la fin il me fixa, et s'arrêtant, il me demanda en italien de quel pays j'étais: je lui répondis en français que j'étais parisien; que j'avais été appelé par des affaires en Italie; et que je n'avais pu résister au désir de revoir mon ancien souverain. «Eh bien, Monsieur, parlez-moi de Paris et de la France.» En achevant ces mots, il se remit à marcher. Je l'accompagnai, et après plusieurs questions insignifiantes, faites à haute voix, il me fit entrer dans ses appartemens, ordonna aux généraux Bertrand et Drouot de se retirer, et me força de m'asseoir à côté de lui. «Le Grand Maréchal, me dit-il avec un air froid et distrait, m'a annoncé que vous arriviez de France.—Oui, Sire.—Que venez-vous faire ici?—Sire, je viens vous offrir mes services; ma conduite, en 1814... L'Empereur, m'interrompant: Je ne doute pas, Monsieur, que vous ne soyez un bon officier; mais les officiers que j'ai avec moi, sont déjà si nombreux, qu'il me serait bien difficile de pouvoir faire quelque chose pour vous; cependant, nous verrons. Vous connaissez, il paraît, M. X.—Oui, Sire.—Vous a-t-il remis une lettre pour moi?—Non, Sire.—(L'Empereur, m'interrompant.) Je vois bien qu'il m'a oublié comme tous les autres; depuis que je suis ici, je n'ai entendu parler ni de lui ni de personne.—Sire (l'interrompant à mon tour), il n'a point cessé d'avoir pour votre Majesté, l'attachement et le dévouement que lui ont conservé les vrais Français, et... L'Empereur, avec dédain. Quoi! on pense donc encore à moi en France?— On ne vous y oubliera jamais.—Jamais! c'est beaucoup. Les Français ont un autre souverain, et leur devoir et leur tranquillité leur commandent de ne plus songer qu'à lui.» Cette réponse me déplut; l'Empereur, me dis-je, est mécontent de ce que je ne lui apporte point de lettres, il se défie de moi: ce n'était point la peine de venir de si loin pour être si mal reçu.—«Que pense-t-on de moi en France?—On y plaint et l'on y regrette votre Majesté.—L'on y fait aussi sur moi beaucoup de fables et de mensonges; tantôt on prétend que je suis fou, tantôt que je suis malade, et vous voyez, me dit l'Empereur, en regardant son embonpoint, si j'en ai l'air. On y prétend aussi qu'on veut me transporter à Ste-Hélène ou à Malte. Je ne leur conseille pas d'y essayer. J'ai des vivres pour me nourrir six mois, des canons et des braves pour me défendre; je leur ferais payer cher leur honteuse tentative. Mais je ne puis croire que l'Europe veuille se déshonorer en s'armant contre un seul homme, qui ne veut point et qui ne peut plus lui faire de mal. L'Empereur Alexandre aime trop la postérité, pour consentir à un semblable attentat. Ils m'ont garanti la souveraineté de l'Ile d'Elbe par un traité solennel; je suis ici chez moi, et tant que je n'irai point chercher querelle à mes voisins, on n'a pas le droit de venir m'y troubler... Avez-vous servi dans la grande armée?—Oui, Sire, j'eus le bonheur de me distinguer sous vos yeux dans les plaines de la Champagne. Votre Majesté avait paru tellement me remarquer, que j'avais osé concevoir l'espérance qu'elle se ressouviendrait de moi.—Au fait, j'ai cru vous reconnaître en vous voyant, mais je n'ai de vous qu'un souvenu confus.» Pauvres hommes! pensai-je en moi-même, exposez donc votre vie pour les rois, sacrifiez-leur donc votre jeunesse, votre repos, votre bonheur!—«À quelles affaires vous êtes-vous distingué?—Sire, à… et à… Le Maréchal Ney me présenta, à cette époque, à Votre Majesté, en lui disant: voici Sire, l'intrépide S… P… dont je vous ai parlé.—Ah! ah! je me rappelle effectivement; oui, j'ai été très-content de votre conduite à… et à… Vous avez montré de la résolution, du caractère; ne vous ai-je point décoré sur le champ de bataille?—Oui, Sire.—Eh bien (avec plus de chaleur et d'abandon), comment se trouve-t-on en France des Bourbons?—Sire, ils n'ont point réalisé l'attente des Français, et chaque jour le nombre des mécontens s'augmente.—Tant pis, tant pis, (vivement). Comment, X. ne vous a point donné de lettres pour moi?—Non, Sire, il a craint qu'elles ne me fussent enlevées; et comme il a pensé que Votre Majesté, obligée d'être sur ses gardes et de se défier de tout le monde, se défierait peut-être aussi de moi, il m'a révélé plusieurs circonstances qui, n'étant connues que de Votre Majesté et de lui, peuvent vous prouver que je suis digne de votre confiance.—Voyons ces circonstances.» Je lui en détaillai quelques-unes, et sans me laisser achever: «Cela suffit, me dit-il. Pourquoi n'avoir pas commencé par me dire tout cela? voilà une demi-heure que vous nous faites perdre.» Cette bourrasque me déconcerta[39]. Il s'en aperçut, et reprit avec douceur. «Allons, mettez-vous à votre aise, et racontez-moi dans le plus grand détail tout ce qui s'est dit et passé entre X. et vous.» Je lui exposai alors les circonstances qui m'avaient amené à avoir un entretien avec M. X.; je lui rapportai mot à mot cet entretien; je lui fis une énumération complète des fautes et des excès du gouvernement royal. Et j'allais en déduire les conséquences que nous en avions tirées M. X. et moi, lorsque l'Empereur incapable, quand il est ému, d'écouter un récit quelconque sans l'interrompre et le commenter à chaque instant, m'ôta la parole et me dit: «Je croyais aussi, lorsque j'abdiquai, que les Bourbons, instruits et corrigés par le malheur, ne retomberaient point dans les fautes qui les avaient perdus en 1789. J'espérais que le Roi vous gouvernerait en bon homme, c'était le seul moyen de se faire pardonner de vous avoir été donné par les étrangers. Mais depuis qu'ils ont remis le pied en France, ils n'ont fait que des sottises. Leur traité du 23 avril, continua-t-il en élevant la voix, m'a profondément indigné; d'un trait de plume ils ont dépouillé la France de la Belgique et des possessions qu'elle avait acquises depuis la révolution; ils lui ont fait perdre les arsenaux, les flottes; les chantiers, l'artillerie et le matériel immense que j'avais entassés dans les forteresses et les ports qu'ils leur ont livrés. C'est Talleyrand qui leur a fait cette infamie. On lui aura donné de l'argent. La paix est facile avec de telles conditions. Si j'avais voulu comme eux signer la ruine de la France, ils ne seraient point sur mon trône, (avec force) j'aurais mieux aimé me trancher la main. J'ai préféré renoncer au trône, plutôt que de le conserver aux dépens de ma gloire et de l'honneur Français... une couronne déshonorée est un horrible fardeau... Mes ennemis ont publié partout que je m'étais refusé opiniâtrement à faire la paix; ils m'ont représenté comme un misérable fou, avide de sang et de carnage. Ce langage leur convenait: quand on veut tuer son chien, il faut bien faire accroire qu'il est enragé: mais l'Europe connaîtra la vérité: je lui apprendrai tout ce qui s'est dit, tout ce qui s'est passé à Châtillon. Je démasquerai d'une main vigoureuse, les Anglais, les Russes et les Autrichiens. L'Europe prononcera. Elle dira de quel côté fut la fourbe et l'envie de verser du sang. Si j'avais été possédé de la rage de la guerre, j'aurais pu me retirer avec mon armée au-delà de la Loire, et savourer à mon aise la guerre des montagnes. Je ne l'ai point voulu; j'étais las de massacres... mon nom et les braves qui m'étaient restés fidèles, faisaient encore trembler les alliés, même dans ma capitale. Ils m'ont offert l'Italie, pour prix de mon abdication; je l'ai refusée: quand on a régné sur la France, on ne doit pas régner ailleurs. J'ai choisi l'île d'Elbe; ils ont été trop heureux de me la donner. Cette position me convenait. Je pouvais veiller sur la France et sur les Bourbons. Tout ce que j'ai fait, a toujours été pour la France. C'est pour elle, et non pour moi, que j'aurais voulu la rendre la première nation de l'univers. Ma gloire est faite à moi. Mon nom vivra autant que celui de Dieu. Si je n'avais eu à songer qu'à ma personne, j'aurais voulu, en descendant du trône, rentrer dans la classe ordinaire de la vie; mais j'ai dû garder le titre d'Empereur pour ma famille, et pour mon fils... mon fils, après la France, est ce que j'ai de plus cher au monde.»

L'Empereur, pendant tout ce discours, avait marché à grands pas, et paraissait violemment agité. Il se tut quelques momens, et reprit: «Ils savent bien (les émigrés) que je suis là, et voudraient me faire assassiner. Chaque jour je découvre de nouvelles embûches, de nouvelles trames. Ils ont envoyé en Corse un des sicaires de Georges, un misérable que les journaux anglais eux-mêmes ont signalé à l'Europe comme un buveur de sang, comme un assassin. Mais qu'il prenne garde à lui; s'il me manque, je ne le manquerai pas. Je l'enverrai chercher par mes grenadiers, et je le ferai fusiller pour servir d'exemple aux autres...»

Après quelques nouveaux momens de silence, il me dit: «Mes généraux vont-ils à la cour? ils doivent y faire une triste figure.» J'avais attendu la fin de cette digression pour reprendre le fil de mon discours; convaincu qu'il me serait impossible de parvenir à mener la conversation, je résolus de laisser l'Empereur la diriger à sa guise, et je lui répondis: «Oui, Sire, et ils sont outrés de se voir préférer des émigrés qui n'ont jamais entendu le bruit du canon.— Les émigrés seront toujours les mêmes. Tant qu'il ne fut question que de faire les belles jambes dans mon antichambre, j'en trouvais plus que je n'en voulus. Quand il fallut montrer de l'homme, ils se sont retirés comme des c... J'ai fait une grande faute en rappelant en France cette race anti-nationale; sans moi ils seraient tous morts de faim à l'étranger. Mais alors j'avais de grands motifs, je voulais réconcilier l'Europe avec nous, et clore la révolution… Que disent de moi les soldats?—Les soldats, Sire, s'entretiennent sans cesse de vos immortelles victoires. Ils ne prononcent jamais votre nom qu'avec respect, admiration et douleur. Lorsque les princes leur donnent de l'argent, ils le boivent à votre santé, et quand on les force à crier *vive le Roi!* ils répètent à voix basse, *de Rome.*—(En souriant) ils m'aiment donc toujours?—Oui, Sire, et j'oserai même dire, plus que jamais.—Que disent-ils de nos malheurs?—ils les regardent comme l'effet de la trahison, et répètent sans cesse qu'ils n'auraient jamais été vaincus, si la France n'eût point été vendue aux ennemis; ils ont horreur surtout de la capitulation de Paris.—Ils ont raison; sans l'infâme défection du duc de Raguse, les alliés étaient perclus. J'étais maître de leurs derrières, et de toutes leurs ressources de guerre. Il n'en serait pas échappé un seul. Ils auraient eu aussi leur vingt-neuvième bulletin! Marmont est un misérable: il a perdu son pays, et livré son prince. Sa convention seule avec Schwartzemberg suffit pour le déshonorer. S'il n'avait pas su qu'il compromettait, en se rendant, ma personne et mon armée, il n'aurait pas eu besoin de stipuler de sauve-garde pour ma liberté et pour ma vie. Cette trahison n'est pas la seule. Il a intrigué avec Talleyrand, pour ôter la régence à l'Impératrice et la couronne à mon fils. Il a trompé et joué indignement Caulincourt, Macdonald et les autres maréchaux. Tout son sang ne suffirait point pour expier le mal qu'il a fait à la France… Je dévouerai son nom à l'exécration de la postérité… Je suis bien aise d'apprendre que mon armée a conservé le sentiment de sa supériorité, et qu'elle rejette sur leurs véritables auteurs nos grandes infortunes. Je vois avec satisfaction, d'après ce que vous venez de m'apprendre, que l'opinion que je m'étais formée de la situation de la France est exacte: la race des Bourbons n'est plus en état de gouverner. Son gouvernement est bon pour les prêtres, les nobles, les vieilles comtesses d'autrefois: il ne vaut rien pour la génération actuelle. Le peuple a été habitué par la révolution à compter dans l'état: il ne consentira jamais à retomber dans son ancienne nullité, et à redevenir le patient de la noblesse et de l'église… L'armée ne sera jamais aux Bourbons. Nos victoires et nos malheurs ont établi entre elle et moi un lien indestructible: avec moi seul, elle peut retrouver la vengeance, la puissance, et la gloire; avec les Bourbons, elle ne peut attraper que des injures et des coups: les rois ne se soutiennent que par l'amour de leurs peuples ou par la crainte. Les Bourbons ne sont ni craints ni aimés; ils se jetteront d'eux-mêmes à bas du trône, mais ils peuvent s'y maintenir encore long-tems. Les Français ne savent pas conspirer.»

L'Empereur en prononçant ces mots gesticulait et marchait avec précipitation: il avait plutôt l'air de parler seul que d'adresser la parole à quelqu'un.—«M. X. croit-il (en me jetant un regard oblique) que ces gens-là tiendront long-tems?—Son opinion sur ce point est entièrement conforme à l'opinion générale: c'est-à-dire, qu'on pense en France, et qu'on est convaincu que le gouvernement marche à sa perte. Les prêtres et les émigrés sont ses seuls partisans, et il a pour ennemis tous les hommes qui ont du patriotisme et de l'âme.—Oui, reprit-il, avec énergie, il doit avoir pour ennemis tous les hommes qui ont du sang national dans les veines. Mais comment tout cela finira-t-il? croit-on qu'il y aura une nouvelle révolution?—Sire, les esprits sont tellement mécontens et exaspérés que le moindre mouvement partiel entraînerait nécessairement une insurrection générale, et que personne ne serait surpris qu'elle éclatât au premier jour.—Mais que feriez-vous si vous chassiez les Bourbons; rétabliriez vous la république?—La république, Sire! on n'y songe point. Peut-être établirait-on une régence.—(Avec véhémence et surprise) Une régence! et pourquoi faire, suis-je mort?—Mais, Sire, votre absence…—Mon absence n'y fait rien: en deux jours, je serais en France, si la nation me rappelait… Croyez-vous que je ferais bien d'y revenir?» En disant ces mots, l'Empereur détourna les yeux, et il me fut facile de remarquer qu'il attachait à cette question plus d'importance qu'il ne voulait le laisser paraître, et qu'il attendait ma réponse avec anxiété.—«Je n'ose point, Sire, résoudre personnellement une semblable question, mais—(brusquement) Ce n'est point là ce que je vous demande. Répondez, oui ou non?—Eh bien, oui, Sire.—(Avec émotion) Vous le pensez?—Oui, Sire, je suis convaincu, ainsi que M. X., que le peuple et l'armée vous recevraient en libérateur et embrasseraient votre cause avec enthousiasme.—(Napoléon, avec inquiétude et agitation.) X. est donc d'avis que je revienne?—Nous avions prévu que Votre Majesté m'interrogerait sur ce point, et voici textuellement sa réponse: «Vous direz à l'Empereur que je n'ose prendre sur moi de décider une question aussi importante; mais qu'il peut regarder comme un fait positif et incontestable, que le gouvernement actuel s'est perdu dans l'esprit du peuple et de l'armée; que le mécontentement est au comble, et qu'on ne croit pas qu'il puisse lutter long-tems contre l'animadversion générale. Vous ajouterez que l'Empereur est devenu l'objet des regrets et des voeux de l'armée et de la nation. L'Empereur décidera ensuite dans sa sagesse ce qui lui reste à faire.»

L'Empereur devint pensif, se tut, et après une longue méditation, me dit: «J'y réfléchirai; je vous garde avec moi; venez demain à onze heures.»

En sortant de chez l'Empereur, je retrouvai le grand Maréchal: «L'Empereur vous a gardé bien long-tems, me dit-il; je crains que cet entretien n'ait été remarqué; nous sommes entourés d'espions anglais, et la moindre imprudence nous coûterait cher: je ne vous demande point, continua-t-il, ce que vous avez dû apprendre à l'Empereur; mais si, sans manquer à votre devoir, il vous était possible de me donner des détails sur la France, vous me feriez un grand bien. Nous ne connaissons ce qui se passe que par les journaux et par quelques voyageurs du commerce, et ce que nous apprenons est si contradictoire ou insignifiant, que nous ne savons à quoi nous en tenir.—Je puis vous satisfaire, Monsieur le Maréchal, sans indiscrétion. J'ai dit à l'Empereur ce que toute la France sait: que le mécontentement est au comble, et que le gouvernement royal touche à sa fin.—Je ne sais, reprit le Maréchal, ce que l'avenir nous réserve; mais quel que soit notre sort, il ne peut être pire que celui que nous éprouvons maintenant. Nos ressources s'épuisent chaque jour; le mal du pays nous gagne. Si l'espérance ne nous soutenait un peu, je ne sais en vérité ce que nous deviendrions. L'Empereur vous a-t-il dit de rester avec nous?—Oui, Monsieur le Maréchal.—Je m'en félicite, mais je vous plains: on n'est jamais heureux loin de sa patrie. Je ne regrette point d'avoir suivi l'Empereur, mon devoir et ma reconnaissance me le prescrivaient: mais je regrette la France comme un enfant qui a perdu sa mère, comme un amant qui a perdu sa maîtresse. Ses yeux se mouillèrent de larmes, il me serra affectueusement la main, et me dit: «Venez déjeuner demain avec nous, je vous présenterai à ma femme, ce sera une fête pour elle que de voir un Français, et surtout un bon Français.»

On sut bientôt dans la ville qu'il était arrivé un Français du continent. Mon auberge fut encombrée d'officiers et de grenadiers, qui m'obsédèrent de questions sur leurs parens et leurs amis; il semblait que je dusse connaître toute la France. Plusieurs m'interrogèrent sur les affaires publiques; j'évitai de répondre, en déclarant que j'avais quitté la France depuis cinq mois.

Je me rendis à l'invitation du Grand Maréchal. Il habitait une aile du bâtiment où siégeait la mairie; son appartement n'avait à peu près que les quatre murs, il s'aperçut que je le remarquais. «Vous regardez notre misère, me dit-il; elle doit contraster avec l'opinion que vous vous étiez peut-être formé de nous. On suppose en Europe que l'Empereur a emporté de France d'immenses trésors: son argenterie de campagne, son lit de camp et quelques chevaux à moitié ruinés sont les seuls objets qu'il ait conservés et voulu conserver. Comme Saladin, il pourrait faire crier à sa porte, en exposant les haillons de notre misère: *Voilà ce que* NAPOLÉON-LE-GRAND, *vainqueur de l'univers, emporte de ses conquêtes.*

Le Général, fidèle à ses promesses, me présenta à Madame la Maréchale; je fus enchanté de ses manières et de son amabilité. La France et l'île d'Elbe, le présent et l'avenir, furent le sujet de notre conversation; et je ne sus, en quittant Madame Bertrand, ce que je devais admirer le plus, de la grâce piquante de son esprit, ou de la noblesse et de la force de son caractère.

À onze heures, je me présentai chez l'Empereur. On me fit attendre, dans son salon, au rez de chaussée: la tenture en soie bariolée était à moitié usée et décolorée. Le tapis de pied montrait la corde, et était rapiécé en plusieurs endroits; quelques fauteuils mal couverts complétaient l'ameublement… Je me rappelai le luxe des palais impériaux; et la compassion m'arracha un profond soupir. L'Empereur arriva; son maintien attestait un calme que démentaient ses yeux; il était aisé de s'apercevoir qu'il avait éprouvé une violente agitation. «Monsieur, me dit-il, je vous ai annoncé hier que je vous attachais à mon service; je vous le répète aujourd'hui: dès ce moment vous m'appartenez, et vous remplirez, je l'espère, vos devoirs envers moi comme un bon et fidèle sujet: vous le jurez, n'est-ce pas?—Oui, Sire, je le jure.—C'est bien.» Il reprit: «J'avais prévu l'état de crise où la France va se trouver; mais je ne croyais pas que les choses fussent aussi avancées. Mon intention était de ne plus me mêler des affaires politiques; ce que vous avez dit, a changé mes résolutions: c'est moi qui suis cause des malheurs de la France, c'est moi qui dois les réparer. Mais avant de prendre un parti, j'ai besoin de connaître à fond la situation de nos affaires: asseyez-vous, et répétez-moi tout ce que vous m'avez dit hier; j'aime à vous entendre.»

Rassuré par ces paroles et par un regard plein de douceur et de bonté, je m'abandonnai, sans réserve et sans crainte, à toutes les inspirations de mon esprit et de mon âme, et je fis à l'Empereur un tableau si touchant, si animé, des douleurs et des espérances nationales, qu'il en fut frappé. «Brave jeune homme, me dit-il, vous avez l'âme française: mais votre imagination ne vous a-t-elle point égaré?—Non, Sire, le récit que j'ai fait à Votre Majesté est fidèle; j'ai pu m'exprimer avec chaleur, parce qu'il ne m'est pas possible d'exprimer autrement ce que j'éprouve: mais tout est exact, tout est vrai. Dans une si grave circonstance, je regarderais comme un crime de substituer à la vérité les inspirations de mon imagination.—Vous croyez donc que la France attend de moi sa délivrance, et qu'elle me recevra comme un libérateur?— Oui, Sire; je dirai plus: le dégoût, et l'aversion des Français pour le gouvernement royal, sont portés à un si haut point, et ce gouvernement pèse tellement à la nation et à l'armée, que tout autre que Votre Majesté qui voudra les en affranchir, trouvera les Français disposés à le seconder.—(Gravement) Répétez-moi cela.—Oui, Sire, je le répète, les Français sont tellement fatigués, humiliés, indignés du joug anti-national des prêtres et des émigrés, qu'ils sont prêts à faire cause commune avec celui qui leur promettra de les en délivrer.—Mais si je débarquais en France, ne serait-il pas à craindre que les émigrés et les chouans ne massacrassent les patriotes?—Je ne le pense pas, Sire; nous sommes les plus nombreux et les plus braves.—Oui; mais si l'on vous entasse dans les prisons, ils vous y égorgeront?—Le peuple, Sire, ne les laisserait pas faire.—Puissiez-vous ne point vous tromper! D'ailleurs, j'arriverai si vite à Paris, qu'ils n'auront point le tems de savoir où donner de la tête. J'y serai aussitôt que la nouvelle de mon débarquement... Oui, dit l'Empereur, après avoir fait quelques pas, j'y suis résolu... C'est moi qui ai donné les Bourbons à la France; c'est moi qui l'en délivrerai: je partirai... l'entreprise est grande, est difficile, est périlleuse; mais elle n'est point au-dessus de moi. La fortune ne m'a jamais abandonné dans les grandes occasions... je partirai, non point seul (je ne veux point me laisser mettre la main sur le collet par des gendarmes), je partirai avec mon épée, mes polonais, mes grenadiers… La France est tout pour moi. Je lui appartiens. Je lui sacrifierai avec joie mon repos, mon sang, ma vie…» L'Empereur, après avoir prononcé ces mots, s'arrêta: ses yeux étincelaient d'espoir et de génie: son attitude annonçait la confiance, la force, la victoire; il était grand! il était beau! il était admirable! Il reprit la parole et me dit: «Croyez-vous qu'ils oseront m'y attendre?—Non, Sire.—Je ne le crois pas non plus. Quand ils entendront tonner mon nom, ils trembleront, et sentiront qu'une fuite prompte est le seul moyen de m'échapper. Mais que fera la garde nationale? croyez-vous qu'elle se battra pour eux?—Je pense, Sire, qu'elle gardera la neutralité.— C'est déjà beaucoup. Quant à leurs gardes-du-corps et à leurs compagnies rouges, je ne les crains point; ce sont des vieillards ou des enfans: ils auront peur des moustaches de mes grenadiers. (En élevant la voix et la main) Je ferai arborer à mes grenadiers la cocarde nationale. Je ferai un appel à mes anciens soldats. Je leur parlerai; aucun d'eux ne méconnaîtra la voix de son ancien général… L'armée, cela est certain, ne peut hésiter entre le drapeau blanc et le drapeau tricolor, entre moi qui l'ai comblée de bienfaits et de gloire, et les Bourbons qui ont voulu la déshonorer… Et les maréchaux, que feront-ils?—Les maréchaux, comblés de titres, d'honneurs et de richesses, n'ont plus rien à désirer que le repos. Ils craindront, en embrassant un parti douteux, de compromettre leur existence; et peut-être resteront-ils spectateurs de la crise. Peut-être même la crainte que Votre Majesté ne les punisse de l'avoir abandonnée ou trahie en 1814, les portera-t-elle à embrasser le parti du Roi.—Je ne punirai personne; entendez-vous? dites-le bien à M. X.: je veux tout oublier; nous avons tous des reproches à nous faire.—Je le lui dirai, Sire, avec une bien douce joie: cette assurance achèvera de vous concilier tous les esprits: car il existe (même parmi vos partisans) des hommes qui redoutent votre retour, dans la crainte que vous n'exerciez des vengeances.—Oui, je sais bien qu'on me croit vindicatif et même sanguinaire; qu'on me regarde comme une espèce d'ogre et d'antropophage: on se trompe. Je veux qu'on fasse son devoir; je veux qu'on m'obéisse, et voilà tout. Un souverain faible est une calamité pour ses peuples. S'il laisse croire aux méchans et aux traîtres qu'il ne sait point punir, il n'y a plus de sûreté pour l'état ni pour les citoyens. La sévérité prévient plus de fautes qu'elle n'en réprime. Quand on règne, on doit gouverner avec sa tête et non point avec son coeur. Dites cependant à X. que j'excepte du pardon général Talleyrand, Augereau et le duc de Raguse: ce sont eux qui sont cause de tous nos malheurs: la patrie doit être vengée.— Pourquoi, Sire, les exclure? ne craignez-vous pas que cette exception ne vous ravisse le fruit de votre clémence, et ne fasse même douter pour l'avenir de votre sincérité?—On en douterait bien davantage, si je leur pardonnais.— Mais, Sire.—Ne vous mêlez pas de cela… Quelle est la force de l'armée?— Je l'ignore, Sire; je sais seulement qu'elle a été considérablement affaiblie par les désertions, par les congés, et que la plupart des régimens sont à peine de trois cents hommes.—Tant mieux; les mauvais soldats seront partis, les bons seront restés. Connaissez-vous le nom des officiers qui commandent sur les côtes et dans la huitième division?—Non, Sire.—(avec humeur) Comment X. ne m'a-t-il point fait savoir tout cela?—M. X., Sire, était, ainsi que moi, bien loin de prévoir que Votre Majesté prendrait sur le champ la généreuse résolution de reparaître en France. Il pouvait croire, d'ailleurs, d'après les bruits publics, que vos agens ne vous laissaient rien ignorer de tout ce qui pouvait vous intéresser.—J'ai su effectivement que les journaux prétendaient que j'avais des agens... c'est une histoire. J'ai, il est vrai, envoyé en France quelques hommes à moi, pour savoir ce qui s'y passait; ils m'ont volé mon argent, et ne m'ont entretenu que des propos de la canaille. C... est venu me voir, mais il ne savait rien; vous êtes la première personne qui m'ait fait connaître, sous ses grands rapports, la position de la France et des Bourbons. Sans vous, j'aurais ignoré que l'heure de mon retour était sonnée; sans vous, on m'aurait laissé ici à remuer la terre de mon jardin. J'ai bien reçu, sans trop savoir de quelle part, le signalement d'assassins soudoyés contre moi; et une ou deux lettres anonymes, de la même main, où l'on me disait d'être tranquille, que les broderies reprenaient faveur, et autres bêtises semblables; mais, voilà tout. Ce n'est point avec de pareilles données qu'on tente un bouleversement. Mais comment pensez-vous que les étrangers prendront mon retour? voilà le grand point.—Les étrangers, Sire, ont été forcés par Votre Majesté de se réunir contre nous, pour se soustraire, permettez-moi de le dire, (l'Empereur: *dites, dites,*) aux effets de votre ambition, et aux abus de votre force. Aujourd'hui que l'Europe a recouvré son indépendance, et que la France a cessé d'être redoutable, les étrangers ne voudront probablement pas courir les chances d'une nouvelle guerre qui pourrait nous rendre l'ascendant que nous avons perdu.—Si les souverains étaient dans leurs capitales, ils y regarderaient sans doute à deux fois, avant de se remettre en campagne; mais ils sont encore en face les uns des autres, et il est à craindre qu'ils ne fassent de la guerre une affaire d'amour-propre.-Croyez-vous qu'il soit bien vrai qu'ils ne s'entendent point?—Oui, Sire, il paraît que la mésintelligence règne dans le Congrès; que chacune des grandes puissances veut s'approprier la meilleure part du butin.—Il paraît aussi, n'est-ce pas, que leurs peuples sont mécontens?—Oui, Sire, rois et peuples, tout semble conspirer en votre faveur. Les Saxons, les Génois, les Belges, les riverains du Rhin, les Polonais, ne veulent point des nouveaux souverains qu'on veut leur donner. L'Italie, fatiguée de l'avarice et de la grossièreté des Autrichiens, aspire au moment de se soustraire à leur domination. Le roi de Naples, instruit par l'expérience, a dû reconnaître que vous êtes sa meilleure sauve-garde, et favorisera, quand vous le voudrez, la révolte des Italiens. Les rois de la Confédération du Rhin, éclairés par l'exemple de la Saxe, redeviendront, à la première victoire, les alliés de Votre Majesté. La Prusse et la Russie, en leur abandonnant ce qu'elles ont acquis, se tairont. L'Autriche, qui a tout à redouter de la Russie et de la Prusse, et rien à espérer du Roi de France, consentira sans peine, si on lui garantit l'Italie, à vous laisser faire des Bourbons tout ce que vous voudrez. Toutes les puissances, en un mot, à l'exception de l'Angleterre, ont plus ou moins intérêt à ne pas se déclarer contre vous, et avant que l'Angleterre ait pu corrompre et faire insurger le continent, Votre Majesté sera tellement affermie sur son trône, que l'on chercherait vainement à l'ébranler.—Tout cela est bien beau (dit l'Empereur, en secouant la tête). Cependant, je regarde comme certain que les rois qui m'ont fait la guerre n'ont plus la même union, les mêmes vues, les mêmes intérêts. L'Empereur Alexandre doit m'estimer; il doit savoir apprécier la différence qui existe entre Louis XVIII et moi? et si sa politique était bien entendue, il aimerait mieux voir le sceptre de la France dans les mains d'un homme fort, implacable ennemi de l'Angleterre, que dans les mains d'un homme faible, ami et vassal du Prince Régent. Je lui laisserais la Pologne, et davantage s'il le voulait. Il sait que j'ai toujours été plus disposé à tolérer son ambition qu'à la réprimer. S'il fût resté mon ami et mon allié, je l'aurais fait plus grand qu'il ne le sera jamais. La Prusse et tous les petits rois de la Confédération du Rhin suivront le sort de la Russie: si j'avais la Russie, elle me donnerait toutes les puissances du second ordre. Quant à l'Autriche, je ne sais ce qu'elle ferait; elle n'a jamais été franche avec moi. Je suppose que je la contiendrais, en la menaçant de lui ôter l'Italie. L'Italie me conserve beaucoup de reconnaissance et d'attachement. Si je lui demandais demain cent mille hommes et cent millions, je les obtiendrais. Si l'on me forçait à la guerre, il me serait facile de la révolutionner. Je lui rendrais, à son choix, l'indépendance ou Eugène. Méjan et quelques autres lui ont fait du tort, mais il n'en est pas moins fort aimé, et fort estimé. Il est fait pour l'être, il a montré qu'il avait une belle âme. Murat est à nous. J'ai eu beaucoup à m'en plaindre autrefois. Depuis que je suis ici, il a pleuré ses fautes et réparé, autant qu'il a pu, ses torts envers moi. Je lui ai rendu mon amitié et ma confiance. Ses secours, si j'avais la guerre, me seraient fort utiles. Il a peu de tête, il n'a que des bras et du coeur; mais sa femme le dirigerait. Ses Napolitains l'aiment assez; et j'ai encore, parmi eux, quelques bons officiers qui les feraient aller droit. Pour l'Angleterre, nous aurions pu nous serrer la main de Douvres à Calais, si M. Fox eût vécu; mais tant qu'elle sera gouvernée par les principes et les passions de Pitt, nous serons toujours, l'un pour l'autre, le feu et l'eau… Je n'ai à espérer d'elle, ni trêve ni quartier… Elle sait que du moment où j'aurai mis le pied en France, son influence repassera les mers… Tant que je vivrai, je ferai une guerre à mort à son despotisme maritime. Si l'Europe m'eût secondé, si elle n'avait pas eu peur de moi, si elle eût compris mon ambition, les pavillons de toutes les puissances flotteraient la tête haute d'un bout de l'univers à l'autre, et la terre serait en paix. Tout considéré, les nations étrangères ont de grands motifs pour me faire la guerre, comme elles en ont pour me laisser en paix. Il est à craindre, comme je vous l'ai déjà dit, qu'elles ne fassent de tout ceci une affaire d'amour-propre, un point d'honneur. D'un autre coté, il serait possible qu'elles renonçassent à leur système de coalition qui n'a plus d'objet, pour surveiller leurs peuples, et garder une neutralité armée, jusqu'à ce que je leur aie donné des garanties. Leurs déterminations, quelles qu'elles soient, n'influeront en rien sur les miennes. La France parle, cela suffit. En 1814, j'avais chez moi l'Europe entière; et elle ne m'aurait jamais fait la loi, si la France ne m'eût point laissé lutter seul contre le monde entier. Aujourd'hui que la France sait ce que je vaux, et qu'elle a retrouvé son énergie et son patriotisme, elle triomphera de ses ennemis, si on l'attaque, comme elle en a triomphé aux belles époques de la révolution. L'expérience prouve que les armées ne suffisent point toujours pour sauver une nation, tandis qu'une nation défendue par le peuple est toujours invincible. Je ne suis point encore fixé sur le jour de mon départ: en le différant, j'aurais l'avantage de laisser le Congrès se dissoudre; mais aussi je courrais le risque, si les étrangers venaient à se brouiller (comme tout l'annonce), que les Bourbons et l'Angleterre ne me fissent garder à vue par leurs vaisseaux. Murat me donnerait bien sa marine si j'en avais besoin; mais si nous ne réussissons point, il serait compromis. Ne nous inquiétons point de tout cela; il faut laisser faire quelque chose à la fortune. Nous avons approfondi, je crois, tous les points sur lesquels il m'importait de me fixer et de nous entendre. La France est lasse des Bourbons; elle redemande son ancien souverain; l'armée et le peuple seront pour nous; les étrangers se tairont; s'ils parlent, nous serons bons pour leur répondre: voilà, en résumé, notre présent et notre avenir. Partez; vous direz à X. que vous m'avez vu, que je suis décidé à tout braver pour répondre aux voeux de la France et pour la débarrasser des Bourbons... que je partirai d'ici au premier avril avec ma garde, ou peut-être plus tôt; que j'oublierai tout, que je pardonne tout; que je donnerai à la France et à l'Europe les garanties qu'elles peuvent attendre et exiger de moi; que j'ai renoncé à tout projet d'agrandissement, et que je veux réparer par une paix stable le mal que nous a fait la guerre. Vous direz aussi à X. et à mes amis, d'entretenir et de fortifier, par tous les moyens possibles, le bon esprit du peuple et de l'armée. Si les excès des Bourbons accéléraient leur chute et que la France les chassât avant mon débarquement, vous déclarerez à X, que je ne veux point de régence, ni rien qui lui ressemble. Je veux qu'on établisse un gouvernement provisoire composé de... de... de... de... Allez, monsieur, j'espère que nous nous retrouverons bientôt.—Où débarquerai-je, Sire?—Vous allez vous rendre à Naples: voici un passe-port de l'île, et une lettre pour ***. Vous affecterez une grande confiance en lui, mais vous ne lui confierez rien. Vous lui donnerez vaguement des nouvelles de France, et vous lui direz que je vous y envoie pour sonder le terrain et régler quelques affaires d'intérêt. J'ordonne à *** de vous faire avoir un passe-port, pour que vous puissiez retourner à Paris sans obstacle et sans danger.—Votre Majesté, lui dis-je, est donc décidée à me renvoyer en France[40]?—Il le faut absolument.—Votre Majesté connaît mon dévouement, et je suis prêt à lui en donner toutes les preuves qu'elle pourra désirer; mais, Sire, daignez considérer dans votre propre intérêt et dans celui de la France, que mon départ a été remarqué; que mon retour le sera davantage; qu'il pourra faire naître des soupçons, et déterminer peut-être les Bourbons à se mettre sur leurs gardes, à faire surveiller les côtes et l'île d'Elbe.—Bah! dit Napoléon, vous croyez donc que les gens de police prévoient tout, savent tout: la police en invente plus qu'elle n'en découvre. La mienne valait bien, sans doute, celle de ces gens-là, et souvent elle ne savait rien, et encore, au bout de huit à quinze jours, que par hasard, imprudence ou trahison. Je n'ai rien de tout cela à craindre avec vous, vous avez de l'esprit et du caractère; et si l'on vous cherchait chicane, vous vous en tireriez facilement. D'ailleurs, une fois à Paris, ne vous montrez point, restez dans un trou, on n'ira point vous y chercher. Je pourrais sans doute confier cette mission à l'une des personnes qui m'entourent; mais je veux éviter de mettre quelqu'un de plus dans ma confidence. Vous avez la confiance de X., vous avez la mienne; vous êtes, en un mot, ce qu'il me faut. Votre retour a sans doute des inconvéniens; mais ils ne sont rien au prix de ses avantages. Tout ce que nous avons dit des Bourbons, de la France et de moi, n'est qu'un assemblage de vaines paroles; et ce n'est point avec des mots qu'on renverse un trône. Pour que mon entreprise n'échoue point, il faut qu'elle soit secondée, et que les patriotes se mettent en mesure d'assaillir les Bourbons d'un côté, tandis que je les occuperai de l'autre. Il faut enfin qu'on sache qu'on peut compter sur moi; qu'on connaisse mes sentimens, mes intentions et la résolution, où je suis de tout sacrifier et de tout affronter pour sauver la France. L'Empereur s'arrêta pour me regarder, et pensant sans doute que j'étais un de ces hommes qui ne montrent de la répugnance à obéir que pour faire acheter leurs services un peu plus cher, il me dit: «Comme on a toujours besoin d'argent en voyage, je vais vous faire donner mille louis et partez.—Mille louis! repris-je avec indignation: Sire, je répondrai à Votre Majesté ce que ce soldat répondit à son général: on ne fait pas de ces choses-là pour de l'argent.—L'Empereur: c'est très-bien, j'aime qu'on ait de la fierté.—Je n'ai pas de fierté, Sire, j'ai de l'âme; et si je pensais que Votre Majesté pût croire que j'ai embrassé sa cause par l'appât de l'argent, je la prierais de ne plus compter sur mes services.—Si je l'avais cru, me dit Napoléon, je ne vous aurais point accordé ma confiance. Jamais personne n'en reçut de moi une preuve plus honorable et plus éclatante que celle que je vous donne en me décidant, sur votre seule parole, à quitter l'île d'Elbe, et en vous chargeant d'aller annoncer à la France ma prochaine arrivée. Mais ne parlons plus de tout cela; et dites-moi si vous vous ressouviendrez bien de tout ce que je vous ai dit?—Je n'ai point perdu une seule parole de Votre Majesté; elles sont toutes gravées dans ma mémoire.—En ce cas, je n'ai plus à vous souhaiter qu'un bon voyage. J'ai tout fait préparer pour votre départ. Ce soir, à neuf heures, vous trouverez un guide et des chevaux au sortir de la porte de la ville. On vous conduira à Porto-Longone. Le commandant a reçu l'ordre de vous faire délivrer les papiers de santé nécessaires. Il ignore tout; ne lui dites rien. À minuit, il partira une felouque qui vous conduira à Naples. Je suis fâché de vous avoir blessé en vous offrant de l'argent; je croyais que vous en aviez besoin. Adieu, Monsieur; soyez prudent: nous nous reverrons bientôt, je l'espère; et je reconnaîtrai, d'une manière digne de vous ce que tous aurez fait pour la patrie et pour moi.

À peine étais-je redescendu à la ville, qu'il me fit rappeler. «J'ai pensé, me dit-il, qu'il m'importait de connaître les corps qui se trouvent dans les 8ème et 10ème divisions militaires, et le nom des officiers qui les commandent; tous aurez soin de vous en informer sur votre passage et de me l'écrire sur-le-champ. Vous m'adresserez vos lettres par triplicata, une par Gènes, l'autre par Livourne, et la troisième par Civita Vecchia. Vous aurez soin d'écrire correctement le nom que voici (il me remit une note contenant le nom d'un habitant de l'île): vous plierez vos lettres à la manière du commerce. Pour qu'on ne puisse pas pénétrer, en cas d'événement imprévu, le secret de votre correspondance, vous donnerez à vos renseignemens la figure d'affaires de commerce; et vous imiterez le style habituel des banquiers: par exemple, je suppose qu'il existe de Chambéry à Lyon, en passant par Grenoble, cinq régimens: vous me marquerez, j'ai vu en passant les cinq négocians que vous m'avez indiqués; leurs dispositions sont toujours les mêmes; votre crédit s'étend de plus en plus; votre opération sera bonne... comprenez-vous?—Oui, Sire; mais comment indiquerai-je à Votre Majesté le nom des colonels et des généraux?—Décomposez-les; rien n'est plus facile, il n'y a pas un seul général, un seul colonel, que je ne connaisse, et j'aurai bientôt recomposé leurs noms.—Mais, Sire, le nom que je formerai sera peut-être si bizarre, qu'on pourrait s'apercevoir, à la poste, que ce sont des noms dénaturés à dessein.—Croyez-vous donc que la poste s'amuse à ouvrir et à lire toutes les lettres du commerce? elle n'y suffirait point: j'ai cherché à déjouer les correspondances cachées sous le masque de la banque, et je n'ai jamais pu y parvenir; il en est de la poste comme de la police: on n'attrape que les sots. Cependant, cherchez un autre moyen, j'y consens.»

Après quelques momens de méditation, je dis à l'Empereur: «En voici un, Sire, qui peut-être sera bon. Votre Majesté a-t-elle l'almanach impérial?—Oui, sans doute.—Eh bien, Sire, cet almanach renferme les tableaux des officiers généraux et des colonels de l'armée: je suppose donc que le régiment qui se trouve à Chambéry soit commandé par le colonel Paul: je cherche dans l'almanach, et je vois que Paul se trouve porté le quarante-septième dans l'état des colonels; je suppose encore que le mot de traite signifie pour nous colonel ou général; j'écrirai alors à Votre Majesté, j'ai vu à Chambéry votre correspondant; il m'a soldé le montant de votre traite n.° 47. Votre Majesté ouvrira son almanach, et elle reconnaîtra que le quarante-septième colonel, qui commande le régiment de Chambéry, se nomme Paul, etc. Enfin, pour que Votre Majesté puisse discerner quand je voudrai parler d'un colonel, d'un général, d'un maréchal, j'aurai soin de le lui indiquer par un, deux, ou trois points, placés à la suite de la lettre initiale du numéro. Le colonel n'aura qu'un point, N.; le général en aura deux, N..; etc.—Fort bien, fort bien, me dit l'Empereur. Voici un almanach pour vous: Bertrand en a un que je prendrai pour moi.» Celui que l'Empereur venait de me donner était richement relié, et portait les armes impériales. J'en arrachai la couverture.

Pendant ce tems, l'Empereur se promenait et répétait en riant: «c'est vraiment parfait; ils n'y verront goutte.» Quand j'eus fini, il me dit: «une idée en amène une autre; et je me demande maintenant comment vous vous y prendriez pour m'écrire, si vous aviez quelque chose d'important et d'imprévu à m'apprendre; par exemple, si un événement extraordinaire vous faisait penser que mon débarquement dût être accéléré ou différé; si les Bourbons étaient sur leurs gardes; enfin, que sais-je?» Il se tut, et reprit: «Je ne vois qu'un seul moyen d'en finir. Ma confiance en vous ne doit point connaître de bornes; je vais vous remettre un chiffre que je me suis fait composer, pour correspondre avec ma famille, en cas de circonstances graves; je n'ai pas besoin de vous faire sentir que vous devez en avoir soin; attachez-le sur vous, crainte de le perdre; et au moindre danger, au moindre soupçon, brûlez-le, ou mettez-le en pièces. Avec ce chiffre, vous pourrez tout me dire; j'aime mieux que vous vous en serviez, que de revenir ou de m'envoyer quelqu'un. Ils me prendraient une lettre chiffrée, qu'il leur faudrait trois mois pour la lire, et la capture d'un agent pourrait tout perdre en un moment.» Il fut alors chercher son chiffre, m'en fit faire l'application sous ses yeux, et me le remit en me recommandant de ne m'en servir qu'en cas d'insuffisance des autres moyens convenus.—«Je ne pense pas que vous soyez dans le cas de revenir ici avant mon départ, à moins que le renversement subit de nos projets ne vous force d'y chercher un asile; dans ce cas, mandez-moi votre retour, et je vous enverrai prendre où vous voudrez; mais il faut espérer que la victoire se déclarera pour nous: Elle aime la France... Vous ne m'avez pas parlé de l'affaire d'Excelmans; si de mon tems pareille affaire me fût arrivée, je me serais cru perdu: quand l'autorité du maître est méconnue, tout est fini. Plus j'y pense, dit-il, en manifestant une émotion subite, plus je suis convaincu que la France est à moi, et que je serai reçu à bras ouverts par les patriotes et par l'armée.—Oui, Sire, je vous le jure sur ma tête, le peuple et l'armée se déclareront pour vous, aussitôt qu'ils entendront prononcer votre nom, aussitôt qu'ils verront les bonnets de vos grenadiers.—Pourvu que le peuple ne se fasse point justice avant mon arrivée. Une révolution populaire alarmerait les étrangers; ils craindraient la contagion de l'exemple. Ils savent que la royauté ne tient plus qu'à un fil, qu'elle n'est plus dans les idées du siècle: ils aimeraient mieux me voir reprendre le trône que de laisser le peuple me le donner. C'est pour apprendre aux Nations que les droits des souverains sont sacrés, sont imprescriptibles, qu'ils ont rétabli les Bourbons: ils ont fait une bêtise. Ils auraient plus fait pour la légitimité en laissant mon fils qu'en rétablissant Louis XVIII. Ma dynastie avait été reconnue par la France et par l'Europe; elle avait été sanctifiée par le Pape: il fallait la respecter. Ils pouvaient, en abusant de la victoire, m'ôter le trône; mais il était injuste, odieux, impolitique de punir un fils des torts de son père, et de le dépouiller de son héritage. Je n'étais point un usurpateur; ils auront beau le dire, on ne les croira pas. Les Anglais, les Italiens, les Allemands sont trop éclairés aujourd'hui, pour se laisser endoctriner par de vieilles idées, par de vieilles traditions. Le souverain du choix de toute une Nation sera toujours aux yeux des peuples le souverain légitime... Les souverains qui, après m'avoir envoyé respectueusement des ambassades solennelles; qui, après avoir mis dans mon lit une fille de leur race; qui, après m'avoir appelé leur frère, m'ont ensuite appelé usurpateur, se sont crachés à la figure, en voulant cracher sur moi. Ils ont avili la majesté des rois, ils l'ont couverte de boue. Qu'est-ce au surplus que le nom d'*Empereur?* Un mot comme un autre. Si je n'avais d'autres titres que celui-là pour me présenter devant la postérité, elle me rirait au nez. Mes institutions, mes bienfaits, mes victoires: voilà mes véritables titres de gloire. Qu'on m'appelle Corse, caporal, usurpateur, peu m'importe... je n'en serai pas moins l'objet de l'étonnement et peut-être de l'admiration des siècles futurs. Mon nom, tout neuf qu'il est, vivra d'âge en âge, tandis que celui de tous ces rois, de père en fils, sera oublié, avant que les vers n'aient eu le tems de digérer leurs cadavres.» L'Empereur s'arrêta quelques momens, et reprit: «J'oublie que nos instans sont précieux; je ne veux plus vous retenir. Adieu, monsieur, embrassez-moi, et partez; mes pensées et mes voeux vous suivront.»

Deux heures après, j'étais en mer.

L'Empereur, ses paroles, ses confidences, ses desseins avaient absorbé toute mon attention, toutes mes facultés, et ne m'avaient laissé ni le temps, ni la possibilité de m'occuper de moi. Lorsque je fus en pleine mer, mes idées se reportèrent sur le rôle extraordinaire que le hasard m'avait départi; je le contemplai avec orgueil; et je remerciai le destin de m'avoir choisi pour être l'instrument de ses impénétrables décrets. Jamais homme ne fut peut-être placé dans une situation aussi imposante que la mienne: j'étais l'arbitre des destinées de l'Empereur et des Bourbons, de la France et de l'Europe: d'un mot je pouvais perdre Napoléon; d'un mot je pouvais sauver Louis: mais Louis n'était rien pour moi; je ne voyais en lui qu'un prince placé sur le trône par des mains étrangères encore teintes du sang français; je voyais, en Napoléon le souverain que la France avait librement couronné pour prix de vingt ans de travaux et de gloire: le tableau des malheurs que la tentative de Napoléon pourrait attirer sur sa tête et sur la France ne s'offrit point à mon imagination. J'étais persuadé que les étrangers, à l'exception des Anglais, garderaient la neutralité; et que les Français accueilleraient l'Empereur comme un libérateur et comme un père. J'étais bien plus loin encore de me considérer comme étant vis-à-vis des Bourbons en état de félonie et de conspiration. Depuis que j'avais prêté serment de fidélité à Napoléon, je le regardais comme mon souverain légitime, et je m'applaudissais d'avoir été appelé, par sa confiance, à concourir avec lui, à rendre à la France la liberté, la puissance et la gloire qu'on lui avait injustement ravies. Je jouissais d'avance des louanges publiques qu'il décernerait après le succès à mon courage, à mon dévouement, à mon patriotisme: je me livrais enfin avec délices, avec fierté, à toutes les pensées, à toutes les résolutions généreuses que peuvent inspirer l'amour de la renommée et l'amour de la patrie.

Les entretiens que j'avais eus avec l'Empereur, étaient restés empreints dans ma mémoire: Cependant, dans la crainte de les dénaturer ou d'en omettre quelques parties, j'employai le temps de la traversée à me rappeler ses propres paroles et à classer ses questions et mes réponses; j'appris ensuite le tout par coeur, comme un écolier apprend sa leçon, afin de pouvoir affirmer à M. X. que je lui rapportais, fidèlement et mot pour mot, tout ce que l'Empereur m'avait dit et ordonné de lui dire.

Un tems assez beau nous conduisit rapidement à Naples. Je me rendis sur le champ chez M. ***; il me fit une foule de questions indiscrètes auxquelles je répondis par une foule de réponses insignifiantes. Il pensa sans doute que je n'en savais point davantage, et ne me sut pas mauvais gré de ma circonspection. Notre conversation préliminaire épuisée, je le priai de me remettre mon passe-port; il me le donna sur le champ. C'était un passe-port Napolitain. «Ce n'est point là ce qu'il me faut, lui dis-je; c'est un passe-port Français.—Je n'en ai point.—L'Empereur m'a dit que vous m'en procureriez un.—L'Empereur est comme cela, il croit tout possible. Où veut-il que j'en prenne? C'est beaucoup faire que de vous en donner un comme sujet de Sa Majesté. On sait déjà que nous avons des relations avec l'île d'Elbe; si l'on venait à découvrir que vous êtes attaché à Napoléon et que vous retournez en France par son ordre, avec l'assistance du Roi, toute l'Europe en retentirait, et le Roi serait compromis. Pourquoi l'Empereur ne se tient-il pas tranquille? Il se perdra et nous entraînera tous dans sa perte.—Il ne m'appartient pas d'examiner, et encore moins de censurer la conduite de Sa Majesté. Je suis à son service, et mon devoir me commande de lui obéir. J'ai besoin d'un passe-port français. Pouvez-vous, ou ne pouvez-vous pas m'en procurer un?—Cela m'est impossible, je vous le répète. C'est déjà trop faire que de vous en donner un comme sujet napolitain.—En ce cas, je retourne à Porto-Ferrajo. Mais je ne puis vous dissimuler que l'Empereur attachait du prix à ce que je fusse en France, et qu'il sera sans doute fort mécontent de vous et du Roi.—Il aurait tort: le Roi fait et fera pour lui tout ce qui est possible; jamais il ne l'abandonnera. Mais il faut que l'Empereur discerne ce que la position critique du Roi lui permet et lui interdit de faire. Mais pourquoi ne voulez-vous point du passe-port que je vous offre? Parce que je ne sais point la langue Italienne, et que votre passe-port me rendrait, en conséquence, plus suspect que le mien. Pourquoi n'essayez-vous pas de pousser jusqu'à Rome? vous y trouverez la famille de l'Empereur; Louis XVIII y a une légation; et peut-être pourra-t-on vous procurer un passe-port avec de l'argent.—Vous me suggérez là une excellente idée. Je vais partir; instruisez l'Empereur des entraves que je viens d'éprouver, afin qu'il puisse dépêcher un autre émissaire, s'il le juge convenable.»

Quand l'esprit est toujours en mouvement et toujours assailli de sensations nouvelles, on n'a point le temps de réfléchir d'avance. J'étais donc parti pour Rome, avec la pensée dominante de voir la famille de l'Empereur et de la prier de m'aider à sortir d'embarras. Mais quand il fut question de me présenter devant elle, je réfléchis que l'Empereur, qui savait que je passerais à Rome, ne m'avait point ordonné de la voir, et je conclus qu'il en avait eu ses raisons; je pris donc le parti de continuer ma route. Je suis venu sans obstacle de Naples à Rome: j'irai, me dis-je, sans plus d'obstacle, de Rome à Milan; là je retrouverai mon ami et son Tudesque, je ferai régulariser une seconde fois mon passe-port français, et les destins feront le reste.

Je me présentai hardiment à la police de Rome, pour faire viser mon passe-port Elbois pour Milan. On me conduisit devant Son Éminence le directeur général, qui avait été renfermé, je crois, à Vincennes sous le gouvernement impérial.

Il me reçut rudement et voulut m'astreindre à me présenter à l'ambassade de France; je m'y refusai. Le Roi de France n'est plus mon souverain, répondis-je avec fermeté, je suis sujet de l'Empereur Napoléon. Les puissances alliées l'ont proclamé et reconnu souverain de l'île d'Elbe, il règne donc à Porto-Ferrajo comme le Pape à Rome, Georges à Londres, et Louis XVIII à Paris. L'Empereur et Sa Sainteté vivent en bonne intelligence, les sujets et les bâtimens des états Romains[41] sont bien accueillis à l'île d'Elbe, et l'on doit également aide et protection aux Elbois, aussi long-tems que le Saint Père n'aura point rompu avec Napoléon.

Ces raisonnemens produisirent leur effet, et Son Éminence ordonna, en murmurant, qu'on fît droit à ma demande.—Qu'allez-vous faire à Milan? me demanda-t-il (en jurant, je crois, entre ses dents).—Je vais, lui répondis-je, pour prendre des arrangemens relatifs aux dotations que nous possédions sur le mont Napoléon. Il fut satisfait de ma réponse, et moi aussi. J'écrivis par la voie du consul napolitain, à M. ***, et je le priai de faire connaître à l'île d'Elbe mon nouvel itinéraire.

Je continuai ma route. Mon passe-port portait en tête les armes impériales. Le nom de Napoléon et sa qualité d'Empereur s'y trouvaient inscrits en gros caractères. Jamais, avant moi, aucun Français de l'île n'avait pu ni osé traverser l'Italie. Que de choses pour éveiller la curiosité, et fixer l'attention! j'étais accablé de questions sur Porto-Ferrajo et son illustre souverain. J'y répondais tant qu'on voulait; pendant qu'on s'occupait de l'Empereur, on ne songeait point à moi; c'était ce qu'il me fallait. J'avais soin, pour éviter les questionneurs dangereux, de traverser les villes pendant la nuit, et de ne jamais m'y arrêter. Enfin, grâce à mon adresse et à mon bonheur, je parvins à Milan, sain et sauf; j'y retrouvai mon ami et son colonel, et tout s'arrangea à merveille.

Je repartis en toute hâte pour Turin. En arrivant sur la place de… j'aperçus des groupes nombreux qui me parurent très-animés. Quelle ne fut point ma surprise, quand je sus qu'on s'y entretenait de Napoléon et de son évasion de l'île d'Elbe! Cette nouvelle qu'on venait de recevoir à l'instant, me causa d'abord le plus violent dépit; j'accusai l'Empereur de perfidie, et lui reprochai de m'avoir abusé, trompé, sacrifié.

Ce premier accès d'humeur passé, je considérai la conduite de l'Empereur sous un autre aspect. Je pensai qu'il avait été déterminé, par des considérations imprévues, à s'embarquer précipitamment; j'eus honte de mes soupçons, de mes emportemens; et ne songeai plus qu'à voler sur ses traces. Mais déjà l'on avait donné l'ordre d'interrompre les communications. Je passai huit jours qui me parurent huit siècles, à solliciter la permission de rentrer en France: je l'obtins enfin. J'arrivai à Paris le 25 Mars; le 26 je fus présenté à l'Empereur par M. X.; il m'embrassa, et me dit: «Je désire, pour des raisons graves, que vous oubliez, X. et vous, tout ce qui s'est passé à l'île d'Elbe; moi seul, je ne l'oublierai point; comptez en toute occasion sur mon estime et ma protection[42].»

Ici se termine le mémoire de M. Z.

À peine cet officier eut-il quitté l'île d'Elbe, que l'Empereur (et c'est de Sa Majesté elle-même que je tiens ces détails) reconnut et déplora l'imprudence qu'il avait commise, en renvoyant Z. sur le continent. Le caractère et la fermeté de ce fidèle serviteur lui étaient assez connus, pour qu'il n'eût sur son compte aucune inquiétude; il était sûr (ce sont ses propres expressions) qu'il se ferait plutôt hacher en morceaux que d'ouvrir la bouche; mais il craignit que les informations qu'il lui avait ordonné de prendre sur la route, les lettres qu'il pourrait lui adresser, ou les conférences qu'il pourrait avoir à Paris avec M. X. et ses amis, n'éveillassent les soupçons de la police, et que les Bourbons ne fissent établir des croisières qui auraient rendu impossible toute évasion de l'île d'Elbe et tout débarquement sur les côtes de France.

L'Empereur sentit donc qu'il n'avait qu'un seul moyen de prévenir ce danger: de partir sur le champ.

Il n'hésita point. Dès-lors tout prit à l'île d'Elbe un autre aspect.

Cette île, naguères le séjour de la paix et de la philosophie, devint en un instant le quartier-général impérial. Des estafettes, des ordres, des contre-ordres allaient et revenaient sans cesse de Porto-Ferrajo à Longone, et de Longone à Porto-Ferrajo. Napoléon, dont l'activité brûlante avait été si long-tems enchaînée, se livrait avec un charme infini à tous les soins qu'exigeait son audacieuse entreprise. Mais quelque soit le mystère dont il avait cru l'envelopper, les comptes inusités qu'il s'était fait rendre, l'attention particulière qu'il avait reportée sur ses vieux grenadiers, avait éveillé leurs soupçons; ils se doutèrent qu'il méditait de quitter l'île. Tous présumèrent qu'il débarquerait à Naples ou sur quelqu'autre point de l'Italie; aucun n'osa même penser qu'il projetait d'aller renverser Louis XVIII de son trône.

Le 26 Février, à une heure, la garde et les officiers de sa maison reçurent l'ordre de se tenir prêts à partir; tout se mit en mouvement les grenadiers reprirent avec joie leurs armes si longtemps oisives, et jurèrent spontanément de ne les quitter qu'avec la vie. La population entière du pays, une foule de femmes, d'enfans, de vieillards se portèrent précipitamment sur le rivage et offrirent de toutes parts les scènes les plus touchantes. On se pressait autour des fidèles compagnons de Napoléon; on se disputait le plaisir, l'honneur de les toucher, de les voir, de les embrasser encore une fois. Les jeunes gens les plus distingués de l'île sollicitèrent comme une grâce le danger de s'associer aux périls de Napoléon. La joie, la gloire, l'espérance éclataient dans tous les yeux; on ne savait point ou l'on allait, mais Napoléon était là… et avec lui pouvait-on douter de la victoire?

À huit heures du soir, un coup de canon donna le signal du départ. Mille doux embrassemens furent aussitôt prodigués et rendus. Les Français s'élancèrent dans leurs barques; une musique guerrière se fit entendre; et Napoléon et les siens s'éloignèrent majestueusement du rivage, au milieu des cris mille fois répétés de *Vive l'Empereur!*[43]

Napoléon, en mettant le pied dans son navire, s'était écrié comme César; *le sort en est jeté!* Sa figure était calme, son front serein; il paraissait moins occupé du succès de son entreprise que des moyens d'arriver promptement au but. Les yeux du comte Bertrand étincelaient d'espérance et de joie; le Général Drouot était pensif et sérieux; Cambronne paraissait peu se soucier de l'avenir, et ne s'occuper que de bien faire son devoir. Les vieux grenadiers avaient repris leur air martial et menaçant. L'Empereur causait et plaisantait sans cesse avec eux; il leur tirait les oreilles, les moustaches et leur rappelait leurs dangers, leur gloire, et faisait descendre dans leur âme la confiance dont la sienne était animée.

Tout le monde brûlait d'apprendre où l'on allait; le respect ne permettait à personne d'oser le demander; enfin Napoléon rompit le silence: «GRENADIERS, dit-il NOUS ALLONS EN FRANCE, NOUS ALLONS

À PARIS.» À ces mots, tous les visages s'épanouirent, la joie cessa d'être inquiète, et des cris étouffés de VIVE LA FRANCE! attestèrent à Napoléon que l'amour de la patrie ne s'éteint jamais dans le coeur des Français.

Une corvette Anglaise, commandée par le capitaine Campbell, paraissait chargée de surveiller l'île d'Elbe[44]: elle allait et venait sans cesse de Porto-Ferrajo à Livourne, et de Livourne à Porto-Ferrajo. Au moment de l'embarquement, elle se trouvait dans ce dernier port, et ne pouvait inspirer aucune inquiétude; mais l'on avait signalé dans le canal plusieurs bâtimens français, et leur présence faisait naître de justes craintes. Cependant on espérait que la brise de la nuit favoriserait la marche de la flotille, et qu'avant la pointe du jour, elle serait hors de vue. Cet espoir fut déçu. On avait à peine doublé le cap Saint-André de l'île d'Elbe, que le vent mollit; la mer devint calme. À la pointe du jour, on n'avait fait que six lieues, et l'on était encore entre l'île de Capraïa et l'île d'Elbe.

Le péril paraissait éminent, plusieurs marins étaient d'opinion de retourner à Porto-Ferrajo. L'Empereur ordonna de continuer la navigation, ayant pour ressource, en dernier événement, soit de s'emparer de la croisière française, soit de se réfugier dans l'île de Corse, où il était assuré d'être bien reçu. Pour faciliter les manoeuvres, il ordonna de jeter à la mer tous les effets embarqués; ce qui fut exécuté joyeusement et à l'instant même.

Vers midi, le vent fraîchit un peu. À quatre heures, on se trouva à la hauteur de Livourne. Une frégate parut à cinq lieues sous le vent, une autre était sur les côtes de Corse, et un bâtiment de guerre qu'on reconnut être le brick le *Zéphir*, commandé par le capitaine Andrieux, venait droit, vent arrière, à la rencontre de la flotille impériale. On proposa d'abord de lui parler, et de lui faire arborer le pavillon tricolor. Cependant l'Empereur donna l'ordre aux soldats de la garde d'ôter leurs bonnets et de se cacher sous le pont, préférant passer à côté du brick sans se laisser reconnaître, et se réservant, en cas de besoin, de le faire changer de pavillon. À six heures du soir, les deux bricks passèrent bord à bord, et leurs commandans, qui se connaissaient, s'adressèrent mutuellement la parole; celui du *Zéphir* demanda des nouvelles de l'Empereur, et l'Empereur lui répondit lui-même avec le porte-voix, qu'il se portait à merveille.

Les deux bricks, allant en sens contraire, furent bientôt hors de vue, sans que le capitaine Andrieux se doutât de la précieuse proie qu'il laissait échapper.

Dans la nuit du 27 au 28, le vent continua de fraîchir. À la pointe du jour, on reconnut un bâtiment de soixante-quatorze, qui avait l'air de se diriger sur Saint-Florent ou sur la Sardaigne; on ne tarda point à s'apercevoir que ce bâtiment ne s'occupait pas du brick.

L'Empereur, avant de quitter l'île d'Elbe, avait préparé de sa main deux proclamations, l'une aux Français, l'autre à l'armée; il voulut les faire mettre au net. Son secrétaire et le général Bertrand ne pouvant réussir à les déchiffrer, furent les porter à Napoléon qui, désespérant lui-même d'y parvenir, les jeta de dépit dans la mer. Puis, après avoir rassemblé quelques momens ses idées, il dicta sur je champ à son secrétaire les deux proclamations suivantes:

PROCLAMATION.

Au golfe Juan, le 1er Mars 1815.

Napoléon, par la grâce de Dieu et les constitutions de l'Empire, Empereur des Français, etc. etc. etc.,

À L'ARMÉE:

> Soldats! Nous n'avons pas été vaincus: deux hommes sortis de nos rangs ont trahi nos lauriers, leur pays, leur prince, leur bienfaiteur.

> Ceux que nous avons vu pendant vingt-cinq ans parcourir toute l'Europe pour nous susciter des ennemis, qui ont passé leur vie à combattre contre nous; dans les rangs des armées étrangères, en maudissant notre belle France, prétendraient-ils commander et enchaîner nos aigles, eux qui n'ont jamais pu en soutenir les regards? Souffrirons-nous qu'ils héritent du fruit de nos glorieux travaux? qu'ils s'emparent de nos honneurs, de nos biens, qu'ils calomnient notre gloire? si leur règne durait, tout serait perdu, même le souvenir de ces mémorables journées.

> Avec quel acharnement ils les dénaturent! Ils cherchent à empoisonner ce que le monde admire; et s'il reste encore des défenseurs de notre gloire, c'est parmi ces mêmes ennemis que nous avons combattus sur les champs de bataille.

Soldats! dans mon exil, j'ai entendu votre voix; je suis arrivé à travers tous les obstacles et tous les périls.

Votre général, appelé au trône par le choix du peuple, et élevé sur vos pavois, vous est rendu: venez le joindre.

> Arrachez ces couleurs que la nation a proscrites, et qui pendant vingt-cinq ans servirent de ralliement à tous les ennemis de la France. Arborez cette cocarde tricolore, vous la portiez dans nos grandes journées. Nous devons oublier

que nous avons été les maîtres des nations; mais nous ne devons pas souffrir qu'aucune se mêle de nos affaires. Qui prétendrait être maître chez nous? qui en aurait le pouvoir? Reprenez ces aigles que vous aviez à Ulm, à Austerlitz, à Jena, à Eylau, à Wagram, à Friedland, à Tudéla, à Eckmühl, à Essling, à Smolensk, à la Moscowa, à Lutzen, à Wurtchen, à Montmirail. Pensez-vous que cette poignée de Français, aujourd'hui si arrogans, puissent en soutenir la vue? ils retourneront d'où ils viennent, et là, s'ils le veulent, ils régneront comme ils prétendent avoir régné depuis dix-neuf ans.

Vos biens, vos rangs, votre gloire, les biens, les rangs et la gloire de vos enfans, n'ont pas de plus grands ennemis que ces princes que les étrangers nous ont imposés. Ils sont les ennemis de notre gloire, puisque le récit de tant d'actions héroïques qui ont illustré le peuple français, combattant contre eux pour se soustraire à leur joug, est leur condamnation.

Les vétérans des armées de Sambre-et-Meuse, du Rhin, d'Italie, d'Égypte, de l'Ouest, de la grande armée, sont humiliés; leurs honorables cicatrices sont flétries; leurs succès seraient des crimes; les braves seraient des rebelles, si, comme le prétendent les ennemis du peuple, des souverains légitimes étaient au milieu des armées étrangères. Les honneurs, les récompenses, les affections sont pour ceux qui les ont servis contre la patrie et nous.

Soldats! venez vous ranger sous les drapeaux de votre chef; son existence ne se compose que de la vôtre, ses droits ne sont que ceux du peuple et les vôtres; son intérêt, son honneur, sa gloire, ne sont autres que votre intérêt, votre honneur et votre gloire. La victoire marchera au pas de charge; l'aigle, avec les couleurs nationales, volera de clocher en clocher jusqu'aux tours de Notre-Dame. Alors vous pourrez montrer avec honneur vos cicatrices; alors vous pourrez vous vanter de ce que vous aurez fait: vous serez les libérateurs de la patrie.

Dans votre vieillesse, entourés et considérés de vos concitoyens, ils vous entendront avec respect raconter vos hauts faits; vous pourrez dire avec orgueil: Et moi aussi je faisais partie de cette grande armée qui est entrée deux fois dans les murs de Vienne, dans ceux de Rome, de Berlin, de

Madrid, de Moscou, qui a délivré Paris de la souillure que la trahison et la présence de l'ennemi y ont empreinte. Honneur à ces braves soldats, la gloire de la patrie! et honte éternelle aux Français criminels, dans quelque rang que la fortune les ait fait naître; qui combattirent vingt-cinq ans avec l'étranger pour déchirer le sein de la patrie.

Signé, NAPOLÉON.

Par l'Empereur:

Le grand maréchal, faisant fonctions de major-général de la grande armée.

Signé, BERTRAND.

PROCLAMATION.

Au golfe Juan, le 1er Mars 1815.

NAPOLÉON, par la grâce de Dieu et les constitutions de l'Empire, Empereur des Français, etc. etc.,

AU PEUPLE FRANÇAIS!

La défection du duc de Castiglione livra Lyon sans défense à nos ennemis. L'armée dont je lui avais confié le commandement était, par le nombre de ses bataillons, la bravoure et le patriotisme des troupes qui la composaient, en état de battre le corps d'armée Autrichien qui lui était opposé, et d'arriver sur les derrières du flanc gauche de l'armée ennemie qui menaçait Paris.

Les victoires de Champ-Aubert, de Montmirail, de Château-Thierry, de Vauchamp, de Mormane, de Montereau, de Craone, de Rheims, d'Arcy-sur-Aube et de St.-Dizier; l'insurrection des braves paysans de la Lorraine, de la Champagne, de l'Alsace, de la Franche-Comté et de la Bourgogne, et la position que j'avais prise sur les derrières de l'armée ennemie, en la séparant de ses magasins, de ses parcs de réserve, de ses convois et de tous ses équipages, l'avaient placée dans une situation désespérée. Les Français ne furent jamais sur le point d'être plus puissans, et l'élite de l'armée ennemie était perdue sans ressource; elle eût trouvé son tombeau dans ces vastes contrées qu'elle avait si impitoyablement saccagées, lorsque la trahison du duc de Raguse livra la capitale et désorganisa l'armée. La conduite inattendue de ces deux généraux, qui trahirent à la fois leur patrie, leur prince et leur bienfaiteur, changea le destin de la guerre; la situation de l'ennemi était telle qu'à la fin de l'affaire qui eut lieu devant Paris, il était sans munitions, par la séparation de ses parcs de réserve[45].

Dans ces nouvelles et grandes circonstances, mon coeur fut déchiré, mais mon âme resta inébranlable; je ne consultai que l'intérêt de la patrie, je m'exilai sur un rocher au milieu des mers: ma vie vous était et devait encore vous être utile. Je ne permis pas que le grand nombre de citoyens qui voulaient m'accompagner, partageassent mon sort; je crus leur présence utile à la France, et je n'emmenai avec moi qu'une poignée de braves, nécessaires à ma garde.

Élevé au trône par votre choix, tout ce qui a été fait sans vous est illégitime. Depuis vingt-cinq ans, la France a de nouveaux intérêts, de nouvelles institutions, une nouvelle gloire, qui ne peuvent être garantis que par un gouvernement national et par une dynastie née dans ces nouvelles circonstances. Un prince qui régnerait sur vous, qui serait assis sur mon trône par la force des mêmes armées qui ont ravagé notre territoire, chercherait en vain à s'étayer des principes du droit féodal; il ne pourrait assurer l'honneur et les droits que d'un petit nombre d'individus ennemis du peuple, qui depuis vingt-cinq ans les a condamnés dans toutes nos assemblées nationales. Votre tranquillité intérieure et votre considération extérieure seraient perdues à jamais.

Français! dans mon exil j'ai entendu vos plaintes et vos voeux; vous réclamez ce gouvernement de votre choix, qui seul est légitime: vous accusiez mon long sommeil; vous me reprochiez de sacrifier à mon repos les grands intérêts de la patrie.

J'ai traversé les mers, au milieu des périls de toute espèce; j'arrive parmi vous reprendre mes droits qui sont les vôtres. Tout ce que des individus ont fait, écrit, ou dit depuis la prise de Paris, je l'ignorerai toujours; cela n'influera en rien sur le souvenir que je conserve des services importans qu'ils ont rendus; car il est des événemens d'une telle nature qu'ils sont au-dessus de l'organisation humaine.

Français! il n'est aucune nation, quelque petite qu'elle soit, qui n'ait eu le droit de se soustraire et ne se soit soustraite au déshonneur d'obéir à un prince imposé par un ennemi momentanément victorieux. Lorsque Charles VII rentra dans Paris et renversa le trône éphémère de Henri VI, il reconnut tenir son trône de la vaillance de ses braves, et non du prince régent d'Angleterre.

C'est aussi à vous seuls et aux braves de l'armée, que je fais et ferai toujours gloire de tout devoir.

Signé, NAPOLÉON.

Par l'Empereur:

> Le grand maréchal, faisant fonctions de major-général de la grande armée.

Signé, BERTRAND.

L'Empereur, en dictant ces proclamations, paraissait animé de la plus profonde indignation. Il semblait avoir sous les yeux les généraux qu'il accusait d'avoir livré la France, et les ennemis qui l'avaient subjuguée. Il répétait sans cesse les noms de Marmont, d'Augereau; et toujours ils étaient accompagnés de menaces et d'épithètes analogues à l'idée qu'il avait conçu de leur trahison.

Quand les proclamations furent transcrites, l'Empereur en fit donner lecture à haute voix, et engagea tous ceux qui savaient bien écrire à en faire des copies. En un instant, les bancs, les tambours servirent de tables; et soldats, marins et officiers se mirent gaiement à l'ouvrage.

Au bout d'un certain tems, Sa Majesté dit aux officiers qui l'entouraient: «Maintenant, Messieurs, il faut à votre tour parler à l'armée; il faut lui apprendre ce que la France attend d'elle dans les grandes circonstances où nous allons nous trouver; allons, Bertrand, la plume en main.» Le grand maréchal s'excusa. L'Empereur alors reprit la parole, et dicta, sans s'arrêter, une adresse aux généraux, officiers et soldats de l'armée, dans laquelle la garde impériale les conjurait, au nom de la patrie et de l'honneur, de secouer le joug des Bourbons.

> SOLDATS, leur disait-elle, la générale bat, et nous marchons; courez aux armes, venez nous joindre, joindre votre Empereur et vos aigles.

> Et si ces hommes aujourd'hui si arrogans, et qui ont toujours fui à l'aspect de nos armes, osent nous attendre, quelle plus belle occasion de verser notre sang, et de chanter l'hymne de la victoire!

> Soldats des septième, huitième et dix-neuvième divisions militaires; garnison d'Antibes, de Toulon, de Marseille;

officiers en retraite, vétérans, de nos armées, vous êtes appelés à l'honneur de donner le premier exemple; venez avec nous conquérir le trône, palladium de nos droits; et que la postérité dise un jour: les étrangers, secondés par des traîtres, avaient imposé un joug honteux à la France, les braves se sont levés, et les ennemis du peuple, de l'armée, ont disparu et sont rentrés dans le néant.

Cette adresse était à peine achevée, qu'on aperçut au loin les côtes d'Antibes. Aussitôt l'Empereur et ses braves saluèrent la terre de la patrie des cris de *Vive la France! Vivent les Français!* et reprirent au même instant la cocarde tricolore[46].

Le 1er Mars, à trois heures, on entra dans le golfe Juan. Le Général Drouot et un certain nombre d'officiers et de soldats, montés sur la félouque la *Caroline*, abordèrent avant l'Empereur qui se trouvait à une assez grande distance du rivage. Au moment même, ils aperçurent à la droite un gros navire qui leur parut (à tort) se diriger à toutes voiles sur le brick; ils furent subitement saisis de la plus violente inquiétude; ils allaient et venaient, témoignant, par leurs gestes et leurs pas précipités, l'émotion et la crainte dont ils étaient agités. Le Général Drouot ordonna de décharger la *Caroline* et de voler à la rencontre du brick; en un instant, canons, affûts, caissons, bagages, tout fut jeté sur le sable, et déjà les grenadiers et les braves marins de la garde faisaient force de rames, lorsque des acclamations parties du brick vinrent frapper leurs oreilles et leurs regards éperdus. C'était l'Empereur: soit prudence, soit impatience, il était descendu dans un simple canot. Les alarmes cessèrent, et les grenadiers, les bras tendus vers lui, l'accueillirent au milieu des plus touchantes démonstrations de dévouement et de joie. À cinq heures, il mit pied à terre: je lui ai entendu dire qu'il n'éprouva jamais une émotion aussi profonde.

Son bivouac fut établi dans un champ entouré d'oliviers: «Voilà, dit-il, un heureux présage; puisse-t-il se réaliser!»

On aperçut quelques paysans; l'Empereur les fit appeler, et les interrogea. L'un d'eux avait servi autrefois sous ses ordres; il reconnut son ancien général et ne voulut plus le quitter. Napoléon, se tournant du côté du Grand Maréchal, lui dit en riant: «Eh bien! Bertrand, voilà déjà du renfort.» Il passa la soirée à causer et à rire familièrement avec ses généraux et les officiers de sa maison. «Je vois d'ici, disait-il, la peur que je vais faire aux Bourbons, et l'embarras dans lequel vont se trouver tous ceux qui m'ont tourné le dos.» Puis, continuant à badiner sur le même sujet, il définit, avec sa sagacité ordinaire, le caractère des Maréchaux et des grands personnages qui l'avaient servi autrefois, et s'amusa beaucoup des efforts qu'ils allaient faire *pour sauver les apparences*, et attendre prudemment le moment de se déclarer pour le parti du plus fort.

Le succès de son entreprise paraissait moins l'occuper que les dangers auxquels allaient être exposés ses amis et ses partisans qu'il ne désignait plus que sous le nom de *patriotes*. «Que vont devenir les patriotes jusqu'à mon arrivée à Paris? répétait-il fréquemment. Je tremble que les Vendéens et les émigrés ne les massacrent; malheur à eux s'ils y touchent! je serai sans pitié.»

L'Empereur, aussitôt son débarquement, avait dirigé sur Antibes un capitaine de la garde et vingt-cinq hommes; leurs instructions portaient de s'y présenter comme déserteurs de l'île d'Elbe, de sonder les dispositions de la garnison, et si elles paraissaient favorables, de la débaucher: mais entraînés par leur imprudente ardeur, ils entrèrent dans la ville aux cris de *Vive l'Empereur!* le commandant fit lever le pont-levis et les retint prisonniers. Napoléon, ne les voyant point revenir, fit appeler un officier civil de la garde, et lui dit: «Vous allez vous rendre sur le champ sous les murs d'Antibes; vous remettrez, ou ferez remettre au général Corsin cette dépêche; vous n'entrerez pas dans la place, on pourrait vous y garder; vous attirerez les soldats, vous leur lirez mes proclamations; vous les haranguerez. Ne savez-vous donc pas, leur direz-vous, que votre Empereur est là? que les garnisons de Grenoble et de Lyon viennent le joindre au pas de charge: qu'attendez-vous? voulez-vous laisser à d'autres l'honneur de se réunir à lui avant vous? l'honneur de marcher les premiers à son avant-garde? venez saluer nos aigles, nos drapeaux tricolors. L'Empereur et la patrie vous l'ordonnent: venez.»

Cet officier, de retour, annonça que les portes de la ville et du port étaient fermées; et qu'il ne lui avait point été possible de voir le général Corsin, ni de parler aux soldats. Napoléon parut contrarié, mais peu inquiet de ce contre-temps. À onze heures du soir, il se mit en marche, traînant à sa suite quatre pièces d'artillerie. Les Polonais n'ayant pu embarquer leurs chevaux, en avaient emporté l'équipement, et marchaient joyeusement à l'avant-garde, courbés sous le poids de cet énorme bagage. Napoléon faisait acheter, pour eux, tous les chevaux qu'il rencontrait, et remontait ainsi, un à un, sa petite cavalerie.

Il se rendit à Cannes, de là à Grasse, et arriva dans la soirée du 2 au village de Cerenon, ayant fait vingt lieues dans cette première journée. Il fut reçu partout avec des sentimens qui furent le présage du succès de l'entreprise.

Le 3, l'Empereur coucha à Barème, et le 4 à Digne. Le bruit de son débarquement, qui le devançait de proche en proche, excitait partout un sentiment mêlé de joie, de surprise et d'inquiétude. Les paysans bénissaient son retour et lui offraient, dans leur naïf langage, l'expression de leurs voeux; mais quand ils voyaient sa petite troupe, ils la regardaient avec une tendre commisération et n'espéraient plus qu'il pût triompher avec de si faibles moyens.

Le 5, Napoléon fut coucher à Gap, et ne conserva près de lui que six hommes à cheval et quarante grenadiers.

Ce fut dans cette ville, qu'il fit imprimer, pour la première fois, ses proclamations; elles se répandirent avec la rapidité de l'éclair et enflammèrent toutes les têtes et tous les coeurs d'un dévouement si violent et si prompt, que toute la population du pays voulait se lever en masse et marcher à l'avant-garde.

Il n'emprunta point dans ses proclamations, comme on l'a prétendu, ni la qualité de *Général en Chef*, ni celle de *Lieutenant-général* de son fils. Avant de quitter l'île d'Elbe, il s'était déterminé à reprendre, aussitôt son débarquement, le titre d'*Empereur des Français*.

Il avait reconnu que toute autre qualification diminuerait sa force et son ascendant sur le peuple et l'armée, jetterait de l'incertitude sur ses intentions, ferait naître des scrupules, des hésitations, et le constituerait d'ailleurs en état d'hostilité contre la France.

Il avait reconnu enfin qu'il serait toujours le maître de se faire légitimer Empereur des Français, si les suffrages de la nation lui étaient nécessaires, pour lui rendre, aux yeux de l'Europe et même de la France, les droits que son abdication aurait pu lui faire perdre momentanément.

Les autorités supérieures de Gap s'étaient retirées à son approche. Il n'eut à recevoir d'autres félicitations que celles du maire, des conseillers municipaux et des officiers à la demi-solde. Il s'entretint avec eux des bienfaits de la révolution, de la souveraineté du peuple, de la liberté, de l'égalité, et surtout des émigrés et des Bourbons. Avant de les quitter, il adressa aux habitans des hautes et basses Alpes des remercimens publics, ainsi conçus:

> CITOYENS, j'ai été vivement touché de tous les sentimens que vous m'avez montrés; vos voeux seront exaucés; la cause de la nation triomphera encore. Vous avez raison de m'appeler votre père; je ne vis que pour l'honneur et le bonheur de la France. Mon retour dissipe vos inquiétudes; il garantit la conservation de toutes les propriétés, l'égalité entre toutes les classes; et ces droits, dont vous jouissiez depuis vingt-cinq ans, et après lesquels nos pères ont tant soupiré, forment aujourd'hui une partie de votre existence.
>
> Dans toutes les circonstances où je pourrai me trouver, je me rappellerai toujours avec un vif intérêt ce que j'ai vu en traversant votre pays.

Le 6, à deux heures après midi, l'Empereur partit de Gap: la ville tout entière était sur son passage.

À Saint-Bonnel, les habitans, voyant le petit nombre de ses soldats, eurent des craintes et lui proposèrent de faire sonner le tocsin pour réunir les villages, et l'accompagner en masse. «Non, dit l'Empereur, vos sentimens me font connaître que je ne me suis point trompé; ils sont pour moi un sûr garant des sentimens de mes soldats; ceux que je rencontrerai se rangeront de mon côté; plus ils seront, plus mon succès sera assuré. Restez donc tranquilles chez vous.»

Le même jour, l'Empereur vint coucher à Gorp; le général Cambronne et quarante hommes formant l'avant-garde poussèrent jusqu'à Mure.

Cambronne, le plus souvent, marchait seul en avant de ses grenadiers, pour éclairer leur route et leur faire préparer d'avance des logemens et des subsistances. À peine avait-il prononcé le nom de l'Empereur, qu'on s'empressait de lui témoigner la plus vive et la plus tendre sollicitude. Un seul maire, celui de Sisteron, M. le marquis de ***, voulut essayer de soulever les habitans de cette commune, en leur dépeignant les soldats de Napoléon comme des brigands et des incendiaires. Confondu par l'apparition subite du général Cambronne, seul, et sans autre arme que son épée, il changea de langage, et parut n'avoir éprouvé que la crainte de n'être point payé[47]. Cambronne lui jeta froidement sa bourse, en lui disant: «Payez-vous!» Les habitans, indignés, s'empressèrent à fournir plus de vivres qu'on n'en avait demandé; et quand le bataillon de l'île d'Elbe parut, ils lui offrirent un drapeau tricolor en signe d'estime et de dévouement.

En sortant de la mairie, le général Cambronne et ses quarante grenadiers se rencontrèrent avec un bataillon envoyé de Grenoble pour leur fermer le passage. Cambronne voulut parlementer, et ne fut point écouté. L'Empereur, informé de cette résistance, se porta sur le champ en avant; sa garde, abîmée par une longue marche à travers la neige et des chemins rocailleux, n'avait pu le suivre entièrement. Mais quand elle apprit l'affront fait à Cambronne et les dangers que pouvait courir l'Empereur, elle oublia ses fatigues et vola sur ses traces. Les soldats qui ne pouvaient plus traîner leurs pieds meurtris ou ensanglantés, étaient soutenus par leurs camarades ou portés sur des brancards faits avec leurs fusils: tous juraient, comme les soldats de Fabius, non point de mourir ou de vaincre, mais d'être vainqueurs. Quand l'Empereur les aperçut, il leur tendit la main, et s'écria: «Avec vous, mes braves, je ne craindrais pas dix mille hommes!»

Cependant les troupes venues de Grenoble avaient rétrogradé, et pris position à trois lieues de Gorp, entre les lacs et près d'un village. L'Empereur fut les reconnaître; il trouva sur la ligne opposée un bataillon du cinquième régiment de ligne, une compagnie de sapeurs, et une compagnie de mineurs, en tout sept à huit cents hommes: il leur envoya le chef d'escadron Roul; elles refusèrent de l'entendre. Napoléon, se tournant alors du côté du maréchal Bertrand, lui dit: «Z. m'a trompé; n'importe, en avant.» Aussitôt mettant pied à terre, il marcha droit au détachement, suivi de sa garde, l'arme baissée: «Eh! quoi, mes amis, leur dit-il, vous ne me reconnaissez pas? je suis votre Empereur; s'il est parmi vous un soldat qui veuille tuer son Général, son Empereur, il le peut: me voilà... (en effaçant sa poitrine)

Le cri unanime de *vive l'Empereur!* fut leur réponse.

Ils demandèrent aussitôt à marcher des premiers sur la division qui couvrait Grenoble. On se mit en marche au milieu de la foule d'habitans qui s'augmentait à chaque instant. Vizille se distingua par son enthousiasme: «C'est ici qu'est née la révolution, disaient ces braves gens; c'est nous qui, les premiers, avons osé réclamer les priviléges des hommes; c'est encore ici que ressuscite la liberté française, et que la France recouvre son honneur et son indépendance.»

Entre Vizille et Grenoble, un adjudant-major du septième de ligne vint annoncer que le colonel Labédoyère, profondément navré du déshonneur qui couvrait la France, et déterminé par les plus nobles sentimens, s'était détaché de la division de Grenoble, et venait avec son régiment, au pas accéléré, à la rencontre de l'Empereur.

Bientôt après, on entendît au loin de nombreuses acclamations: c'était Labédoyère et le septième. Les deux troupes, impatientes de se réunir, rompirent leurs rangs; des embrassemens et des cris mille fois répétés de *vive la garde! vive le septième! vive l'Empereur!* devinrent le gage de leur union et de leurs sentimens.

Napoléon, qui, à chaque pas, voyait s'accroître ses forces et l'enthousiasme public, résolut d'entrer le soir même à Grenoble.

Il fut arrêté, en avant de cette ville, par un jeune négociant, officier de la garde nationale: «Sire, lui dit-il, je viens offrir à Votre Majesté cent mille francs et mon épée.—J'accepte l'un et l'autre: restez avec nous.»

Plus loin, il fut rejoint par un détachement d'officiers qui lui confirmèrent (il l'avait appris de Labédoyère) que le général Marchand et le préfet s'étaient déclarés contre lui, et que la garnison et la garde nationale n'avaient encore fait éclater aucune disposition favorable.

Le général Marchand, effectivement, avait fait rentrer les troupes dans Grenoble et fermé les portes; les remparts étaient couverts par le troisième régiment du génie, composé de deux mille sapeurs, tous vieux soldats couverts d'honorables blessures; par le quatrième d'artillerie de ligne, ce même régiment où l'Empereur, vingt-cinq ans auparavant, avait été fait capitaine; puis les deux autres bataillons du cinquième de ligne, et les fidèles hussards du quatrième.

Jamais ville assiégée n'offrit un semblable spectacle. Les assiégeans, l'arme renversée, et marchant dans le désordre de la joie, approchaient, en chantant, des murailles de la place. Le bruit des armes, les cris de guerre des soldats ne venaient point épouvanter les airs: on n'entendait d'autre bruit que les acclamations sans cesse renaissantes de *vive Grenoble! vive la France! vive Napoléon!* d'autres cris que ceux de la plus franche gaieté et du plus pur enthousiasme. La garnison, la garde nationale, la population répandues sur les remparts, regardèrent d'abord avec surprise, avec émotion, ces transports d'allégresse et de dévouement. Bientôt ils les partagèrent; et les assiégeans et les assiégés, réunis par les mêmes pensées, les mêmes sentimens, firent éclater à la fois le cri de ralliement, le cri de *vive l'Empereur!* Le peuple et les soldats se présentèrent aux portes; en un instant, elles furent enfoncées; et Napoléon, entouré, pressé par une foule idolâtre, fit son entrée triomphante à Grenoble. Quelques momens après, les habitans, au son des fanfares, vinrent lui apporter les débris des portes: «à défaut des clefs de la bonne ville de Grenoble, lui dirent-ils, tiens, voilà les portes.»

La possession de cette place était pour Napoléon de la plus haute importance. Elle lui offrait un point d'appui, des munitions, des armes, de l'artillerie. Il ne put dissimuler son extrême contentement, et répéta plusieurs fois à ses officiers: «Tout est décidé maintenant; nous sommes sûrs d'aller à Paris.» Il questionna longuement Labédoyère sur Paris et sur la situation générale de la France. Ce jeune colonel, plein de nobles sentimens, s'exprimait avec une franchise, qui quelquefois interdisait Napoléon. «Sire, lui disait-il, les Français vont tout faire pour Votre Majesté, mais il faut aussi que Votre Majesté fasse tout pour eux: *plus d'ambition, plus de despotisme: nous voulons être libres et heureux.* Il faut abjurer, Sire, ce système de conquête et de puissance qui a fait le malheur de la France et le vôtre.—Si je réussis, répondait Napoléon, je ferai tout ce qu'il faudra faire pour remplir l'attente de la nation. Son bonheur m'est plus cher que le mien. C'est pour la rendre libre et heureuse que je me suis jeté dans une entreprise qui pouvait ne pas avoir de succès et me coûter la vie; mais nous aurions eu la consolation de mourir sur le sol de la patrie.— Et de mourir, ajoutait Labédoyère, pour son honneur et sa liberté.»

L'Empereur donna l'ordre de faire imprimer dans la nuit ses proclamations, et dépêcha des émissaires sur tous les points, pour annoncer qu'il était entré à Grenoble; que l'Autriche était pour lui; que le roi de Naples le suivait avec quatre-vingt mille hommes…; enfin, pour décourager, intimider, retenir par de fausses terreurs, de fausses confidences, les partisans et les agens du gouvernement royal.

Les proclamations, affichées avec profusion, produisirent à Grenoble, comme à Gap, la plus vive sensation. Jamais, en effet, on n'avait parlé à l'orgueil national, au patriotisme, aux nobles passions de l'âme, avec plus de charme, de force et d'éloquence; les soldats et les citoyens ne se lassaient point de les relire et de les admirer. Tout le monde voulait les avoir; les voyageurs et les habitans des pays voisins en reçurent une immense quantité, qu'ils se chargèrent de répandre sur leur passage, et d'envoyer de tous côtés.

Le lendemain 8, le clergé, l'état-major, la cour impériale, les tribunaux et les autorités civiles et militaires vinrent reconnaître Napoléon et lui offrir leurs félicitations. Il causa familièrement avec les juges, de l'administration de la justice; avec le clergé, des besoins du culte; avec les militaires, des armées; avec les officiers municipaux, des souffrances du peuple, des villes et des campagnes, et les enchanta tous par la variété de ses connaissances et la bienveillance de ses intentions. Il leur dit ensuite: «J'ai su que la France était malheureuse; j'ai entendu ses gémissemens et ses reproches, je suis venu avec les fidèles compagnons de mon exil, pour la délivrer du joug des Bourbons... leur trône est illégitime... mes droits à moi m'ont été déférés par la nation, par la volonté unanime des Français; ils ne sont autres que les droits du peuple... je viens les reprendre, non pour régner, le trône n'est rien pour moi; non pour me venger, je veux oublier tout ce qui a été dit, fait et écrit depuis la capitulation de Paris: mais pour vous restituer les droits que les Bourbons vous ont ôté; et vous arracher à la glèbe, au servage, et au régime féodal dont ils vous menacent... J'ai trop aimé la guerre, je ne la ferai plus; je laisserai mes voisins en repos; nous devons oublier que nous avons été les maîtres du monde... je veux régner pour rendre notre belle France libre, heureuse et indépendante, et pour asseoir son bonheur sur des bases inébranlables; *je veux être moins son souverain, que le premier et le meilleur de ses citoyens.* J'aurais pu venir attaquer les Bourbons avec des vaisseaux et des flottes nombreuses. Je n'ai voulu des secours ni de Murat, ni de l'Autriche. Je connais mes concitoyens et les défenseurs de la patrie; et je compte sur leur patriotisme.»

L'audience finie, l'Empereur fut passer la revue de la garnison composée de cinq à six mille hommes. Lorsqu'il parut, le ciel fut obscurci, par la multitude de sabres, de baïonnettes, de bonnets de grenadiers, de schacots, etc., que le peuple et les soldats élevaient en l'air au milieu des plus vives démonstrations de mouvement et d'amour.

Il adressa quelques mots au peuple, qui ne purent être entendus, et se rendit sur le front du 4ème d'artillerie. «C'est parmi vous, leur dit-il, que j'ai fait mes premières armes. Je vous aime tous comme d'anciens camarades; je vous ai suivis sur le champ de bataille, et j'ai toujours été content de vous. Mais j'espère que nous n'aurons pas besoin de vos canons: il faut à la France de la modération et du repos. L'armée jouira, dans le sein de la paix, du bien que je lui ai déjà fait, et que je lui ferai encore. Les soldats ont retrouvé en moi leur père: ils peuvent compter sur les récompenses qu'ils ont méritées.»

Après cette revue, la garnison se mit en marche sur Lyon.

Le soir, Napoléon écrivit à l'Impératrice et au prince Joseph. Il le chargea de faire connaître à Rome, à Naples, à Porto-Ferrajo que son entreprise paraissait devoir être couronnée du plus prompt et du plus brillant succès. Les courriers partirent avec fracas, et l'on ne manqua pas de publier, qu'ils allaient porter à l'Impératrice la nouvelle du retour de l'Empereur, et l'ordre de venir, elle et son fils, le rejoindre sur le champ.

Le 9, l'Empereur signala le l'établissement du pouvoir impérial par trois décrets. Le premier ordonnait d'intituler les actes publics et de rendre la justice en son nom, à compter du 15 mars. Les deux autres organisaient les gardes nationales des cinq départemens des Hautes et Basses-Alpes, de la Drôme, du Mont-Blanc et de l'Isère, et confiait à l'honneur et au patriotisme des habitans de la 7ème division les places de Briançon, de Grenoble, du fort Barreaux, Colmar, etc.

Au moment de partir, il adressa aux habitans du département de l'Isère la proclamation suivante.

> CITOYENS! lorsque dans mon exil j'appris tous les malheurs qui pesaient sur la nation, que tous les droits du peuple étaient méconnus, et qu'on me reprochait le repos dans lequel je vivais, je ne perdis pas un moment; je m'embarquai sur un frêle navire; je traversai les mers au milieu des vaisseaux de guerre de différentes nations; je débarquai seul sur le sol de la patrie, et je n'eus en vue que d'arriver avec la rapidité de l'aigle dans cette bonne ville de Grenoble, dont le patriotisme et l'attachement à ma personne m'étaient particulièrement connus. Dauphinois, vous avez rempli mon attente.

> J'ai supporté, non sans déchirement de coeur, mais sans abattement, les malheurs auxquels j'ai été en proie il y a un an; le spectacle que m'a offert le peuple sur mon passage m'a vivement ému. Si quelques nuages avaient pu altérer la grande opinion que j'avais du peuple Français, ce que j'ai vu m'a convaincu qu'il était toujours digne de ce nom de grand peuple dont je le saluai il y a vingt ans.

> Dauphinois! sur le point de quitter vos contrées, pour me rendre dans ma bonne ville de Lyon, j'ai senti le besoin de vous exprimer toute l'estime que m'ont inspirée vos sentimens élevés. Mon coeur est tout plein des émotions

que vous y avez fait naître; j'en conserverai toujours le souvenir.

La nouvelle du débarquement de l'Empereur ne parvint à Paris que dans la nuit du 5 Mars; elle transpira le 6; et le 7, parut dans le *Moniteur*, sans autre détail, une proclamation royale qui convoquait sur le champ les Chambres, et une ordonnance qui mettait *hors la loi* Napoléon et tous ceux qui le suivraient ou lui prêteraient assistance[48].

Le 8, le Moniteur et les autres journaux annoncèrent que Bonaparte était débarqué avec onze cents hommes, dont la plupart l'avaient déjà abandonné; que, suivi de quelques individus seulement, il errait dans les montagnes, qu'on lui refusait des vivres, qu'il manquait de tout, et que, poursuivi et bientôt cerné par les troupes détachées contre lui, de Toulon, de Marseille, de Valence, de Grenoble, il ne tarderait point à expier sa criminelle et téméraire entreprise.

Cette nouvelle frappa d'étonnement tous les partis et leur fit éprouver, suivant leurs opinions et leurs sentimens, des impressions différentes.

Les mécontens ne doutaient point du succès de l'Empereur et de la perte des Bourbons.

Les courtisans regrettaient qu'il n'y eût pas assez de danger dans cette entreprise audacieuse et folle, pour donner au moins quelque prix à leur dévouement.

Les émigrés la regardaient en pitié, la tournaient en ridicule; et s'il ne leur eût fallu que des plaisanteries, des injures et des fanfaronades pour battre Napoléon, leur victoire n'eût point été douteuse.

Le gouvernement lui-même partagea leur jactance et leur sécurité.

De nouvelles dépêches ne tardèrent point à faire connaître les progrès de Napoléon.

Le Comte d'Artois, le Duc d'Orléans et le Maréchal Macdonald partirent précipitamment pour Lyon.

Les députés s'assemblèrent.

Les royalistes furent inquiets; on les rassura.

Le Comte d'Artois, dit-on, à la tête de quinze mille Gardes nationaux et de dix mille hommes de troupes de ligne, doit l'arrêter en avant de Lyon.

Le général Marchand, le général Duvernet, le prince d'Essling, le duc d'Angoulême se portent sur ses derrières et lui fermeront la retraite.

Le général Lecourbe vient manoeuvrer sur ses flancs.

Le maréchal Oudinot arrive avec ses fidèles grenadiers royaux.

Les Gardes Nationales de Marseille, et la population entière du midi, marchent de tous côtés à sa poursuite: il est impossible qu'il échappe.

On était au 10 Mars.

Le lendemain, un officier de la maison du Roi parut au balcon des Tuileries et annonça, en agitant son chapeau, que le Roi venait de recevoir la nouvelle officielle, que le Duc d'Orléans, à la tête de vingt mille hommes de la Garde Nationale de Lyon, avait attaqué Bonaparte dans la direction de Bourgoing et l'avait complètement battu.

Le même jour, on apprit que les Généraux Drouet, d'Erlon, Lefebvre-Desnouettes et Lallemand qui avaient tenté de soulever les troupes sous leurs ordres, avaient complètement échoué et étaient en fuite[49].

Les mécontens doutèrent: les Royalistes furent dans l'ivresse.

Le 12, la victoire du Duc d'Orléans fut démentie; le Journal officiel annonça que Bonaparte avait dû coucher à Bourgoing, qu'on s'attendait à ce qu'il pourrait entrer à Lyon dans la soirée du 10 Mars; qu'il paraissait certain que Grenoble ne lui avait point encore ouvert ses portes.

Le Comte d'Artois vint bientôt confirmer par son retour la prise de Lyon et l'inutilité de ses efforts.

Les alarmes recommencèrent.

Le Roi, dont la contenance était à la fois noble et touchante, invoqua, par des proclamations éloquentes, le dévouement des Français, le courage et la fidélité de l'armée.

L'armée garda le silence; les corps judiciaires, les autorités civiles, l'ordre des avocats et une foule de citoyens isolés répondirent à l'appel du Roi par des adresses empreintes des témoignages de leur amour et de leur fidélité.

Les deux Chambres déposèrent également aux pieds du trône, l'expression de leurs sentimens: mais leur langage fut différent.

«Sire, dit la chambre des Pairs, jusqu'ici une bonté paternelle a marqué tous les actes de votre gouvernement[50]. S'il fallait que les lois devinssent plus sévères, vous en gémiriez sans doute; mais les deux chambres, animées du même esprit, s'empresseraient de concourir à toutes les mesures que pourraient exiger la gravité des circonstances et la sûreté du peuple.»

«Quelles que soient les fautes commises, dit la chambre des députés, ce n'est point le moment de les examiner; nous devons tous nous réunir contre l'ennemi commun, et chercher ensuite à rendre cette crise profitable à la sûreté du trône, et à la liberté publique.»

Le Roi ne s'en tint pas à de vaines proclamations; il ordonna: qu'une nouvelle armée se rassemblerait en avant de Paris, sous les ordres du duc de Berri, et le commandement du maréchal Macdonald; que tous les militaires en semestre et en congé limité, rejoindraient leurs corps; que tous les officiers à la demi-solde seraient rappelés; que les trois millions de gardes nationales du royaume prendraient les armes pour, *pendant que l'armée tiendrait la campagne*, contenir les factieux et dissiper leurs rassemblemens; que les jeunes gardes nationaux qui voudraient faire partie de l'armée active, seraient armés et équipés, et dirigés sur les points menacés; que pour utiliser les services des braves Français qui, de toutes parts, demandaient à marcher contre l'ennemi, il serait formé des bataillons de volontaires royaux qui feraient partie de l'armée du duc de Berry.

Le maréchal Ney, dont on connaissait la popularité et l'influence, fut chargé de prendre le commandement des troupes de l'Est.

Le maréchal Soult fut remplacé par le duc de Feltre.

Le roi n'omit rien, enfin, de tout ce qui pouvait concourir à sauver son trône des dangers dont il était menacé.

De semblables mesures, suffisantes pour arrêter une armée de trois cents mille hommes, ne pouvaient qu'attester les succès de Napoléon; et, cependant, le ministère faisait répandre chaque jour dans le public, et accréditer par les journaux, les bruits les plus rassurans.

M. de Montesquiou, fidèle au système de déception qu'il avait adopté, continuait à mystifier les députés, en les trompant par de fausses nouvelles, et en les berçant d'espérances qu'il n'avait plus lui-même. Il connaissait l'ivresse qu'excitaient en tous lieux l'approche et le passage de Napoléon. Il savait qu'il était maître de Grenoble, de Lyon; que les troupes qu'on avait voulu lui opposer, s'étaient réunies aux siennes avec enthousiasme; et néanmoins, il annonçait à la chambre, «que tous les départemens envahis par l'aventurier de l'île d'Elbe, manifestaient hautement leur indignation contre ce brigand audacieux; qu'ils avaient pu être surpris, mais non subjugués; que toutes les sommations qu'il avait faites, les ordres qu'il avait voulu donner aux autorités locales, étaient rejetés avec fermeté; que les Lyonnais avaient montré le dévouement qu'on avait droit d'attendre de leur noble caractère; que les départemens de la Bourgogne, de la Franche-Comté, de la Lorraine, de la Champagne, de la Picardie, etc., etc., rivalisaient de dévouement et d'énergie; que le bon esprit des troupes répondait à celui des citoyens, et que tous ensemble, généraux, officiers, soldats et citoyens, concourraient à défendre la patrie et le roi.»

Ces jongleries politiques ne furent point sans effet; elles rassurèrent quelques hommes crédules et enflammèrent le courage et l'imagination de quelques jeunes gens: les enrôlemens volontaires se multiplièrent; un certain nombre d'élèves des écoles de droit et de médecine offrirent leurs bras et parcoururent les rues de Paris, aux cris de *vive le roi! à bas le Corse! à bas le tyran!* etc.

Ce mouvement d'effervescence ne pouvait être durable; et quels que fussent les soins qu'on mettait à tromper la capitale, les voyageurs, les lettres particulières opposaient la vérité aux mensonges ministériels.

La défection du maréchal Ney vint bientôt déchirer le voile, et répandre, parmi les ministres et leurs partisans, la consternation et l'effroi.

Le Roi se rendit à la chambre des députés, dans l'espoir d'affirmer leur dévouement et de dissiper, par un serment solennel, les doutes que ses ministres avaient fait concevoir sur son attachement à la charte et son intention de la conserver. Jamais spectacle ne fut plus imposant, plus pathétique. Quel coeur aurait pu se fermer à la douleur de cet auguste vieillard, aux accens de sa voix gémissante! Ces paroles prophétiques: «Je ne crains rien pour moi, mais je crains pour la France; pourrais-je à soixante ans mieux terminer ma carrière qu'en mourant pour la défense de l'état?» Ces paroles royales excitèrent l'émotion la plus vive, et des larmes abondantes s'échappèrent de tous les yeux.

Le serment prononcé par le Roi de maintenir la charte, fut immédiatement répété par M. le comte d'Artois qui, jusqu'alors, s'en était abstenu. «Nous jurons, dit-il, sur l'honneur, moi et ma famille, de vivre et mourir fidèles à notre roi et à la charte constitutionnelle qui assure le bonheur des Français.» Mais ces protestations tardives ne pouvaient réparer le mal qu'avait fait aux Bourbons et à leur cause, la conduite déloyale du gouvernement.

En vain, ces mots de patrie, de liberté, de constitution, se retrouvaient-ils dans tous les discours, dans toutes les proclamations. En vain promettait-on solennellement que la France, dès qu'elle serait délivrée, recevrait toutes les garanties réclamées par le voeu public, et que la presse recouvrerait son entière liberté. En vain, offrait-on de rendre à la légion d'honneur le lustre et les prérogatives dont elle avait été dépouillée. En vain, comblait-on l'armée d'éloges fastueux et de promesses éclatantes. Il n'était plus tems.

Le ministère avait ôté au roi la confiance qui est le premier mobile de l'ascendant des princes sur le peuple, et la force qui peut seule suppléer à la confiance et commander l'obéissance et la crainte.

L'approche de Napoléon, l'abandon du maréchal Ney, la déclaration faite, par les généraux encore fidèles, que les troupes ne se battraient point contre l'Empereur, ne laissèrent plus de doute au gouvernement sur le sort qui l'attendait.

Dès ce moment, il n'exista plus d'harmonie dans les volontés, d'ensemble dans les moyens d'exécution.

Les ordres, les contre-ordres étaient donnés d'un côté, révoqués de l'autre; des projets de toute espèce, et tous aussi irréfléchis qu'impraticables, étaient approuvés et rejetés, repris et abandonnés.

Les chambres et le gouvernement avaient cessé de s'entendre. Les ministres se plaignaient des députés, les députés demandaient publiquement au roi de renvoyer les ministres, et de s'entourer d'hommes «qui aient été les défenseurs constans de la justice et de la liberté, et dont les noms soient une garantie pour tous les intérêts[51].»

Le même désordre, la même désunion se manifestaient partout à la fois; on n'était plus d'accord que sur un seul point: c'est que tout était perdu.

Tout l'était en effet.

Le peuple, que les nobles avaient humilié, vexé ou effrayé par des prétentions hautaines et tyranniques; les acquéreurs de domaines nationaux, qu'ils avaient voulu déposséder; les protestans, qu'on avait sacrifiés; les magistrats, qu'on avait chassés; les employés qu'on avait plongés dans la misère; les soldats, les officiers, les généraux qu'on avait méprisés et maltraités; les révolutionnaires qu'on avait sans cesse outragés et menacés; les amis de la justice, de la liberté qu'on avait abusés; tous les Français que le gouvernement avait réduits (pour ainsi dire malgré eux) à, faire des voeux pour un autre ordre de choses, embrassèrent avec empressement la cause de Napoléon, devenue, par les fautes du gouvernement, la cause nationale.

Il ne restait à la royauté d'autres défenseurs que des femmes *et leurs mouchoirs*, des prêtres sans influence, des nobles sans courage, des gardes-du-corps sans jeunesse ou sans expérience.

Les légions de la garde nationale, sur lesquelles on avait fondé tant d'espoir, furent passées en revue par leur colonel-général; il leur parla de la Charte, de la tyrannie de Bonaparte; il leur annonça qu'il marcherait à leur tête; il leur dit: «Que ceux qui aiment leur Roi sortent des rangs, et me suivent.» Deux cents hommes se présentèrent à peine.

Les volontaires royaux qui avaient fait tant de bruit, quand ils croyaient vaincre sans péril, s'étaient dispersés successivement; et ceux d'entr'eux que l'approche du danger n'avait point refroidis et intimidés, étaient en trop petit nombre pour compter dans la balance.

Un seul et dernier espoir restait au gouvernement: c'était (je n'ose le dire) que Napoléon serait assassiné!

Les mêmes hommes qui avaient prêché la guerre civile, *et déclaré qu'il serait honteux de ne pas la voir*, souillèrent les murs de Paris de provocations au meurtre et de louanges fanatiques données d'avance aux meurtriers. Des émissaires répandus dans les groupes cherchaient à mettre le poignard à la main à de nouveaux Jacques Clément. Un acte public avait proscrit Napoléon; un prix fut offert publiquement à celui qui apporterait sa tête. Cet appel au crime que, pour la première fois, les assassins de Coligny firent entendre à la France indignée, fut répété par des hommes qui, comme eux, avaient sans cesse à la bouche les mots sacrés de morale, d'humanité, de religion, et qui, comme eux, n'étaient altérés que de vengeance et de sang.

Mais, tandis qu'on conspirait à Paris son assassinat, Napoléon poursuivait paisiblement sa marche triomphale.

Parti de Grenoble le 9, il vint le soir même coucher à Bourgoing: la foule et l'enthousiasme allaient en augmentant. «Il y a long-tems que nous vous attendions, disaient tous ces braves gens à l'Empereur; vous voilà enfin arrivé pour délivrer la France de l'insolence de la noblesse, des prétentions des prêtres et de la honte du joug de l'étranger.»

L'Empereur fatigué[52] était dans sa calèche, allant au pas, environné d'une foule de paysans chantant des chansons qui exprimaient toute la noblesse des sentimens des braves Dauphinois. «Ah! dit l'Empereur, je retrouve ici les sentimens qui, il y a vingt ans, me firent saluer la France du nom de *grande nation*! Oui, vous êtes encore la grande nation, et vous le serez toujours.»

On approchait de Lyon; l'Empereur s'était fait devancer par des émissaires qui le firent prévenir que le comte d'Artois, le duc d'Orléans et le maréchal Macdonald voulaient défendre la ville et qu'on allait couper le pont de la Guillotière et le pont Morand. L'Empereur riait de ces ridicules préparatifs; il ne pouvait avoir de doute sur les dispositions des lyonnais, encore moins sur les dispositions des soldats; cependant il donna ordre au général Bertrand de réunir des bateaux à Mirbel, dans l'intention de passer dans la nuit, et d'intercepter les routes de Moulins et de Mâcon au prince qui voulait lui interdire le passage du Rhône. À quatre heures, une reconnaissance du 4ème de hussards arriva à la Guillotière, et fut accueillie aux cris de *vive l'Empereur!* par cette immense population d'un faubourg qui toujours s'est distingué par son attachement à la patrie.

L'Empereur contremanda sur-le-champ le passage de Mirbel, et voulant, comme il l'avait fait à Grenoble, mettre à profit ce premier mouvement d'enthousiasme, il se porta au galop au faubourg de la Guillotière.

Le comte d'Artois, moins heureux, ne pouvait même réussir à opposer à son adversaire un simulacre de défense. Il avait voulu détruire les ponts, et la ville s'y était opposée. Les troupes, dont il avait cru acheter le dévouement par de l'argent ou l'appât des récompenses, étaient restées sourdes à sa voix, à ses prières, à ses promesses. Passant devant le treizième régiment de dragons, il dit à un brave que des cicatrices et trois chevrons décoraient: «Allons, mon camarade, crie donc *vive le roi!*—Non, monsieur, répond le brave dragon, aucun soldat ne combattra contre son père; je ne puis vous répondre qu'en disant *vive l'Empereur!*» Confus et désespéré, il s'était écrié avec l'accent de la douleur: «Tout est perdu!» et ces mots propagés à l'instant, avaient encore fortifié la mauvaise volonté ou le découragement[53].

Cependant le maréchal Macdonald, connu des troupes, était parvenu à faire barricader le pont de la Guillotière, et il y conduisait en personne deux bataillons d'infanterie, lorsque les hussards de Napoléon débouchèrent de la Guillotière et se présentèrent devant le pont, précédés, entourés et suivis de toute la jeunesse du faubourg.

Le maréchal contint les soldats pendant quelques momens; mais émus, séduits, entraînés par les provocations du peuple et des hussards, ils se jetèrent sur les barricades, les rompirent, et furent bientôt dans les bras et dans les rangs des soldats de Napoléon.

Le comte d'Artois, prévoyant cette défection, avait quitté Lyon, non point accompagné d'un seul gendarme, mais escorté par un détachement du treizième de dragons commandé par le lieutenant Marchebout. Les troupes (on leur doit cet hommage) ne cessèrent point de le respecter, et il ne courut aucun risque[54].

À cinq heures du soir, la garnison toute entière s'élança au-devant de Napoléon.

Une heure après, l'armée impériale prit possession de la ville.

À sept heures, Napoléon y fit son entrée solennelle, seul, en avant de ses troupes, mais précédé et suivi d'une foule immense qui lui exprimait, par des acclamations sans cesse renaissantes, l'ivresse, le bonheur et l'orgueil qu'elle éprouvait de le revoir. Il fut descendre à l'archevêché, et se livra paisiblement à un doux repos, dans les mêmes lieux que monsieur le comte d'Artois, cédant à son désespoir, venait d'arroser de ses larmes.

Napoléon confia sur-le-champ à la garde nationale la garde de sa personne et la surveillance intérieure de son palais. Il ne voulut point accepter les services des gardes à cheval. «Nos institutions, leur dit-il, ne reconnaissent point de gardes nationales à cheval; d'ailleurs vous vous êtes si mal conduits avec le comte d'Artois que je ne veux point de vous.»

Effectivement, l'Empereur, qui avait toujours respecté le malheur, s'était informé, en arrivant, de monsieur le comte d'Artois, et il avait appris que les nobles, qui composaient en grande partie la garde à cheval, après avoir juré au prince de mourir pour lui, l'avaient abandonné, à l'exception d'un seul d'entre eux, qui était resté fidèlement attaché à son escorte, jusqu'au moment où sa personne et sa liberté lui parurent hors de danger.

L'Empereur ne se borna point à donner des éloges à la conduite de ce généreux Lyonnais: «je n'ai jamais laissé, dit-il, une belle action sans récompense,» et il le nomma membre de la Légion d'Honneur.

Je me trouvais à Lyon, au moment de l'arrivée de Napoléon; il le sut, et le soir même il me fit appeler: «Eh bien! me dit-il en souriant; on ne s'attendait pas à me revoir si tôt[55].—Non, Sire, il n'y a que Votre Majesté en état de causer de semblables surprises.—Que dit-on de tout cela à Paris?—Mais, Sire, on s'y réjouit sans doute comme ici de l'heureux retour de Votre Majesté.—Et l'esprit public, comment est-il?—Sire, il est bien changé; autrefois nous ne songions qu'à la gloire, aujourd'hui nous ne songeons qu'à la liberté. La lutte qui s'est établie entre les Bourbons et la nation nous a révélé nos droits; elle a fait éclore dans les têtes une foule d'idées libérales qu'on n'avait point du temps de Votre Majesté; on sent, on éprouve le besoin d'être libre; et le plus sûr moyen de plaire aux Français, serait de leur promettre et de leur donner des lois franchement populaires.—Je sais que les discussions qu'ils ont laissé établir[56] ont déconsidéré et affaibli le pouvoir. Les idées libérales lui ont repris tout le terrain que je lui avais fait gagner. Je ne chercherai point à le reprendre; il ne faut jamais lutter contre une nation: c'est le pot de terre contre le pot de fer. Les Français seront contens de moi. Je sens qu'il y a du plaisir et de la gloire à rendre un grand peuple libre et heureux. Je donnerai à la France des garanties: je ne lui avais point épargné la gloire, je ne lui épargnerai point la liberté. Je ne garderai de pouvoir que ce qu'il m'en faudra pour gouverner. Le pouvoir n'est point incompatible avec la liberté; jamais, au contraire, la liberté n'est plus entière, que lorsque le pouvoir est bien constitué. Quand il est faible, il est ombrageux; quand il est fort, il dort tranquille et laisse à la liberté la bride sur le cou. Je sais ce qu'il faut aux Français; nous nous arrangerons: mais point de licence, point d'anarchie, car l'anarchie nous ramènerait au despotisme des républicains, le plus fécond de tous en actes tyranniques, parce que tout le monde s'en mêle... Croit-on qu'on se battra?—On ne le pense pas; le gouvernement n'a jamais eu la confiance des soldats; il s'est fait détester des officiers: et toutes les troupes qu'on opposera à Votre Majesté seront autant de renforts qu'on lui enverra.—Je le pense aussi; et les Maréchaux?—Sire, ils doivent craindre que Votre Majesté ne se ressouvienne de Fontainebleau; et peut-être serait-il convenable de les rassurer et de leur faire connaître personnellement l'intention où est Votre Majesté de tout oublier.—Non, je ne veux point leur écrire, ils me regarderaient comme leur obligé: je ne veux avoir d'obligation à personne. Les troupes sont bien disposées, les officiers sont bons; et si les maréchaux voulaient les retenir, ils seraient entraînés... Où est ma garde?— Je la crois à Metz et à Nancy.—Je suis sûr d'elle; ils auront beau faire, ils ne la gâteront jamais. Que font Augereau et Marmont?—Je l'ignore.—Que fait Ney? comment est-il avec le Roi?—Tantôt bien, tantôt mal; il a eu, je crois, à se plaindre de la cour, à cause de sa femme.—Sa femme est une précieuse; elle aura voulu faire la grande dame, et les vieilles douairières se seront moquées d'elle. Ney a-t-il un commandement?—Je ne le crois pas, Sire.— Est-il des nôtres?—La part qu'il a prisé à votre abdication...—Oui, j'ai lu cela à Porto-Ferrajo: il s'est vanté de m'avoir maltraité, d'avoir posé des pistolets sur ma table; tout cela est faux. S'il avait osé se permettre de me manquer, je l'aurais fait fusiller. On a fait un tas de contes sur mon abdication. J'ai abdiqué, non point par leurs conseils, mais parce que mon armée avait le vertige; je ne voulais point d'ailleurs de la guerre civile; elle n'a jamais été de mon goût. On a dit également qu'Augereau, lorsque je le rencontrai, m'avait couvert d'injures... on a menti: aucun de mes généraux n'aurait osé oublier devant moi ce qu'il me devait. Si j'avais connu la proclamation d'Augereau, je l'aurais chassé de ma présence[57]; il n'y a que les lâches qui insultent au malheur. Sa proclamation, qu'on prétend que j'avais dans ma poche, ne me fut connue qu'après notre entrevue. Ce fut le général Keller qui me la montra; mais laissons-là tous ces contes populaires. Qu'a-t-on fait des Tuileries?—On n'y a rien changé, Sire; on n'a même point encore ôté les aigles.—(En riant) Ils ont dû trouver que je les avais bien fait arranger.—Je le présume, Sire: on a dit que le Comte d'Artois, aussitôt son arrivée, avait été parcourir les appartemens, et qu'il ne se lassait point de les admirer.—Je le crois bien. Qu'ont-ils fait de mes tableaux?—On en a fait enlever quelques-uns; mais celui de la bataille d'Austerlitz est encore dans la salle du Conseil.—Et le spectacle?—On n'y a point touché; on ne s'en sert plus.—Que fait Talma?— Mais, Sire, il continue à obtenir et à mériter les applaudissemens du public.— Je le reverrai avec plaisir. Avez-vous été à la cour?—Oui, Sire, j'ai été présenté.—On dit qu'ils ont tous l'air de nouveaux parvenus; qu'ils ne savent point dire un mot, ni faire un pas à propos: les avez-vous vus en grande cérémonie?—Non, Sire; mais je puis assurer à Votre Majesté qu'on n'est pas plus sans façon chez soi qu'aux Tuileries; on y va en bottes crottées, en frac de ville, et en chapeau rond.—Cela doit faire un coup-d'oeil bien majestueux! Mais à quoi donc toutes ces vieilles *ganaches* dépensent-elles leur argent, car on leur a tout rendu?—Mais, Sire, elles veulent probablement user leurs vieux habits.—Pauvre France! dans quelles mains as-tu été te fourrer! Et le Roi, quelle mine a-t-il?—Il a une assez belle tête.—Sa monnaie est-elle belle?— Votre Majesté peut en juger: voici une pièce de vingt francs.—Comment! ils n'ont point refait de *Louis*; cela m'étonne. (En tournant et retournant la pièce.) Il n'a point l'air de se laisser mourir de faim: mais, voyez, ils ont ôté *Dieu, protége la France*, pour remettre leur *Domine, salvum fac regem*. Voilà comme ils ont toujours été: tout pour eux, rien pour la France. Où est Maret? où est Caulincourt? où est Lavalette? où est Fouché?—Ils sont tous à Paris—Et Molé?—Il est également à Paris; je l'ai aperçu il n'y a pas long-tems chez la reine.—Avons-nous autour d'ici quelques hommes qui m'aient été attachés de près?—Je l'ignore, Sire.—Il faudra voir cela et les faire venir. Je serai fort aise de connaître à fond l'esprit du jour, et d'être un peu remis au fait des affaires. Que fait Hortense?—Sire, sa maison est toujours le rendez-vous des hommes qui savent apprécier la grâce et l'esprit: et la Reine, quoique sans trône, n'en est pas moins l'objet des égards et des hommages de tout Paris.— Elle a fait une grande sottise de se donner en spectacle devant les tribunaux. Ceux qui l'ont conseillée étaient des bêtes. Pourquoi aussi a-t-elle été demander le titre de duchesse?—Mais, Sire, elle ne l'a point demandé. C'est l'Empereur Alexandre…—Peu importe; elle ne devait pas plus le recevoir que le demander; il fallait qu'elle s'appelât madame Bonaparte; ce nom-là en vaut bien un autre. Quel droit d'ailleurs avait-elle de faire de son fils un duc de Saint-Leu, et un pair des Bourbons? Louis a eu raison de s'y opposer; il a senti que le nom de son fils était assez beau, pour ne point souffrir qu'il en changeât. Si Joséphine avait vécu, elle l'aurait empêchée de faire cette belle équipée. L'a-t-on bien regrettée?—Oui, Sire. Votre Majesté sait à quel point elle était aimée et honorée des Français.—Elle le méritait. C'était une femme excellente; elle avait un grand sens. Je l'ai beaucoup regrettée aussi, et le jour où j'ai appris sa mort, a été l'un des jours les plus malheureux de ma vie. A-t-on porté publiquement son deuil?—Non, Sire. Je pense même qu'on lui aurait refusé les honneurs dus à son rang, si l'Empereur Alexandre ne l'eût exigé.—Je l'ai appris dans le tems, mais je ne l'avais point cru. Cela ne le regardait point.—La générosité d'Alexandre ne s'est renfermée dans aucune borne; il s'est montré le protecteur de l'Impératrice, de la Reine, du prince Eugène, du duc de Vicence et d'une foule d'autres personnages de marque qui, sans lui, auraient été persécutés ou maltraités.—Vous l'aimez, il paraît.— Sire…—La Garde nationale de Paris a-t-elle un bon esprit?—Je ne puis l'affirmer, mais je suis sûr du moins que si elle ne se déclare pas pour Votre Majesté, elle n'agira du moins pas contre nous.—Je le suppose aussi. Que croit-on que les étrangers penseront de mon retour?—On croit que l'Autriche se rapprochera de Votre Majesté, et que la Russie verra la disgrâce des Bourbons sans regrets.—Comment cela?—On prétend, Sire, qu'Alexandre a été mécontent des princes pendant son séjour à Paris; que la prédilection du Roi pour l'Angleterre et l'hommage qu'il a rendu de sa couronne au prince Régent lui ont déplu.—C'est bon à savoir. A-t-il vu mon fils?—Oui, Sire; on m'a assuré qu'il l'avait embrassé avec une tendresse vraiment paternelle, et qu'il s'était écrié: Il est charmant: ah! comme on m'a trompé!—Que voulait-il dire?—On lui avait assuré, dit-on, que le jeune prince était rachitique et imbécile.—Les misérables! cet enfant est admirable;

il a tous les symptômes d'un homme à grand caractère. Il fera honneur à son siècle. Est-il vrai qu'on ait tant fêté Alexandre à Paris?—Oui, Sire; on ne faisait attention qu'à lui; les autres souverains avaient l'air de ses aides-de-camp.—Au fait, il a beaucoup fait pour Paris; sans lui, les Anglais l'auraient ruiné, et les Prussiens brûlé. Il a bien joué son rôle... (en souriant) Si je n'étais Napoléon, je voudrais peut-être être Alexandre.»

Le lendemain, il passa, sur la place Bellecour, la revue de la division de Lyon. «Je verrai cette place avec plaisir, dit-il, aux chefs de la Garde nationale qui l'entouraient; je me rappelle que je la relevai de ses ruines, et que j'en posai la première pierre, il y a quinze ans.» Il sortit, précédé seulement de quelques hussards. Une foule d'hommes, de vieillards, de femmes et d'enfans inondait les ponts, les quais et les rues; on se précipitait sous les pieds des chevaux, pour l'entendre, le voir, le regarder de plus près, pour toucher ses vêtemens... c'était un véritable délire. À peine avait-il franchi quelques pas, que la foule qui l'avait déjà vu, se portait en courant sur un autre point pour le revoir encore. L'air retentissait d'acclamations non interrompues. C'était un feu roulant de cris de *Vive la nation! vive l'Empereur! à bas les prêtres! à bas les royalistes!* etc.

La division Brayer, aussitôt la revue, se mit en marche sur Paris.

Quand l'Empereur revint à l'archevêché, la grande galerie de ce palais était encombrée de généraux, de colonels, de magistrats, d'administrateurs de tous les rangs et de toutes les espèces: on croyait être aux Tuileries.

L'Empereur s'arrêta quelques momens; il embrassa les généraux Mouton-Duvernet, Girard et autres officiers que Paris croyait à sa poursuite; et après avoir distribué, à droite et à gauche, quelques sourires et beaucoup de complimens, il passa dans son salon et admit à lui être présentés, la cour impériale, le corps municipal, les chefs des corps militaires et de la garde nationale.

Il s'entretint long-tems avec eux, des fautes des Bourbons, et de la situation déplorable dans laquelle il retrouvait la France. Il leur avoua, avec une noble franchise, qu'il n'était point étranger à ses malheurs. «J'ai été entraîné, dit-il, par la force des événemens dans une fausse route. Mais instruit par l'expérience, j'ai abjuré cet amour de la gloire si naturel aux Français, qui a eu pour la France et pour moi tant de funestes résultats... Je me suis trompé en croyant que le siècle était venu de rendre la France le chef-lieu d'un grand empire; j'ai renoncé pour toujours à cette haute entreprise; nous avons assez de gloire, il faut nous reposer.

«Ce n'est point l'ambition qui me ramène en France; c'est l'amour de la patrie. J'aurais préféré le repos de l'île d'Elbe aux soucis du trône, si je n'avais su que la France était malheureuse et qu'elle avait besoin de moi. En mettant le pied sur notre chère France, continua-t-il, après quelques réponses insignifiantes des auditeurs, j'ai fait le voeu de la rendre libre et heureuse: je ne lui apporte que des bienfaits. Je reviens pour protéger et défendre les intérêts que notre révolution a fait naître; je reviens pour concourir, avec les représentans de la nation, à la formation d'un pacte de famille, qui conservera à jamais la liberté et les droits de tous les Français: je mettrai désormais mon ambition et ma gloire à faire le bonheur de ce grand peuple duquel je tiens tout. Je ne veux point, comme Louis XVIII, vous octroyer une charte révocable, je veux vous donner une constitution inviolable, et qu'elle soit l'ouvrage du peuple et de moi.» Telles furent ses paroles; il les prononça d'un air si satisfait; il paraissait si confiant en lui et en l'avenir, qu'on se serait cru coupable, de douter de la pureté de ses intentions et du bonheur qu'il allait assurer à la France.

Le langage qu'il tint à Lyon ne fut point le même, comme on le voit, que celui qu'il avait fait entendre à Gap et à Grenoble. Dans ces dernières villes, il avait cherché principalement à faire fermenter dans les têtes la haine des Bourbons et l'amour de la liberté: il s'était plutôt exprimé en citoyen qu'en monarque. Aucun mot, aucune assurance formelle n'avait révélé ses intentions. On aurait pu penser qu'il songeait autant à rétablir la république ou le consulat, que l'empire. À Lyon, plus de vague, plus d'incertitude; il parle en souverain, et promet de donner à la France une constitution nationale: L'idée du Champ de Mai lui était venue.

Aucun de nous ne suspecta la sincérité des promesses et des résolutions de Napoléon.

Le tems, la réflexion, le malheur, ce grand maître de l'homme, avaient opéré dans le caractère et les principes de Napoléon les plus favorables changemens.

Autrefois, quand des obstacles imprévus venaient tout-à-coup contrarier ses projets, ses passions, habituées à n'être point contenues, à ne respecter aucun frein, se déchaînaient avec la fureur des flots en courroux; il parlait, il ordonnait, il décidait comme s'il eût été le maître de la terre et des élémens; rien ne lui paraissait impossible.

Dans ses revers, il avait appris, dans le calme de la solitude et de la méditation, à commander à la violence de ses volontés, et à les soumettre au joug de la prudence et de la raison. Il avait lu attentivement les écrits, les pamphlets et même les libelles publiés contre lui; et au milieu des injures, des calomnies et des absurdités que souvent ils renfermaient, il y avait trouvé des vérités utiles, des observations judicieuses, des vues profondes, dont il avait su faire son profit.

«Les princes, observe le savant auteur de l'Esprit des lois, ont dans leur vie des périodes d'ambition, auxquelles succèdent d'autres passions, et même l'oisiveté.» L'heure de l'oisiveté n'était point encore sonnée pour Napoléon; mais à l'ambition d'accroître sans mesure sa puissance, avait succédé le désir de rendre la France heureuse, et de réparer par une paix durable et un gouvernement paternel, tous les maux que la guerre lui avait faits.

L'Empereur passa la soirée du onze dans son cabinet; sa première pensée fut pour l'Impératrice. Il lui écrivit une lettre fort tendre, qui commençait par ces mots remarquables: *Madame et chère épouse, je suis remonté sur mon trône.*

Il instruisit également le prince Joseph[58] qu'il avait ressaisi sa couronne, et le chargea de faire connaître aux puissances étrangères, par l'intermédiaire de leurs ministres près la Confédération Helvétique, que ses intentions étaient de ne plus troubler le repos de l'Europe, et de maintenir loyalement le traité de Paris. Il lui recommanda surtout de faire bien comprendre à l'Autriche et à la Russie, combien il aspirait à rétablir avec elles, dans toute leur intimité, ses anciennes liaisons.

Il paraissait attacher un prix particulier à l'alliance de la Russie; sa prédilection était sans doute fondée sur des raisons politiques, faciles à concevoir: cependant, je crois qu'elle était également déterminée par les procédés généreux d'Alexandre envers les Français. Le renom et la popularité que ce prince avait acquis en France, excitaient et devaient exciter la jalousie de Napoléon; mais cette jalousie, attribut des grandes âmes, ne le rendait point injuste: il savait apprécier Alexandre.

Napoléon, jusqu'alors, ne s'était occupé que d'enlever au Roi son armée; il pensa que le moment était venu de lui ravir aussi le sceptre de l'administration. «J'y suis décidé, me dit-il; je veux dès aujourd'hui anéantir l'autorité royale, et renvoyer les chambres; puisque j'ai repris le gouvernement, il ne doit plus exister d'autre autorité que la mienne; il faut qu'on sache, dès à présent, que c'est à moi seul qu'on doit obéir.» Alors il me dicta successivement les décrets suivans, connus sous le nom de *décrets de Lyon.*

PREMIER DÉCRET

Lyon, le 13 Mars 1815.

Napoléon, Empereur des Français, etc. etc.

> Considérant que la Chambre des pairs est composée en partie de personnes qui ont porté les armes contre la France et qui ont intérêt au rétablissement des droits féodaux, à la destruction de l'égalité entre les différentes classes, à l'annulation des ventes des domaines nationaux, et enfin à priver le peuple des droits qu'il a acquis par vingt-cinq ans de combats contre les ennemis de la gloire nationale;

Considérant que les pouvoirs des députés du Corps législatif étaient expirés, et que dès lors la Chambre des communes n'a plus aucun caractère national: qu'une partie de cette Chambre s'est rendue indigne de la confiance de la nation, en adhérant au rétablissement de la noblesse féodale abolie par la constitution acceptée par le peuple, en faisant payer par la France des dettes contractées à l'étranger pour tramer des coalitions et soudoyer des armées contre le peuple Français; en donnant aux Bourbons le titre de roi légitime: ce qui était déclarer rebelle le peuple Français et les armées, proclamer seuls bons Français les émigrés qui ont déchiré pendant vingt-cinq ans le sein de la patrie, et violer tous les droits du peuple; en consacrant le principe, que la nation était faite pour le trône, et non le trône pour la nation;

Nous avons décrété et décrétons ce qui suit:

Art. 1. La Chambre des pairs est dissoute.

Art. 2. La Chambre des communes est dissoute; il est ordonné à chacun des membres convoqués et arrivés à Paris depuis le 7 mars dernier, de retourner sans délai dans leurs domiciles.

Art. 3. Les colléges électoraux des départemens de l'empire seront réunis à Paris, dans le courant du mois de mai prochain, en assemblée extraordinaire du Champ de Mai, afin de prendre les mesures convenables pour corriger et modifier nos constitutions, selon l'intérêt et la volonté de la nation; et en même tems pour assister au couronnement de l'Impératrice, notre très-chère et bien-aimée épouse, et à celui de notre cher et bien-aimé fils.

Art. 4. Notre grand maréchal, faisant fonctions de major-général de la grande armée, est chargé de prendre les mesures nécessaires pour la publication du présent décret.

SECOND DÉCRET.

Napoléon; etc.

Art. 1. Tous les émigrés qui n'ont point été rayés, amnistiés ou éliminés par nous ou par les gouvernemens qui nous ont précédés, et qui sont rentrés en France depuis le 1er Janvier 1814, sortiront sur-le-champ du territoire de l'empire.

Art. 2. Les émigrés qui, quinze jours après la publication de présent décret, se trouveraient sur le territoire de l'Empire, seront arrêtés et jugés conformément aux lois décrétées par nos Assemblées nationales: à moins toutefois qu'il ne soit constaté qu'ils n'ont pas eu connaissance du présent décret, auquel cas ils seront simplement arrêtés et conduits par la gendarmerie hors du territoire.

Art. 3. Le séquestre sera mis sur tous leurs biens meubles et immeubles, etc. etc.

TROISIÈME DÉCRET.

Napoléon, etc.

Art. 1. La noblesse est abolie, et les lois de l'Assemblée constituante seront mises en vigueur.

Art. 2. Les titres féodaux sont supprimés.

Art. 3. Les individus qui ont obtenu de nous des titres nationaux, comme récompenses nationales, et dont les lettres patentes ont été vérifiées au conseil du sceau de l'état, continueront à les porter.

Art. 4. Nous nous réservons de donner des titres aux descendans des hommes qui ont illustré le nom français dans les différons siècles, soit dans le commandement des armées de terre et de mer, dans les conseils des souverains, dans les administrations civiles et judiciaires, soit enfin dans les sciences et les arts et dans le commerce, etc.

QUATRIÈME DÉCRET.

Napoléon, etc.

Art. 1. Tous généraux et officiers de terre et de mer, dans quelque grade que ce soit, qui ont été introduits dans nos armées depuis le 1er avril 1814, qui étaient émigrés, ou qui n'ayant pas émigré, ont quitté le service au moment de la première coalition, quand la patrie avait le plus grand besoin de leurs services, cesseront sur-le-champ leurs fonctions, quitteront les marques de leur grade, et se rendront au lieu de leur domicile, etc. etc.

CINQUIÈME DÉCRET.

Napoléon, etc.

Considérant que, par nos constitutions, les membres de l'ordre judiciaire sont inamovibles,

Nous décrétons:

Art. 1. Tous les changemens arbitraires opérés dans nos cours et tribunaux inférieurs, sont nuls et non avenus.

Art. 2. Les présidens de la cour de cassation, notre procureur-général, et les membres qui ont été, injustement et par esprit de réaction, renvoyés de ladite cour, sont rétablis dans leurs fonctions, etc. etc.

Par quatre autres décrets, l'Empereur ordonna: 1.° que le séquestre serait apposé sur les biens de la famille des Bourbons; 2.° que tous les biens des émigrés, qui appartenaient à la Légion d'Honneur, aux hospices, aux communes, à la caisse d'amortissement ou aux domaines, seraient rendus à ces divers établissemens; 3.° que la maison du roi et les Suisses seraient licenciés, et qu'aucun corps étranger ne pourrait être admis à la garde du souverain; 4.° que la décoration du lys, les ordres de Saint-Louis, du Saint-Esprit, de Saint-Michel seraient abolis.

Ces décrets, qui embrassaient à la fois toutes les parties de l'administration politique, civile et militaire de l'état, se succédèrent si rapidement, que Napoléon eut à peine le tems de les entremêler de quelques paroles.

En rétablissant sur leurs siéges les magistrats qui en avaient été expulsés, il conquit d'un trait de plume tous les membres de l'ordre judiciaire; mais je ne sais pourquoi il n'étendit point cette utile mesure aux fonctionnaires de l'ordre administratif, et principalement aux préfets et aux sous-préfets que M. de Montesquieu avait si cruellement persécutés. Parmi ces fonctionnaires, il en était sans doute qui, par la faiblesse ou l'incapacité qu'ils avaient montrées dans les derniers momens du gouvernement impérial, ne méritaient point de confiance; mais le plus grand nombre en était resté digne; et Napoléon, en les replaçant à la tête de leurs anciens administrés, unissait à l'avantage de réparer publiquement une injustice royale, celui de confier l'administration à des hommes expérimentés, et qui, connaissant déjà les partisans de la révolution et ceux des Bourbons, n'avaient qu'à se montrer pour intimider les uns et féconder le patriotisme des autres.

À cette exception près, tout ce qu'il fit à Lyon, me paraît un chef-d'oeuvre d'esprit et d'adresse.

Il fallait renverser la Chambre des Pairs; d'un seul coup il la terrasse: *Elle n'est composée*, dit-il, *que d'hommes qui ont porté les armes contre la patrie, et ont intérêt au rétablissement des droits féodaux et à l'annulation des ventes nationales.*

La Chambre des Députés avait montré de la résistance aux ministres et de l'attachement aux doctrines libérales; il était difficile de la dépopulariser: l'Empereur y réussit par un seul mot: *Elle s'est montrée indigne de la confiance de la nation, en faisant payer au peuple les dettes contractées à l'étranger pour répandre le sang français.*

Il fallait rassurer la France sur l'avenir; *il appelle les électeurs au Champ de Mai.* Il fallait donner à penser qu'il avait des intelligences avec l'Autriche, et que Marie-Louise lui serait rendue: *il annonce le prochain couronnement de l'Impératrice et de son fils.*

Il fallait séduire les patriotes, les républicains: *il abolit la noblesse féodale, et déclare que le trône est fait pour la nation, et non point la nation pour le trône.* Il fallait tranquilliser les acquéreurs de domaines nationaux: *il chasse les émigrés non rayés, et reprend leurs biens;* plaire aux pauvres et aux paysans: *il restitue aux hospices et aux communes les biens dont on les avait dépouillés;* flatter la garde et l'armée: *il expulse de leurs rangs les étrangers, les émigrés, licencie la maison du roi, et rend à la Légion d'Honneur ses dotations et ses prérogatives.*

Qu'on critique sa conduite à Lyon, qu'on la représente comme celle d'un forcené qui veut tout changer, tout détruire, tout bouleverser; peu importe… ceux qui jugent sans partialité trouveront, je crois, qu'il se conduisit avec toute l'habileté d'un politique consommé. Il sut commander la confiance, dissiper les craintes, affermir le dévouement, enthousiasmer le peuple et l'armée: que pouvait-il faire de plus?

Les dispositions faites à Paris contre lui, lui furent connues le 12. Il parut charmé qu'on eût donné un commandement au Maréchal Ney, non point qu'il eût des intelligences avec lui, mais parce qu'il connaissait la faiblesse et la mobilité de son caractère. Il prescrivit au grand Maréchal de lui écrire: «Vous l'instruirez, lui dit-il, du délire qu'excite mon retour, et de la réunion successive à mon armée de toutes les forces dirigées contre moi; vous lui direz que les troupes qu'il commande, imiteront infailliblement tôt ou tard l'exemple de leurs braves camarades, et que les efforts qu'il pourrait tenter, n'auraient d'autre résultat que de retarder tout au plus de quelques jours la chute des Bourbons; faites-lui entendre qu'il sera responsable envers la France, envers moi, de la guerre civile et du sang qu'elle fera verser; *flattez-le*, ajouta l'Empereur, mais ne le *caressez* pas trop, il croirait que je le crains, et se ferait prier.

On écrivit aussi à tous les chefs de corps qu'on savait être cantonnés dans les départemens voisins. Aucune de ces lettres ne portait le caractère de la supplication. L'Empereur parlait déjà en maître: il ne priait point, il ordonnait.

Tout étant terminé, Napoléon partit le 15, et profondément ému de l'amour que les Lyonnais lui avaient témoigné, il leur fit ses adieux en ces termes:

«LYONNAIS! Au moment de quitter votre ville pour me rendre dans ma capitale, j'éprouve le besoin de vous faire connaître les sentimens que vous m'avez inspirés; vous avez toujours été au premier rang dans mes affections. Sur le trône ou dans l'exil vous m'avez toujours montré les mêmes sentimens: le caractère élevé qui vous distingue vous a mérité toute mon estime: dans des momens plus tranquilles je reviendrai pour m'occuper de vos manufactures et de votre ville.»

«Lyonnais, je vous aime.»

Ces derniers mots étaient l'expression naïve de ce qu'il éprouvait; il les prononça, en les dictant, avec ce charme indéfinissable qu'il imprimait à ses paroles, lorsqu'elles partaient de son coeur.

On a tant parlé de la dureté du coeur et du langage de Napoléon, que tout ce qui s'écarte de l'opinion reçue, doit paraître fabuleux. Cependant il est vrai (et ceux qui ont approché l'Empereur l'attesteront) qu'il était bien loin d'être aussi insensible qu'on le croit communément. Son éducation militaire et le besoin de commander le respect et la crainte, l'avaient rendu grave, sévère et inflexible, l'avaient habitué à contraindre et à mépriser les inspirations de sa sensibilité. Mais quand la nature reprenait ses droits, il trouvait du charme à céder aux mouvemens de son âme, et il exprimait alors les émotions ou les sentimens qui l'avaient subjugué avec un accent vif et passionné, avec une douceur et une grâce aussi séduisantes qu'inimitables.

Les Lyonnais méritaient au surplus l'estime et l'amour que leur vouait Napoléon. Quoique jeune encore, j'ai vu plus d'une fois se manifester l'engouement et l'enthousiasme populaire; et jamais je ne vis rien de comparable aux transports de joie et de tendresse que firent éclater les Lyonnais. Non-seulement les quais, les places voisines du palais de l'Empereur, mais les rues, même les plus éloignées, retentissaient d'acclamations perpétuelles[59]. Les ouvriers et leurs maîtres, le peuple et les bourgeois, bras dessus, bras dessous, allaient et venaient dans la ville en chantant, en dansant, en s'abandonnant aux impulsions de la plus vive gaieté; ils s'arrêtaient sans se connaître; ils se pressaient la main, s'embrassaient et se félicitaient du retour de l'Empereur comme s'il leur eût rendu la fortune, l'honneur et la vie.

La garde nationale, touchée de la confiance qu'il lui avait témoignée, en remettant entre ses mains la garde de sa personne, partageait avec non moins d'ardeur l'ivresse générale; et le jour du départ de Napoléon fut pour la ville de Lyon un jour de tristesse et de regrets, comme celui de son arrivée avait été pour elle un véritable jour de fête.

Nous fûmes coucher à Mâcon. L'Empereur ne voulut point descendre à la préfecture, et fut loger à l'auberge du *Sauvage*. Il n'avait plus besoin, comme à Grenoble et à Lyon, d'attendre aux portes des villes; le peuple et les magistrats accouraient à sa rencontre et se disputaient l'honneur de lui offrir les premiers leurs hommages et leurs voeux.

Il reçut, le lendemain matin, les félicitations de la garde nationale, du corps municipal, etc. L'un des adjoints du maire lui déclama un long amphigouri qui nous amusa beaucoup. Quand il eut fini, l'Empereur lui dit: «Vous avez donc été bien étonné d'apprendre mon débarquement?—Ah! parbleu oui, répondit l'orateur; quand j'ai su que vous étiez débarqué, je disais à tout le monde, il faut que cet homme-là soit fou; il n'en réchappera pas.» Napoléon ne put s'empêcher de rire de cette naïveté. «Je sais, lui dit-il en souriant malicieusement, que vous êtes tous un peu sujets à vous effrayer, vous me l'avez prouvé dans la dernière campagne; vous auriez dû vous conduire comme l'ont fait les Châlonnais; vous n'avez point soutenu l'honneur des Bourguignons.—Ce n'est point notre faute, Sire, reprit un des assistans; nous étions mal dirigés, vous nous aviez donné un mauvais maire.—Cela est possible: nous avons tous fait des sottises, il faut les oublier; le bonheur et le salut de la France, voilà désormais le seul objet dont nous devions nous occuper.» Il les congédia amicalement.

Le préfet avait battu en retraite: l'Empereur me demanda son nom; c'était un nommé Germain qu'il avait fait comte et chambellan sans trop savoir pourquoi. «Comment, me dit-il, ce petit Germain s'est cru obligé de me fuir, il nous reviendra;» et il ne s'en occupa plus.

Il me chargea de faire insérer dans le journal du département la relation des événemens de Grenoble et de Lyon. Le rédacteur, royaliste enragé, s'était caché; je confiai au nouveau sous-préfet le soin d'accomplir les ordres de l'Empereur; mais, soit insouciance ou incapacité, il eut recours à l'imprimeur du journal qui lui fit faire un article bien éloigné de remplir nos vues.

On débutait par l'éloge le plus juste, mais le plus inopportun, de la bonté de Louis XVIII; et l'on finissait par déclarer en substance qu'un roi si bon n'était point fait pour régner sur les Français, et qu'il leur fallait un souverain tel que Napoléon, etc.

L'Empereur, qui voulait tout lire, me demanda le journal. Je feignis de ne l'avoir point sous la main; après mille efforts pour le détourner de le voir, il fallut enfin le lui présenter. Je croyais qu'il allait me donner une semonce; il se contenta de me dire: «Changez-moi cet homme-là, c'est un sot, et priez-le à l'avenir de ne plus se mêler de faire mon éloge.» Je le fis venir, je le tançai; et, comme moi, il en fut quitte pour la peur.

Ce fut à Mâcon que, pour la première fois, nous reçûmes des nouvelles officielles de ce qui se passait à Paris; elles nous furent apportées par M***. C'était véritablement une chose étonnante que la maladresse avec laquelle le parti royaliste faisait la police des routes. Aucun de ses émissaires ne nous échappait, tandis que les nôtres allaient et revenaient sans éprouver d'obstacles. Il fallait que la rage ou la peur eût fait perdre la tête à tous les royalistes. M*** assura l'Empereur que la garde nationale paraissait déterminée à défendre le roi, et que le roi avait déclaré qu'il ne quitterait point les Tuileries. «S'il veut m'y attendre, dit Napoléon, j'y consens; mais j'en doute fort. Il se laisse endormir par les fanfaronnades des émigrés; et quand je serai à vingt lieues de Paris, ils l'abandonneront comme les nobles de Lyon ont abandonné le comte d'Artois. Que pourrait-il faire d'ailleurs avec les vieilles poupées qui l'entourent? un seul de nos grenadiers, avec la crosse de son fusil, en culbuterait une centaine... La garde nationale crie de loin; quand je serai aux barrières, elle se taira. Son métier n'est point de faire la guerre civile, mais de maintenir l'ordre et la paix intérieure; la majorité est bonne, il n'y a de mauvais que quelques officiers; je les ferai chasser. Retournez à Paris; dites à mes amis de ne point se compromettre, et que dans dix jours mes grenadiers seront de garde aux Tuileries: allez.»

Nous arrivâmes à Châlons le 14, de fort bonne heure. Il faisait un temps épouvantable, et cependant toute la population s'était portée hors de la ville pour voir l'Empereur quelques momens plus tôt. Il aperçut, à l'approche des murs, des caissons et de l'artillerie, et s'en étonna. «Ils étaient destinés, lui dit-on, à agir contre vous: nous les avons arrêtés au passage, et nous vous les présentons.—C'est bien, mes enfans; vous avez toujours été de bons citoyens.»

Il fut très-satisfait de se trouver parmi les Châlonnais, et leur fit un accueil plein d'estime et d'affection. «Je n'ai point oublié, leur dit-il, que vous avez pendant quarante jours résisté à l'ennemi, et défendu vaillamment le passage de la Saône; si tous les Français avaient eu votre courage et votre patriotisme, il ne serait pas sorti de France un seul étranger.» Il leur témoigna le désir de connaître les braves qui s'étaient le plus distingués; et, sur leur témoignage unanime, il accorda sur le champ la décoration de la Légion-d'Honneur au maire de Saint-Jean de Lône; «C'est pour des braves comme lui et comme vous, leur dit-il, que j'ai institué la Légion-d'Honneur, et non point pour les émigrés pensionnés de nos ennemis.» Quand cette audience fut finie, il me dit: «Le maire de Châlons n'est point venu, c'est cependant moi qui l'ai nommé; mais il tient à une famille d'autrefois, et probablement il a des scrupules. Les habitans s'en plaignent, et lui feront un mauvais parti. Il faut que vous alliez le voir. S'il vous oppose ses sermens, dites-lui que je l'en dégage, et faites-lui sentir que, s'il attend qu'il en soit délivré par Louis XVIII, il attendra long-tems. Dites-lui enfin tout ce que vous voudrez, je me soucie fort peu de sa visite; c'est pour lui que je désire qu'il vienne. S'il ne vient pas, le peuple le lapidera après mon départ. Germain l'a échappé belle; que son exemple lui serve de leçon[60].

Je me rendis à l'instant même à la municipalité; j'y trouvai le maire et quelques conseillers municipaux. Il me parut un homme de mérite. Je lui annonçai que j'étais chargé ordinairement de présenter à Sa Majesté les autorités municipales; que j'avais vu avec surprise qu'il ne s'était point empressé, comme les maires des autres villes, de venir rendre ses devoirs à l'Empereur; qu'il craignait sans doute d'être mal accueilli, et que je venais le rassurer, etc. Il me répondit franchement, «qu'il avait pour Napoléon beaucoup de respect et d'admiration; mais qu'ayant juré fidélité à Louis XVIII, il croyait devoir observer son serment, tant qu'il n'en serait point dégagé.» J'avais d'avance ma réponse faite.

«Ainsi que vous, lui dis-je, je regarde le parjure comme l'action la plus avilissante que puissent commettre les hommes: mais il faut faire une distinction entre le serment volontaire et le serment conventionnel que les peuples prêtent à leurs gouvernemens. Aux yeux de la raison, ce serment n'est qu'un acte de soumission locale; qu'une formalité pure et simple, que le monarque, quel qu'il soit, a le droit d'exiger de ses sujets, mais qui ne peut ni ne doit enchaîner à perpétuité leurs personnes et leur foi. La France, depuis 1789, a juré tour à tour d'être fidèle à la Royauté, à la Convention, à la République, au Directoire, au Consulat, à l'Empire, à la Charte: si les Français qui avaient prêté serment à la Royauté, eussent voulu s'opposer, pour l'acquit de leur conscience, à l'établissement de la République; si ceux qui avaient prêté serment à la République, se fussent opposés à l'établissement de l'Empire, etc., dans quel état de désordre et d'anarchie, dans quel déluge de maux et de sang n'auraient-ils point plongé notre malheureuse patrie? La volonté nationale, dans de semblables occurrences, doit être le seul guide de notre conscience et de nos actions; du moment où elle se manifeste, le devoir des bons citoyens est de céder et d'obéir.—Ces principes, reprit-il, peuvent être bons en règle générale; maïs nous nous trouvons dans un cas d'exception inconnu jusqu'à ce jour. Lorsque les gouvernemens qui ont existé depuis la révolution, ont été renversés, le gouvernement nouveau s'est emparé de l'autorité, et l'on a pu penser qu'il avait pour lui l'assentiment national; mais ici, c'est autre chose: le gouvernement royal subsiste, l'Empereur a volontairement abdiqué, et tant que le Roi n'aura point renoncé à la couronne, je le regarderai comme le souverain de la France.—Si vous attendez la renonciation du Roi pour reconnaître l'Empereur, lui répliquai-je, vous attendrez long-tems. Le roi n'a-t-il pas prétendu qu'il n'avait pas cessé de régner sur la France depuis vingt-cinq ans; et s'il se croyait souverain de la France à une époque où le gouvernement impérial avait été légitimé par les suffrages unanimes de la France et reconnu par l'Europe entière, croyez-vous qu'il veuille aujourd'hui renoncer à la couronne? Le tems où les Rois régnaient en vertu du droit divin est loin de nous; leurs droits ne sont plus fondés que sur le consentement tacite ou formel des nations: du moment où les nations les répudient, le contrat est rompu; les sermens conditionnels qu'on leur avait prêtés, sont annulés de fait et de droit, sans qu'il soit nullement besoin de leur intervention et de leur agrément; car, comme le disent les proclamations de Napoléon: *les Rois sont faits pour les peuples; et non les peuples pour les Rois.* Quant à l'abdication volontaire ou forcée de Napoléon et aux droits nouvellement acquis par Louis XVIII, il faudrait, pour résoudre cette partie de vos objections, examiner si le chef d'une nation a le droit de se dessaisir, sans son aveu, de l'autorité qui lui a été confiée, et si un gouvernement imposé par l'influence ou la force des armes des étrangers réunit les caractères de légitimité que vous lui attribuez: le tems ne nous permet point de nous livrer à cet examen: j'ai lu dans tous nos publicistes, qu'on devait obéissance au gouvernement de fait, et puisque l'Empereur a repris de fait le sceptre de l'état, je crois que ce que nous avons de mieux à faire est de nous soumettre à ses lois, sauf, ajoutai-je en plaisantant, à laisser à la postérité le soin de juger la question de droit entre Napoléon et Louis XVIII. Au surplus, continuai-je, je vous rends parfaitement le maître d'embrasser le parti que vous jugerez convenable; mon intention n'est point de surprendre votre opinion ni de violenter votre conscience; ne regardez, je vous prie, les efforts que j'ai pu faire pour vous convaincre, que comme une preuve du désir de vous ramener à mon avis par l'ascendant de la raison.—Allons, Monsieur, me dit-il, je me rends à vos observations; veuillez nous annoncer à Sa Majesté.» Le lendemain il fut destitué!

Le 16, nous couchâmes à Avalon. Napoléon y fut accueilli comme il l'avait été partout, c'est-à-dire, au milieu des démonstrations d'allégresse qui tenaient véritablement du délire: on se pressait, on s'étouffait, pour l'apercevoir, pour l'entendre, pour lui parler: son logement était en un instant entouré, assiégé par une foule si nombreuse et si opiniâtre, qu'il nous était impossible d'entrer ou de sortir, sans passer sur le corps à toute la population du pays. Les hommes qui faisaient partie de la Garde nationale, voulaient rester en faction du matin au soir. Les femmes les plus distinguées de la ville passèrent le jour et la nuit dans les escaliers et dans les corridors, pour guetter son passage. Trois d'entr'elles, fatiguées de s'être tenues debout toute la journée faute de siéges, nous demandèrent la permission de s'asseoir près de nous: c'était dans une salle (contiguë à la chambre de l'Empereur), où l'on avait jeté à terre des matelas pour que nous puissions reposer quelques momens. Rien n'était plaisant comme de voir ces trois jeunes et élégantes Bonapartistes, groupées timidement sur un grabat, au milieu de notre sale bivouac. Nous cherchâmes leur tenir compagnie, mais nos yeux se fermaient malgré nos efforts: «Dormez, nous dirent-elles, nous veillerons sur l'Empereur.» Effectivement la fatigue l'emporta sur la galanterie, et bientôt nous nous endormîmes honteusement à leurs pieds. À notre réveil, nous trouvâmes l'une de ces dames en faction à la porte de Napoléon; il le sut et la remercia de son dévouement en termes fort aimables et fort polis.

Ce fut à Avalon, je crois[61], qu'un officier d'état-major vint nous apporter la soumission et l'ordre du jour du Maréchal Ney[62]. On imprima dans la nuit cet ordre du jour; mais l'Empereur, après l'avoir relu, le fit changer et réimprimer; j'ignore si Sa Majesté jugea convenable de l'altérer, ou si l'imprimeur avait commis quelque méprise.

L'Empereur arriva le 17 à Auxerre; et pour la première fois, il fut reçu par un Préfet. Il descendit à la préfecture. Sur la cheminée du premier salon, se trouvait le buste de l'Impératrice et de son fils, et dans le salon suivant, le portrait en pied de Napoléon, revêtu de ses ornemens impériaux: on aurait pu croire que le règne de l'Empereur n'avait jamais été interrompu.

Napoléon reçut immédiatement, les félicitations de toutes les autorités et des tribunaux; ces félicitations commençaient à n'être plus à nos yeux un acte de dévouement, mais l'accomplissement d'un devoir. Après s'être entretenu avec les uns et les autres des grands intérêts de l'état, l'Empereur dont la bonne humeur était inépuisable, se mit à plaisanter sur la cour de Louis XVIII. «Sa cour, dit-il, a l'air de celle du Roi Dagobert; on n'y voit que des antiquailles; les femmes y sont vieilles et laides à faire peur: il n'y avait de jolies femmes que les miennes, mais on les traitait si mal qu'elles ont été forcées de la déserter. Tous ces gens-là n'ont que de la morgue et de la fierté: on m'a reproché d'être fier; je l'étais avec les étrangers; mais jamais on ne m'a vu souffrir que mon Chancelier mît un genou en terre pour prendre mes ordres; ni obliger mes Préfets et mes Maires à servir à table mes courtisans et mes douairières[63]. On dit que les hommes de la cour ne valent guères mieux que les femmes, et que, pour se distinguer de mes généraux, que j'avais couverts d'or, ils y vont vêtus comme des pauvres. Ma cour, il est vrai, était superbe; j'aimais le luxe, non pour moi, un frac de soldat me suffit; je l'aimais, parce qu'il fait vivre nos ateliers; sans luxe, point d'industrie. J'ai aboli à Lyon toute cette noblesse à parchemin: elle n'a jamais senti ce qu'elle me devait; c'est moi qui l'ai relevée, en faisant des comtes et des barons de mes meilleurs généraux. La noblesse est une chimère: les hommes sont trop éclairés pour croire qu'il y en a parmi eux qui sont nobles et d'autres qui ne le sont pas; ils descendent tous de la même souche; la seule distinction est celle des talens et des services rendus à l'état: nos lois n'en reconnaissent point d'autres.»

L'Empereur, en arrivant à Auxerre, avait cru y trouver le maréchal Ney: «Je ne conçois pas, dit-il au général Bertrand, pourquoi Ney n'est point ici; cela me surprend et m'inquiète; aurait-il changé d'idées? Je ne le crois pas: Il n'aurait point laissé Gamot[64] se compromettre. Cependant il faut savoir à quoi s'en tenir; voyez cela.» Quelques heures après, le maréchal arriva; il était environ huit heures du soir; le comte Bertrand vint en prévenir l'Empereur. «Le maréchal, avant de se présenter devant Votre Majesté, lui dit-il, veut recueillir ses idées, et justifier par écrit la conduite qu'il a tenue avant et depuis les événemens de Fontainebleau.—Qu'ai-je besoin de justification? répondit Napoléon; dites-lui que je l'aime toujours, et que je l'embrasserai demain.» Il ne voulut point le recevoir le jour même, pour le punir s'être fait attendre.

Le lendemain, l'Empereur, en l'apercevant, lui dit: «Embrassez-moi, mon cher maréchal, je suis bien aise de vous voir. Je n'ai pas besoin d'explication ou de justification; je vous ai toujours honoré et estimé comme le brave des braves.—Sire, les journaux ont avancé un tas de mensonges que je voulais détruire; ma conduite a toujours été celle d'un bon soldat et d'un bon Français.—Je le sais; aussi n'ai-je point douté de votre dévouement.—Vous avez eu raison, Sire. Votre Majesté pourra toujours compter sur moi, quand il s'agira de la patrie... *c'est pour la patrie que j'ai versé mon sang, et je suis prêt à le verser pour elle jusqu'à la dernière goutte. Je vous aime, Sire, mais la patrie avant tout! avant tout.*»—L'Empereur l'interrompant: «C'est le patriotisme qui me ramène aussi en France. J'ai su que la patrie était malheureuse, et je suis venu pour la délivrer des émigrés et des Bourbons; je lui rendrai tout ce qu'elle attend de moi.—Votre Majesté sera sûre que nous la soutiendrons: avec de la justice, on fait des Français tout ce qu'on veut. Les Bourbons se sont perdus pour avoir voulu faire à leur tête, et s'être mis l'armée à dos.—Des princes qui n'ont jamais su ce que c'était qu'une épée nue ne pouvaient honorer l'armée; ils étaient humiliés et jaloux de sa gloire.—Oui, Sire, ils cherchaient sans cesse à nous humilier: je suis encore indigné, quand je pense qu'un maréchal de France, qu'un vieux guerrier comme moi fut obligé de se mettre à genoux devant ce... de duc de B..., pour recevoir la croix de Saint-Louis. Cela ne pouvait durer, et si vous n'étiez venu les chasser, nous allions les chasser nous-mêmes[65].—Comment vos troupes sont-elles disposées?—Fort bien, Sire; j'ai cru qu'elles m'étoufferaient, quand je leur ai annoncé que nous allions marcher au-devant de vos aigles.—Quels généraux avez-vous avec vous?—Lecourbe et Bourmont.—En êtes-vous sûr?—Je répondrais de Lecourbe, mais je ne suis point aussi sûr de Bourmont.—Pourquoi ne sont-ils point venus ici?—Ils ont montré de l'hésitation; et je les ai laissés.—Ne craignez vous pas que Bourmont ne remue, et ne vous mette dans l'embarras?—Non, Sire, il se tiendra tranquille; d'ailleurs il ne trouverait personne pour le seconder. J'ai chassé des rangs tous les voltigeurs de Louis XIV[66] qu'on nous avait donnés, et tout le pays est dans l'enthousiasme.—N'importe, je ne veux point lui laisser la possibilité de nous inquiéter: vous ordonnerez qu'on s'assure de lui et des officiers royalistes, jusqu'à notre entrée à Paris. J'y serai sans doute du 20 au 25, et plus tôt: si nous y arrivons, comme je l'espère, sans obstacle, croyez-vous qu'ils se défendront?—Je ne le crois pas, Sire; vous savez bien ce que c'est que les Parisiens, ils font plus de bruit que de besogne.—J'ai reçu ce matin des dépêches de Paris; les patriotes m'attendent avec impatience, et sont près de se soulever. Je crains qu'il ne s'engage quelque affaire entr'eux et les royalistes. Je ne voudrais pas, pour tout au monde, qu'une tache de sang souillât mon retour. Les communications avec Paris vous sont faciles; écrivez à nos amis, écrivez à Maret, que nos affaires vont bien, que j'arriverai sans tirer un seul coup de fusil; et qu'ils se réunissent tous, pour empêcher le sang de couler. Il faut que notre triomphe soit pur comme la cause que nous servons.» Les généraux Bertrand et Labédoyère, présens à cet entretien, se mêlèrent alors de la conversation, et après quelques minutes, l'Empereur les quitta et rentra dans son cabinet.

Il écrivit à l'Impératrice pour la troisième fois. Cette lettre terminée, Napoléon s'occupa des moyens de faire embarquer une partie de son armée harassée par les marches forcées: il fit venir le chef de la marine, se fit rendre compte du nombre de ses bateaux, des moyens de prévenir les accidens, etc. Il entra avec lui dans de tels détails, que cet homme avait peine à revenir de sa surprise et à comprendre comment un Empereur en savait autant qu'un batelier. Napoléon tenait à ce que ses troupes partissent promptement. Plusieurs fois il m'ordonna d'en aller presser l'embarquement: son habitude était d'employer ceux qui l'entouraient à tout ce qui lui passait par la tête. Son génie ne connaissant aucune limite, il croyait que nous autres faibles mortels nous devions également tout savoir et tout faire.

L'Empereur avait donné l'ordre à ses éclaireurs de lui amener les courriers de la malle, et m'avait chargé de l'examen des dépêches. Je faisais une guerre implacable à la correspondance ministérielle, et si j'y trouvais souvent des injures et des menaces dont je pouvais prendre ma part, elles m'offraient du moins des détails aussi importans que curieux. Je remarquai particulièrement deux instructions secrètes, dont la publication couvrirait leurs auteurs, même aujourd'hui, d'un opprobre éternel. Les lettres *comme il faut* étaient tout aussi révoltantes. La plupart dictées par la haine en délire auraient pu légitimer les rigueurs de la justice: mais je les regardais comme l'oeuvre pitoyable de cerveaux malades; et je me contentais, avant de les rendre au courrier, d'y ajouter en grosses lettres un *Vu* qui, semblable à la tête de Méduse, aura sans doute pétrifié plus d'un noble lecteur.

Les conjurations ténébreuses des ennemis de Napoléon n'étaient point le seul objet sur lequel se reportaient mes yeux indiscrets. Quelquefois je me trouvais initié, sans le vouloir, à de plus doux mystères, et ma plume par mégarde traçait le fatal *Vu* au bas de ces épîtres, qui ne doivent charmer les regards que du mortel heureux auquel l'amour les destine.

Ce fut par les journaux et la correspondance particulière, que nous apprîmes que des Vendéens étaient soi-disant partis de Paris dans l'intention d'assassiner l'Empereur. Un journal, qu'il serait superflu de nommer, annonçait même que ces Messieurs s'étaient déguisés en soldats et en femmes, et que bien sûrement *le Corse* ne leur échapperait point.

Si Napoléon ne parut point s'inquiéter de ces complots criminels, ils nous inquiétèrent pour lui. Auparavant, lorsque des voyageurs demandaient à lui donner des nouvelles, je m'esquivais pour jouir de quelques momens de liberté; dès-lors je ne le quittai plus, et la main sur mon épée, je ne perdais point de vue un seul instant les yeux, l'attitude et les gestes des personnes qu'il admettait en sa présence.

Le comte Bertrand, le général Drouot et les autres officiers de sa maison, redoublèrent également de soin et de surveillance. Mais il semblait que l'Empereur prît à tâche de défier les coups de ses meurtriers. Le jour même, il passa sur la place publique la revue du 14ème de ligne, et se confondit ensuite avec le peuple et les soldats. En vain, nous cherchâmes à l'entourer; on nous bousculait avec tant de persévérance et d'impétuosité, qu'il ne nous était point possible de rester un moment de suite auprès de sa personne. La manière dont nous étions coudoyés l'amusait infiniment; il Se moquait de nos efforts, et pour nous braver, s'enfonçait plus avant encore au milieu de la foule qui nous tenait assiégés.

Notre défiance pensa devenir fatale à deux émissaires ennemis.

L'un d'eux, officier d'état-major, vint nous offrir ses services; on le questionna: il ne sut à peu près que répondre. Son embarras excitait déjà de violens soupçons, lorsque par malheur on s'aperçut qu'il avait un pantalon vert. Il n'en fallut point davantage pour persuader à tout le monde que c'était un garde d'Artois déguisé: on lui fit subir un nouvel interrogatoire; il répondit encore avec plus de gaucherie; et atteint et convaincu d'être éminemment suspect et d'avoir de plus un pantalon vert, il allait être jeté par la fenêtre, lorsque heureusement le comte Bertrand vint à passer et ordonna qu'on ne le fît sortir que par la porte.

Cet officier de nouvelle fabrique n'était point venu pour tuer Napoléon; il avait été envoyé pour explorer seulement ce qui se passait à son quartier-général.

Le même jour fut témoin d'une autre scène: un chef d'escadron de hussards, décoré d'un coup de sabre sur la figure, vint également se réunir à nous: on le reçut à merveille; on l'invita même à déjeuner à la table des grands officiers de la maison. Le vin est l'écueil du mensonge; et le nouveau venu, oubliant son rôle, s'expliqua si clairement, qu'il fut facile de le reconnaître pour un faux frère. Il annonça que le roi avait pour lui la garde nationale de Paris et toute la garde impériale; que chaque soldat resté fidèle obtenait cinq cents francs de dotation, chaque officier mille francs et un grade de plus, etc., etc.; que Napoléon avait été mis hors la loi, et que s'il était pris... À ces mots, le colonel ***, assis à côté de lui, lui sauta au collet; tout le monde à la fois voulait l'assommer; moi seul, je ne le voulus point: «l'Empereur, leur dis-je, messieurs, n'entend point qu'on répande de sang: vous avez juré de ne point faire de quartier aux assassins, mais cet homme n'en est point un: c'est sans doute un espion. Nous ne les craignons point; qu'il aille dire à ceux qui l'envoyent ce qu'il a vu; buvons tous à la santé de notre Empereur, *vive l'Empereur!*» Il fut conspué et chassé, et nous ne le revîmes plus.

Un autre déserteur de l'armée royale se présenta pour révéler, disait-il, à l'Empereur, un secret important. L'Empereur, qui ne connaît d'autre secret que la force, ne voulut point perdre son tems à l'écouter; il me le renvoya. C'était un officier de hussards, ami et complice de Maubreuil: il ne me jugea point digne de ses confidences, et je le conduisis au grand maréchal. Il lui déclara, en substance, qu'il avait été chargé, ainsi que Maubreuil, par le gouvernement provisoire et par de très-grands personnages, d'assassiner l'Empereur lors de son départ pour l'île d'Elbe; qu'il avait eu horreur d'un crime aussi épouvantable et n'avait point voulu l'accomplir; et qu'après avoir sauvé une première fois la vie de Napoléon, il venait se ranger près de sa personne pour lui faire, en cas de besoin, un rempart de son corps. Il remit au grand maréchal un mémoire de Maubreuil, et différentes pièces dont l'Empereur me chargea de lui rendre compte. Je les examinai avec le plus grand soin: elles prouvaient incontestablement que des rendez-vous mystérieux avaient été donnés à Maubreuil, au nom du gouvernement provisoire; mais elles ne contenaient aucun indice qui pût faire pénétrer le but et l'objet de ces ténébreuses conférences: le nom des illustres personnages qu'on a voulu associer depuis à cette odieuse trame, ne s'y trouvait même point prononcé. Cet officier ne retira aucun fruit de ses révélations vraies ou supposées, et disparut.

Cependant l'Empereur, à force d'être entretenu de complots ourdis contre sa vie, finit par en éprouver une impression pénible. «Je ne puis concevoir, me dit-il, comment des hommes exposés à tomber entre mes mains, peuvent provoquer sans cesse mon assassinat et mettre ma tête à prix. Si j'eusse voulu me défaire d'eux par de semblables moyens, il y aurait long-tems qu'ils seraient en poussière. J'aurais trouvé comme eux des Georges, des Brulart et des Maubreuil. Vingt fois, si je l'eusse voulu, on me les aurait apportés pieds et mains liés, morts ou vifs: j'ai toujours eu la sotte générosité de mépriser leur rage! je la méprise encore: mais malheur à eux, malheur à toute leur infernale clique, s'ils osent toucher à l'un des miens! Mon sang bouillonne, quand je songe qu'ils ont osé, à la face des nations, proscrire sans jugement les milliers de Français qui marchent avec nous: cela se sait-il dans l'armée?— Oui, Sire: on a eu l'imprudence de répandre le bruit qu'on nous avait tous mis hors la loi, et que des gardes-du-corps et des Chouans étaient partis pour vous assassiner: aussi les troupes ont-elles juré de ne point leur faire de

quartier, et déjà deux espions ont pensé être assommés sous mes yeux.—
Tant pis, tant pis, ce n'est point-là ce que j'entends. Je veux qu'il n'y ait point
une seule goutte de sang français de répandue, une seule amorce de brûlée. Il
faut recommander à Girard[67] de contenir ses soldats; écrivez:

> «Général Girard, on m'assure que vos troupes, connaissant
> les décrets de Paris, ont résolu, par représailles, de faire
> main-basse sur les royalistes qu'elles rencontreront: vous ne
> rencontrerez que des Français; je vous défends de tirer un
> seul coup de fusil: calmez vos soldats; démentez les bruits
> qui les exaspèrent; dites-leur que je ne voudrais point
> rentrer dans ma capitale à leur tête, si leurs armes étaient
> teintes de sang français[68].»

Ô ministres du Roi, tous coupables auteurs de l'ordonnance parricide du 6
mars, lisez et rougissez!

L'Empereur apprit, au moment de quitter Auxerre, que les Marseillais
paraissaient vouloir inquiéter ses derrières. Il donna des ordres aux généraux
échelonnés sur la route, et partit sans crainte.

En avant de Fossard, il aperçut, rangés en bataille, les dragons du régiment
du Roi, qui avaient abandonné leurs officiers pour venir le rejoindre: il mit
pied à terre, les salua avec cette gravité militaire qui lui seyait si bien, et leur
distribua des complimens et des grades. Aucun régiment ne pouvait nous
échapper. Quand les officiers faisaient des façons, les soldats venaient sans
eux. J'ai tort cependant; il est un régiment (le troisième de hussards) que
l'Empereur ne put attirer à lui. Le brave Moncey, qui le commandait, avait un
bon esprit, et l'on ne pouvait douter de son attachement à Napoléon, son
ancien bienfaiteur; mais tous les hommes ne voient pas de même: les uns
faisaient consister leur devoir à accourir au-devant de Napoléon; Moncey se
croyait obligé de le fuir.

Il avait conjuré son régiment de ne point lui faire l'affront de l'abandonner;
ses officiers et ses hussards qui l'adoraient, le suivaient en faisant retentir les
airs des cris de *Vive l'Empereur!* croyant concilier ainsi les égards dus à leur
colonel et leur dévouement à la cause et à la personne de Napoléon.

On nous prévint en route que deux mille gardes-du-corps étaient postés dans
la forêt de Fontainebleau. Quoique cet avis ne fût point vraisemblable, on
jugea cependant nécessaire de ne point traverser la forêt sans précaution. Sur
nos instances, l'Empereur se fit accompagner par environ deux cents
cavaliers. Jusqu'alors il n'avait eu d'autre escorte que la voiture du général
Drouot qui précédait la sienne, et la mienne qui fermait la marche. Les
colonels Germanouski et Du Champ, le capitaine Raoul et trois ou quatre
Polonais galoppaient aux portières. Nos chevaux, nos postillons, nos

courriers parés de rubans tricolors, donnaient à notre paisible cortége, un air de bonheur et de fête qui contrastait singulièrement avec la proscription qui pesait sur nos têtes, et le deuil et le désespoir des hommes qui nous avaient proscrits.

Nous marchâmes presque toute la nuit; l'Empereur voulait arriver à Fontainebleau à la pointe du jour. Je lui fis observer qu'il me paraissait imprudent de descendre au château; il me répondit: «Vous êtes un enfant; s'il doit m'arriver quelque chose, toutes ces précautions-là n'y feront rien. Notre destinée est écrite là-haut (en montrant du doigt le ciel)[69].»

J'avais pensé que la vue du palais de Fontainebleau, de ce lieu où naguères il était descendu du trône, et où il paraissait aujourd'hui en vainqueur et en souverain, lui ferait impression, et le forcerait à songer à la fragilité des grandeurs humaines. Je l'observai attentivement, et il ne me parut éprouver aucune émotion. Il fut, aussitôt son arrivée, parcourir les jardins et le palais, avec autant de plaisir et de curiosité, que s'il en prenait possession pour la première fois. Napoléon occupa les petits appartemens, et m'en fit remarquer complaisamment l'extrême élégance. Il me conduisit ensuite dans sa bibliothèque, et en remontant, il me dit d'un air satisfait: Nous serons bien ici.—Oui, Sire, lui répondis-je, on est toujours bien chez soi. Il sourit, me sut bon gré, je crois, de mon flatteur à propos.

À onze heures, il me fit écrire, sous sa dictée, l'ordre du jour; et cet ordre annonçait que nous coucherions à Essonne. À midi, seulement, la nouvelle du départ du Roi lui fut apportée simultanément par un courrier de M. de Lavalette, par une lettre de madame Hamelin, et par M. de Ség... Il me fit appeler aussitôt; vous allez partir en avant, me dit-il; vous ferez tout préparer.—C'est à Essonne, je pense que Votre Majesté m'ordonne de me rendre.—Non, c'est à Paris. Le Roi et les princes sont en fuite. Je serai ce soir aux Tuileries. Il me donna des ordres secrets, et je quittai Fontainebleau, le coeur plein de joie et de bonheur. Je n'avais jamais douté du triomphe de Napoléon: mais de l'espoir à la réalité quelle distance!

Le roi avait effectivement quitté Paris.

Depuis la séance royale du 17 mars, les choses n'avaient point changé d'aspect; le ministère, persévérant dans son système de mensonge et de dissimulation, dénaturait toujours avec la même impudence la vérité, et ne cessait point de prédire la destruction prochaine de Napoléon et des siens. Enfin, après mille détours, il fallut cependant finir par avouer que Napoléon n'était plus qu'à quelques lieues de Paris. Le roi, que le ministère n'avait point craint d'abuser, eut à peine le tems de songer à la retraite. Il montra, dans cette douloureuse circonstance, un courage d'esprit au-dessus de tout éloge. Sa conduite ne fut point celle d'un prince guerrier qui défend pied à pied sa capitale, et ne l'abandonne qu'en frémissant de rage et de désespoir; elle fut celle d'un bon père qui ne s'éloigne qu'à regret de ses enfans et du toit qui les a vus naître. Les Bonapartistes eux-mêmes, qui faisaient une grande distinction entre le roi et sa famille, ne furent point insensibles aux larmes de cet auguste et infortuné monarque, et firent des voeux sincères pour que sa fuite fût exempte de troubles et de dangers.

On avait pensé que Napoléon ferait dans sa capitale une entrée triomphale; ses vieux grenadiers, qui avaient franchi en dix-sept jours l'espace qu'on met ordinairement quarante-cinq jours à parcourir, semblaient, en approchant du but, retrouver à chaque pas de nouvelles forces. On les voyait, sur la route, s'agiter, se presser, s'encourager; ils auraient fait, s'il eût fallu, vingt lieues en une heure, pour n'être point privés de l'honneur de rentrer dans Paris à côté de Napoléon. Leur attente fût trompée; l'Empereur, témoin de leurs fatigues, ordonna qu'ils prendraient un jour de repos à Fontainebleau.

À deux heures, le 20 mars, Napoléon se mit en route pour Paris. Retardé par la foule amoncelée sur son passage, et par les félicitations des troupes et des généraux accourus au-devant de lui, il ne put arriver qu'à neuf heures du soir. Aussitôt qu'il eut mis pied à terre, on se précipita sur lui; mille bras l'enlevèrent et l'emportèrent en triomphe. Rien n'était plus touchant que la réunion confuse de cette foule d'officiers, de généraux qui s'étaient précipités, dans les appartemens des Tuileries, sur les pas de Napoléon. Heureux de se revoir triomphans après tant de vicissitudes, d'humiliations et de dégoûts, ils oubliaient la majesté du lieu, pour s'abandonner sans contrainte au besoin d'épancher leur joie et leur bonheur. Ils couraient l'un à l'autre, se pressaient étroitement dans leurs bras, s'y repressaient encore. Les salles du palais semblaient métamorphosées en un champ de bataille, où des amis, des frères échappés inopinément à la mort, se retrouvent et s'embrassent après la victoire.

Cependant, nous avions été si gâtés en route, que l'accueil fait à l'Empereur par les Parisiens ne répondit point à notre attente. Des cris multipliés de *Vive l'Empereur!* le saluèrent à son passage; mais ils n'offraient point le caractère d'unanimité et de frénésie des acclamations qui l'avaient accompagné, depuis le golfe de Juan jusqu'aux portes de Paris. On se méprendrait, néanmoins, si l'on en tirait la conséquence que les Parisiens ne virent point avec plaisir le retour de Napoléon; car le peuple était pour lui, et les cris partent du peuple. On doit en conclure seulement que Napoléon manqua son entrée.

Le peuple des grandes villes est avide de spectacle: il faut étonner ses yeux pour émouvoir son coeur. Si Napoléon, en place de traverser Paris le soir, et sans être annoncé ni attendu, eût différé jusqu'au lendemain, et laissé aux inquiétudes inséparables d'une semblable crise, le tems de s'apaiser; s'il eût donné à son entrée la pompe et l'éclat qu'elle devait avoir; s'il eût fait marcher devant lui les troupes et les officiers à demi-solde accourus à sa voix; s'il se fût présenté à la tête de ses grenadiers de l'île d'Elbe, tous décorés; s'il se fût entouré des Généraux Bertrand, Drouot, Cambronne et ses fidèles compagnons d'exil, ce cortége attendrissant et majestueux aurait produit la plus vive sensation, et la population entière de Paris aurait applaudi au retour et au triomphe de Napoléon. Au lieu de ces transports unanimes, il ne recueillit les applaudissemens que de la partie populeuse de la capitale qu'il fut dans le cas de traverser; et ses détracteurs ne manquèrent point de comparer cette réception avec celle de Louis XVIII, et de publier qu'il avait été forcé d'entrer la nuit dans Paris, pour échapper à la vengeance et aux malédictions publiques. Napoléon qui venait de traverser deux cent cinquante lieues au milieu des acclamations de deux millions de Français, ne pouvait être agité par de telles craintes; mais on sait quelle confiance, quelle ivresse, lui inspirait l'anniversaire d'une victoire ou d'un événement heureux; et comme le 20 Mars était le jour de la naissance de son fils, il voulut à toutes forces rentrer dans sa capitale sous des auspices aussi fortunés.

Le soir même de son arrivée, Napoléon s'entretint longuement de la situation de la France, avec le Duc d'Otrante et les autres dignitaires de l'état: tous paraissaient ivres de bonheur et d'espérance. L'Empereur lui-même ne pouvait dissimuler son ravissement; jamais je ne le vis aussi fou de gaieté, aussi prodigue de soufflets[70]. Ses discours se ressentaient de l'agitation de son coeur; les mêmes paroles lui revenaient sans cesse à la bouche; et il faut en convenir, elles n'étaient point flatteuses pour la foule de courtisans et de grands personnages qui l'obsédaient déjà; il répétait sans cesse: «Ce sont les gens désintéressés qui m'ont ramené à Paris; ce sont les sous-lieutenans et les soldats qui ont tout fait; c'est au peuple, c'est à l'armée que je dois tout.»

Dans la nuit et la matinée du lendemain, l'Empereur s'occupa du choix et de la nomination de ses ministres.

À leur tête se trouvait placé le Prince Cambacérès. Le système de diffamation dirigé contre lui, n'avait point altéré la haute considération qu'il s'était acquise par sa grande sagesse et sa constante modération. L'Empereur lui offrit le porte-feuille du ministère de la justice, et fut obligé de lui ordonner de l'accepter. Son esprit sage et prévoyant pressentait sans doute l'issue fatale du nouveau règne de Napoléon.

Le Prince d'Eckmühl fut nommé ministre de la guerre. Par la dureté de ses manières et de son langage, par des actes de sévérité presque barbares, il s'était attiré autrefois l'animadversion universelle: sa fidélité à l'Empereur et la défense de Hambourg l'avaient réconcilié depuis avec l'opinion. La faiblesse, la versatilité de son caractère excitaient bien quelques inquiétudes, mais on espérait que l'Empereur saurait le maîtriser, et que l'armée retirerait d'heureux avantages de son zèle infatigable et de sa sévère probité.

Le Duc de Vicence[71] fut replacé au timon des affaires étrangères. La droiture de ses principes, la fermeté, la noblesse et l'indépendance de son caractère, lui avaient acquis, à juste titre, l'estime de la France et de l'Europe; et sa nomination fut regardée comme un gage des intentions loyales et pacifiques de Napoléon.

Le Duc de Gaëte et le Comte Mollien redevinrent ministres des finances et du trésor. Ils s'étaient conciliés la confiance publique par l'habileté, la prudence, et l'intégrité de leur précédente administration; on applaudit à leur choix.

Le Duc d'Otrante fut chargé de la police: il avait tenu le gouvernail de l'état dans des circonstances difficiles et périlleuses; il avait appris à juger sainement l'esprit public, à deviner, à préparer, à diriger les événemens. Ayant appartenu successivement à tous les partis, il en connaissait la tactique, les ressources, les prétentions; et la nation entière, convaincue de son expérience, de ses talens et de son patriotisme, espérait qu'il concourrait avec succès au salut de l'Empereur et de l'empire.

Le rappel du Duc de Bassano au ministère de la secrétairerie d'état déplut à la cour et aux gens crédules, qui n'ayant d'autre opinion que celle qu'on leur suggère, accueillent sans discernement les éloges ou le blâme.

Peu d'hommes ont été aussi maltraités que ce ministre.

Chacun s'est plu à défigurer son caractère et même ses traits.

Le Duc de Bassano avait l'air ouvert, une conversation agréable, une politesse toujours égale, une dignité quelquefois affectée, mais jamais offensante; un penchant naturel à estimer les hommes, de la grâce à les obliger, de la persévérance à les servir. La faveur dont il jouissait fut d'abord le prix d'une facilité de travail sans exemple, d'une activité infatigable, d'intentions pures, de vues élevées, d'une probité à toute épreuve; j'ajouterai même d'une santé de fer, car la force physique était également une qualité aux yeux de Napoléon. Plus tard elle devint le juste retour d'un dévouement à toute épreuve, d'un dévouement qui, par sa force, sa vivacité et sa constance, semblait être un mélange d'amour et d'amitié.

Je crois, je l'avoue, que M. de Bassano, le plus souvent, partageait et approuvait sans restriction les opinions de l'Empereur; mais ce n'était point par calcul, par bassesse; l'Empereur était l'idole de son coeur, l'objet de son admiration: avec de semblables sentimens, lui était-il possible d'apercevoir les erreurs et les torts de Napoléon? Obligé d'ailleurs de manifester sans cesse les idées de l'Empereur, et de se pénétrer, pour ainsi dire, des émanations de son esprit, il s'était identifié avec sa manière de penser et de voir, et voyait et pensait comme lui, de la meilleure foi du monde. Ce n'est pas qu'il ne lui arrivât quelquefois de différer de sentiment: mais il finissait toujours, quels que fussent ses efforts, à succomber à l'ascendant irrésistible qu'exerçait sur lui, comme sur tous les autres, le génie de Napoléon.

Le duc de Decrès fut appelé de nouveau au ministère de la marine: et ce choix inattendu fut complètement désapprouvé. Ce ministre était homme de tête, homme d'esprit, homme de coeur; mais par le peu d'importance qu'il paraissait attacher à être juste ou injuste, par son cynisme et son brutal mépris pour ses subordonnés, il s'était attiré l'aversion de tous ceux qui l'approchaient; et comme le mal gagne facilement, cette aversion, quoiqu'injuste, était devenue générale.

Le mécontentement qu'excita cette nomination fut réparé par le bon effet que produisit celle de M. Carnot au ministère de l'intérieur. Les soldats n'avaient pas oublié qu'il avait organisé la victoire pendant de longues années; et les citoyens se rappelaient avec quel zèle ce courageux patriote s'était montré, sous Napoléon, Consul et Empereur, et sous Louis XVIII, le défenseur de la liberté publique. «Pour être un véritable patriote, a dit un de nos célèbres écrivains, il faut une âme grande, il faut des lumières, il faut un coeur honnête, il faut de la vertu.» M. Carnot réunissait toutes ces rares et précieuses conditions: et loin de retirer personnellement quelque lustre de ce beau nom de patriote, il semblait au contraire l'embellir en le portant: tant il avait su lui conserver sa pureté primitive, au milieu de l'avilissement où l'avaient plongé les excès de la révolution, et les outrages du despotisme.

Le choix d'un tel ministre fut considéré comme une garantie nationale. Le souverain qui ne craignait pas d'associer au gouvernement de l'état cet illustre citoyen, ne pouvait avoir que la généreuse pensée d'assurer le bonheur de ses sujets et de respecter leurs droits.

L'Empereur donna, le même jour, le commandement général de la gendarmerie au duc de Rovigo.

Le duc de Rovigo, ancien aide-de-camp de Napoléon, lui avait juré, par sentiment et par reconnaissance, un dévouement éternel; ce dévouement, né dans les camps, avait conservé le caractère de l'obéissance militaire; un mot, un geste suffisaient pour le mettre en action. Mais quelle que soit sa force, et si l'on veut son fanatisme, il n'altéra jamais la droiture et la franchise qui faisaient l'ornement et la base du caractère du duc.

Personne plus que lui, si ce n'est le duc de Vicence, ne faisait entendre à l'Empereur des vérités plus utiles et plus hardies; vingt fois il osa lui dire (sa correspondance ministérielle en fait foi) que la France et l'Europe étaient fatiguées de verser du sang, et que, s'il ne renonçait point à son système de guerre, il serait abandonné par les Français et précipité du trône par les étrangers.

Le commandement de la gendarmerie fut ôté au maréchal Moncey, non point par défiance ou mécontentement, mais parce que le maréchal montra peu d'empressement à le conserver. Il écrivit à cette occasion à l'Empereur une lettre pleine de beaux sentimens, et dans laquelle il le priait de reverser sur son fils les bontés qu'il avait eues autrefois pour lui: il était difficile de concilier la reconnaissance due à Napoléon avec la fidélité promise au Roi: il eut le bonheur d'y réussir.

Tous les maréchaux ne furent point aussi heureux.

M. de Montalivet, jadis ministre de l'intérieur, devint intendant de la liste civile, cela lui convenait davantage. En administration, ainsi qu'en beaucoup de choses, le mieux est ennemi du bien, et M. de Montalivet, en ne voulant négliger aucun détail, en cherchant à tout perfectionner, avait perdu, à s'occuper de vaines futilités, le tems qu'il aurait pu consacrer à travailler en grand au bien-être général.

La plus étrange métamorphose fut celle du duc de Cadore: on en fit un intendant des bâtimens.

«Soyez plutôt maçon, si c'est votre métier.»

Cette place, jusqu'alors le modeste apanage des auditeurs ou des maîtres des requêtes en crédit, fut tout étonnée d'avoir l'honneur d'appartenir à un duc et pair, ex-ambassadeur, ex-ministre, ex-grand chancelier, etc. etc. etc. Tel était alors le dévouement de Son Excellence pour le souverain du jour, qu'elle aurait volontiers accepté une place d'huissier, s'il n'y en avait pas eu d'autre à lui offrir.

Le conseil d'état fut réorganisé sur l'ancien pied, et composé à peu près de ses mêmes membres.

L'Empereur, en rendant ostensiblement sa confiance à quelques-uns d'entr'eux réprouvés par l'opinion, ne fut ni sage ni politique. On attribuait à leurs serviles conseils, les usurpations du pouvoir impérial; et leur présence près du trône ne pouvait que renouveler des souvenirs et des inquiétudes qu'il importait essentiellement de détruire sans retour. Si leur expérience et leur mérite les rendaient nécessaires, il fallait les consulter dans l'ombre, mais ne point les offrir en spectacle aux regards publics. Un gouvernement solidement constitué peut quelquefois braver l'opinion; un gouvernement naissant doit la respecter et s'y soumettre.

Les aides-de-camp de l'Empereur, à l'exception (je crois) du général Loriston qu'il ne voulut point reprendre, furent tous rappelés: il ne pouvait s'entourer d'officiers plus dignes de sa confiance par l'élévation de leur âme et la supériorité de leurs talens. Leur nombre fut augmenté des généraux Letort et Labédoyère. L'Empereur, trompé par de fausses apparences[72], avait ôté au premier le commandement des dragons de la garde, et pour réparer cette injustice involontaire, il le fit aide-de-camp. La même faveur fut décernée à Labédoyère, en récompense de sa conduite à Grenoble; mais il ne répondit aux bontés de Napoléon que par un refus formel: «Je ne veux point, dit-il hautement, qu'on puisse croire que je me suis rallié à l'Empereur par l'appât des récompenses. Je n'ai embrassé sa cause que parce qu'elle était celle de la liberté et de la patrie: si ce que j'ai fait peut être utile à mon pays, l'honneur de l'avoir bien servi me suffira; je ne veux rien de plus: l'Empereur personnellement ne me doit rien.»

Ce noble refus ne surprendra point ceux qui ont pu connaître et apprécier le patriotisme et le désintéressement de ce brave et malheureux jeune homme.

Lancé de bonne heure dans le monde, il s'y conduisit d'abord, comme on s'y conduit ordinairement quand on a une jolie figure, de la grâce, de l'esprit, un nom, de la fortune et point d'expérience. Rendu bientôt à lui-même, il sentit qu'il n'était point né pour vivre dans la dissipation, et sa conduite devint aussi honorable qu'elle avait été irrégulière; son esprit, ramené à de sérieuses occupations, se dirigea vers des spéculations politiques; son âme naturellement fière et indépendante, se forma, s'agrandit et s'ouvrit aux idées libérales et aux nobles sentimens qu'inspire l'amour de la gloire et de la patrie. La nature, en le douant d'un caractère élevé, ferme et audacieux, l'avait sans doute destiné à jouer un rôle important dans ce monde; et si la mort, et quelle mort! ne l'eût frappé à la fleur de l'âge, il aurait sans doute accompli sa brillante destinée et fait honneur à la France.

L'Empereur lui fit parler par diverses personnes; et après trois jours de négociations, Labédoyère capitula. Napoléon tenait à le récompenser. Dans les circonstances ordinaires, il voyait avec indifférence les efforts qu'on faisait pour lui plaire; jamais il ne disait je suis content; et l'on augurait qu'on avait réussi à le satisfaire, quand il ne témoignait point de mécontentement: si au contraire, les services qu'on lui avait rendus, tels que ceux de Labédoyère, avaient eu de l'éclat, il prodiguait alors les éloges et les récompenses, parce qu'il avait deux buts: l'un, de paraître juste et généreux; l'autre, d'inspirer de l'émulation. Mais souvent, le jour même où il vous avait donné des louanges et des gages de sa satisfaction, il vous traitait avec dédain, avec dureté, pour ne point vous laisser attacher trop d'importance au service que vous aviez pu lui rendre, ni vous laisser croire qu'il avait contracté avec vous une obligation quelconque.

L'Empereur replaça près de sa personne la plupart des chambellans, des écuyers et des maîtres de cérémonies qui l'entouraient en 1814; il avait conservé sa passion malheureuse pour les grands seigneurs d'autrefois; il lui en fallait à tout prix: s'il n'eût point été entouré de l'ancienne noblesse, il se serait cru au milieu de la république.

Le plus grand nombre d'entr'eux (car il en est qui méritent la plus honorable exception, tels que M. le prince de Beauveau, MM. de Turenne, de Montholon, de Lascases, Forbin de Janson, Perregaux, etc. etc.) l'avaient lâchement renié en 1814, et étaient devenus les plats valets des Bourbons; mais il n'en voulait rien croire. Il avait la faiblesse, commune à tous les princes, de regarder ses courtisans les plus bas comme ses sujets les plus dévoués.

Il voulut aussi organiser la maison de l'Impératrice; il renomma dames du palais mesdames de Bassano, de Vicence, de Rovigo, Duchâtel et Marinier; la duchesse de M*** ne fut point rappelée. Il avait su par le prince Joseph qu'elle avait abusé, après les événemens de Fontainebleau, de la confiance de l'Impératrice, et trahi le secret de sa correspondance.

On prétendait (et c'était à tort) que les grâces et la beauté de la duchesse lui avaient autrefois attiré les hommages de Napoléon; et l'on ne manqua point d'affirmer que sa disgrâce était une nouvelle preuve de l'inconstance des hommes: j'en ai dit la seule et véritable cause.

La corruption des cours légitime souvent une foule de suppositions mensongères; peu de réputations leur échappent. Cependant, on doit rendre cette justice à Napoléon; aucun prince n'eut des moeurs plus pures, et ne prit autant de soin d'éviter et même de réprimer le scandale: on ne le vit jamais, comme Louis XIV, se faire suivre à l'armée par ses maîtresses, ni se déguiser, comme Henri IV, en porte-faix ou en charbonnier, pour aller porter le désespoir et la honte dans les familles de ses plus fidèles serviteurs.

Par un contraste assez remarquable, Napoléon, au moment où il reprenait avec délice sa haute livrée, fit mettre impitoyablement à la porte les laquais qui avaient servi Louis XVIII et les Princes.

De tout tems les petits ont payé pour les grands.

Ces pauvres gens étaient désolés. On a dit et répété cent fois que Napoléon maltraitait et frappait à tort et à travers tous ceux qui l'approchaient; rien n'est plus faux. Il avait des momens d'impatience et de vivacité; et quel est le bon bourgeois qui n'en a point? mais en général, il était, avec les officiers et même les subalternes de sa maison, d'un commerce aisé et d'une humeur plus souvent enjouée que sérieuse. Il s'attachait facilement; et quand il aimait quelqu'un, il ne pouvait plus s'en passer, et le traitait avec une bonté qui dégénérait souvent en faiblesse. Il est vrai qu'il lui aurait été bien difficile de trouver des serviteurs plus dévoués et plus habiles; chacun d'eux s'était fait une étude particulière de deviner non pas ce qu'il voulait, mais ce qu'il pourrait vouloir.

«Les esclaves volontaires, a dit Tacite, font plus de tyrans que les tyrans ne font d'esclaves.» Quand on se rappelle les prévenances, les bassesses et les adulations de certains nobles devenus courtisans de Napoléon, on s'étonne qu'à l'exemple d'Alexandre, il n'ait point eu l'idée de se faire adorer comme un Dieu.

Les comtes Drouot et Bertrand furent maintenus dans leurs fonctions de grand maréchal du palais et de major-général de la garde. On avait pensé que l'Empereur, pour consacrer leur fidélité, leur conférerait les titres de duc de Porto-Ferrajo et de Porto-Longone. Il n'en fut rien. Ils étaient bien récompensés au surplus par la vénération qu'ils inspiraient l'un et l'autre aux Français et aux étrangers. Cependant, et je ne puis concevoir pourquoi l'on ajoutait généralement un prix plus grand au dévouement du général Bertrand.

Lorsque l'Empereur déposa la couronne, le comte Drouot n'hésita point un seul instant à lui garder dans le malheur la fidélité qu'il lui avait jurée dans la prospérité; et cette fidélité ne fut point à ses yeux un témoignage d'attachement, encore moins un sacrifice; elle ne lui parut que l'accomplissement naturel du devoir qui lui était imposé par les bontés et les malheurs de Napoléon.

Il abandonna, pour le suivre, ce que les âmes bien nées ont de plus cher, sa famille et sa patrie, et sa carrière militaire dans laquelle il avait acquis la plus glorieuse renommée.

Transporté au milieu des mers, il tournait souvent ses regards vers le sol qui l'avait vu naître; jamais aucun regret, aucune plainte ne s'échappait de son coeur. Sa conscience était satisfaite, pouvait-il être malheureux? Aussi désintéressé au service du souverain de l'île d'Elbe, qu'il l'avait été au service de l'Empereur des Français[73], il ne voulut, quoique pauvre, recevoir de Napoléon aucun bienfait: «habillez-moi, nourrissez-moi, lui disait-il, je n'ai besoin de rien de plus.» Les offres les plus séduisantes lui furent prodiguées, pour le rappeler près des Bourbons; il y fut insensible, et préféra, sans effort, à l'éclat de leur trône, le rocher de Napoléon.

Tel fut le général Drouot, tel fut aussi son digne émule, le comte Bertrand; car il n'exista point de différence dans leurs généreux procédés, comme il ne devrait point en exister dans l'admiration qu'ils méritent.

L'Empereur lui-même ne fut point étranger à cette injustice; il semblait donner la préférence au comte Bertrand. Cette différence tenait, je crois, à l'espèce d'intimité que les fonctions de grand maréchal avaient établie entre l'Empereur et lui; peut-être provenait-elle aussi de la convenance des caractères.

Bertrand, aimable, spirituel, insinuant, unissait à un air distingué, les formes agréables et polies d'un courtisan. Faible, irrésolu dans les actions ordinaires de la vie, il ne le cédait à personne en fermeté, en courage, dans les occasions difficiles et périlleuses; étranger à l'intrigue, inaccessible à la séduction, il était dans les camps, comme dans les palais des rois, un homme d'honneur, un homme de bien.

Drouot, simple dans ses manières, affectueux dans ses paroles, offrait ce rare assemblage des vertus qui nous font aimer les sages de l'antiquité et les héros de la chevalerie. Il avait la sagesse, la prudence d'Aristide, la valeur, la modestie, la loyauté de Bayard. Le crédit dont il jouissait, le pouvoir militaire dont il était revêtu, ne lui inspiraient aucun orgueil; il était aussi humble et timide à la cour qu'audacieux et terrible au champ d'honneur.

Bertrand, quand il était consulté, émettait son opinion avec la précaution et l'habileté d'un homme de cour; Drouot, avec la netteté et la franchise d'un soldat: aucun d'eux ne trahissait sa conscience. Leur langage, quoique différent dans les formes, était toujours le même quant au fond: c'était toujours celui de l'honneur et de la vérité.

L'Empereur, quoique très-fatigué par les marches nocturnes, les revues, les allocutions perpétuelles et les travaux de cabinet, qui depuis trente-six heures avaient absorbé tous ses momens, voulut néanmoins passer en revue les troupes qui composaient précédemment l'armée du duc de Berry.

Il les fit rassembler dans la cour des Tuileries, et, pour me servir de ses expressions, «toute la capitale fut témoin des sentimens d'enthousiasme et d'attachement qui animaient ces braves soldats; ils semblaient avoir reconquis leur patrie, et retrouvé, dans les couleurs nationales, le souvenir de tous les sentimens généreux qui ont toujours distingué la nation française.»

Après avoir parcouru les rangs, il fit former les troupes en bataillons carrés, et leur dit:

> SOLDATS! je suis venu avec six cents hommes en France, parce que je comptais sur l'amour du peuple et sur les souvenirs de vieux soldats. Je n'ai pas été trompé dans mon attente: Soldats, je vous en remercie. La gloire de ce que nous venons de faire est toute au peuple et à vous; la mienne se réduit à vous avoir connus et appréciés.
>
> Soldats! le trône des Bourbons était illégitime, puisqu'il avait été relevé par des mains étrangères; puisqu'il avait été proscrit par le voeu de la nation, exprimé par toutes nos Assemblées nationales; puisqu'enfin il n'offrait de garantie qu'aux intérêts d'un petit nombre d'hommes arrogans dont les prétentions sont opposées à nos droits.
>
> Soldats! le trône impérial peut seul garantir les droits du peuple, et surtout le premier de nos intérêts, celui de notre gloire. Soldats! nous allons marcher pour chasser de notre

territoire ces princes auxiliaires de l'étranger. La nation non seulement nous secondera de ses voeux, mais même suivra notre impulsion. Le peuple Français et moi, nous comptons sur vous: nous ne voulons pas nous mêler des affaires des nations étrangères; mais malheur à qui se mêlerait des nôtres!

Au même moment, le général Cambronne et des officiers de la garde du bataillon de l'île d'Elbe parurent avec les anciennes aigles de la garde; l'Empereur reprit la parole, et dit[74]:

> Voilà les officiers du bataillon qui m'a accompagné dans mon malheur; ils sont tous mes amis, ils étaient chers à mon coeur: toutes les fois que je les voyais, ils me représentaient les différens régimens de l'armée; car, dans ces six cents braves, il y a des hommes de tous les régimens. Tous me rappelaient ces grandes journées dont le souvenir m'est si cher, car tous sont couverts d'honorables cicatrices reçues à ces batailles mémorables. En les aimant, c'est vous tous, soldats de toute l'armée Française, que j'aimais. Ils vous rapportent ces aigles; qu'elles vous servent de ralliement! en les donnant à la Garde, je les donne à toute l'armée.

> La trahison et des circonstances malheureuses les avaient couvertes d'un voile funèbre; mais grâce au peuple Français et à vous, elles reparaissent resplendissantes de toute leur gloire. Jurez qu'elles se trouveront toujours partout où l'intérêt de la patrie les appellera; que les traîtres, et ceux qui voudraient envahir notre territoire, n'en puissent jamais soutenir les regards!»

Nous le jurons, répondirent avec enthousiasme tous les soldats.

Ils défilèrent ensuite aux cris de *vive l'Empereur!* et au son d'une musique guerrière qui faisait entendre les airs favoris de la révolution, et cette marche des *Marseillais* si célèbre dans les fastes de nos crimes et de nos victoires.

La revue terminée, l'empereur rentra dans son cabinet et se mit sur-le-champ à travailler. Sa position exigeait qu'il prît, sans différer, une connaissance approfondie de l'état où il retrouvait la France. Cette tâche était immense: elle aurait absorbé les forces et les facultés de tout autre que lui. Il trouva sa table à écrire couverte de livres mystiques[75]; il les fit remplacer par des cartes et des plans militaires. «Le cabinet d'un monarque français, dit-il, ne doit pas ressembler à un oratoire, mais à la tente d'un général.» Ses yeux s'arrêtèrent sur la carte de la France. Après avoir contemplé ses nouvelles limites, il s'écria, avec l'accent d'une profonde tristesse: *Pauvre France!* Il garda le silence quelques instans, et se mit à chanter ensuite entre ses dents, l'un de ses refrains habituels.

«S'il est un temps pour la folie,
Il en est un pour la raison.»

L'Empereur entrait habituellement dans son cabinet avant six heures du matin, et n'en sortait le plus souvent qu'à la nuit.

L'impatience et la vivacité sont presque toujours incompatibles avec l'ordre et la précision. Napoléon, destiné à ne ressembler à personne, joignait au feu du génie les habitudes méthodiques des esprits froids et minutieux. La plupart du tems, il prenait le soin de ranger lui-même ses nombreux papiers: chacun d'eux avait son poste fixe; là se trouvait tout ce qui concernait le département de la guerre; ici les budgets, les situations journalières du trésor et des finances; plus loin les rapports de la police, sa correspondance secrète avec ses agens particuliers; etc. Il remettait soigneusement, après s'en être servi; chaque chose à sa place: le commis d'ordre le plus achevé n'eût été près de lui qu'un brouillon.

Sa première occupation, était de lire sa correspondance et les dépêches parvenues dans la nuit; il mettait de côté les lettres intéressantes, et jetait à terre les autres: il appelait cela *son répondu.*

Il examinait ensuite les copies des lettres ouvertes à la poste, et les brûlait immédiatement; il semblait qu'il voulait anéantir les traces de l'abus de pouvoir dont il s'était rendu coupable.

Il finissait par jeter un coup-d'oeil sur les journaux; quelquefois il disait: «Voilà un bon article, de qui est-il?» Il fallait qu'il sût tout.

Ces diverses lectures terminées, il se mettait à travailler; et l'on peut dire, sans exagération, qu'il était alors aussi extraordinaire, aussi incomparable qu'à la tête de ses armées.

Ne voulant confier à personne le soin suprême du gouvernement de l'état, il voyait tout par lui-même, et l'on conçoit facilement sur quelle multiplicité d'objets il était appelé à fixer ses regards. Indépendamment de ses ministres, le duc de Bassano, le commandant de la première division de Paris, le préfet de police, l'inspecteur-général de la gendarmerie, le major-général de la Garde, le grand maréchal du palais, les grands officiers de la couronne, les aides-de-camp et les officiers d'ordonnance en mission lui adressaient journellement des rapports circonstanciés qu'il examinait et auxquels il répondait sur le champ; sa maxime étant de ne rien ajourner au lendemain. Et qu'on ne croye pas qu'il se bornait à juger superficiellement des affaires; il lisait à fond chaque rapport et examinait attentivement chaque pièce à l'appui. Souvent l'intelligence surhumaine dont il était doué, lui faisait apercevoir des erreurs ou des imperfections échappées aux regards investigateurs de ses ministres; alors il rectifiait leur travail; plus fréquemment encore, il le refaisait de fond en comble; et l'oeuvre de quinze jours de tout un ministère coûtait à peine quelques minutes au génie de Napoléon. L'Empereur était rarement assis; il dictait en marchant. Il n'aimait point à répéter: si vous lui demandiez un mot malentendu, il répondait avec impatience, *j'ai dit*, et continuait.

Quand il avait à traiter des objets dignes de lui, son style, habituellement nerveux et concis, s'élevait à la hauteur de ses grandes conceptions; il devenait majestueux et sublime.

Si l'impossibilité de rendre ses idées était entravée par l'absence du mot propre, ou si les expressions consacrées ne lui paraissaient point assez fortes, assez animées, il rapprochait des mots étonnés de se trouver ensemble, et se créait un langage à lui, langage riche et imposant, qui pouvait quelquefois blesser l'usage, mais qui rachetait cet heureux tort en donnant à ses pensées, plus d'élévation et de vigueur[76].

Quelquefois, entraîné par l'impétuosité de son caractère, il ne prenait point le temps, afin d'arriver plus vite à son but, de peser ses paroles, ses idées, ses volontés. Lorsque ses ordres nous avaient été dictés dans un semblable accès d'entraînement, nous avions soin, autant que possible, de ne les point soumettre le jour même à sa signature. Le lendemain, ils étaient presque toujours modifiés, adoucis ou déchirés. Jamais Napoléon ne nous sut mauvais gré de chercher à le garantir des dangers de la précipitation. Ceux qui croient qu'il ne revenait point sur ses pas se trompent: si dans certaines circonstances il avait une volonté inflexible, dans une foule d'autres il cédait aux remontrances, et abandonnait sans efforts ses projets et ses déterminations.

L'Empereur n'écrivait de sa main que rarement; les mots à plusieurs syllabes l'ennuyaient, et n'ayant point la patience de les écrire complètement, il les mutilait. Cette habitude, jointe à la conformation défectueuse des caractères, rendait son écriture tout à fait illisible. Souvent aussi il lui arrivait, par insouciance et par distraction, d'offenser l'orthographe, et l'on n'a point manqué d'en tirer la conséquence qu'il était complètement ignorant. L'ignorance de Napoléon, fût-elle avérée, ne pourrait porter, à coup sûr, aucune atteinte à sa gloire et à sa renommée. Charlemagne pouvait à peine signer son nom. Louis XIV, et je le cite de préférence, quoique né sur le trône, ne connaissait point *les règles de la grammaire*; et Charlemagne et Louis n'en furent pas moins de grands rois.

Cette imputation au surplus est aussi mensongère qu'absurde. Napoléon, élevé à l'école de Brienne, s'y fit remarquer par cette facilité d'entendement, ce dédain des plaisirs, cette passion de l'étude, cet enthousiasme des grands modèles qui décèlent ordinairement les esprits supérieurs. Destiné au métier des armes, il ne dut point aspirer à devenir un homme de lettres, un érudit, un savant; son but, car il en eut un dès ses plus jeunes ans, fut d'être un jour un officier distingué, peut-être même un grand capitaine. Ce fut donc vers les sciences militaires qu'il dirigea son génie... l'univers sait le reste.

Mais, que dis-je, son génie? les détracteurs de Napoléon ne prétendent-ils point encore qu'il avait trop d'inégalités dans l'esprit pour qu'on puisse lui accorder du génie? ils ne savent point, ou feignent d'ignorer que ces inégalités sont au contraire la preuve et le caractère distinctif de ce don précieux de la nature.

«Le génie, a dit un de nos philosophes, s'élève et s'abaisse tour à tour: il est souvent imparfait, parce qu'il ne se donne point la peine de perfectionner; il est grand dans les grandes choses, parce qu'elles sont propres à réveiller son instinct sublime, et à le mettre en activité. Il est négligé dans les choses communes, parce qu'elles sont au-dessous de lui, et n'ont pas de quoi l'émouvoir: si cependant il s'en occupe avec attention, il les féconde, il les agrandit, il leur donne un aspect nouveau, inattendu, qui avait échappé aux regards du vulgaire.»

Et de quel vaste génie n'était-il point doué, celui qui, livré aux tourmens de l'ambition, aux calculs de la guerre, aux spéculations politiques, aux inquiétudes que lui inspiraient les ennemis de son trône et de sa vie, trouvait encore assez de temps, assez de calme, assez de facultés, pour commander ses nombreuses armées, pour gouverner vingt peuples étrangers et quarante millions de sujets, pour descendre avec sollicitude dans tous les détails de l'administration de ses états, pour tout voir, tout approfondir, tout ordonner, pour enfin concevoir, créer et réaliser ces améliorations; inattendues, ces innovations hardies, ces nobles institutions, et ces codes immortels qui élevèrent la gloire civile de la France à un degré de supériorité que pouvait seul égaler sa gloire militaire. Mais je ne sais pourquoi je cherche à combattre de semblables adversaires; ceux qui méconnaissent le génie de Napoléon n'ont jamais connu le génie lui-même, et je ne leur dois d'autre réponse que celle de Rousseau: *Profanes! taisez-vous.*

L'Empereur, par ses décrets de Lyon, avait réparé en partie les torts imputés au gouvernement royal. Il lui restait encore un grief à redresser: l'esclavage de la presse. Le décret du 24 Mars[77], en supprimant les censeurs, la censure et la direction de la librairie, compléta la restauration impériale.

Cette dernière concession était sans doute la plus grande que Napoléon pût faire à l'opinion publique. La presse, dans l'intérêt général des peuples, est la plus sûre garantie de leurs droits; elle est la plus noble conquête que la liberté puisse faire sur le despotisme; elle donne à l'homme de bien, de la dignité; elle lui inspire l'amour des lois et de la patrie; elle est enfin, suivant la définition anglaise, la mère de toutes les libertés: mais dans les temps de trouble et de révolution, elle est une arme bien dangereuse dans la main des méchans; et l'Empereur prévit que les royalistes allaient en user pour servir la cause de Bourbons, et les jacobins pour calomnier ses sentimens et rendre suspects ses desseins. Mais ennemi déclaré des demi-mesures, il voulut, puisqu'il avait affranchi la pensée, qu'elle circulât sans entraves[78].

Ce décret et ceux qui l'avaient précédé suffisaient sans doute pour attester à la nation les dispositions libérales de Napoléon. Mais aucune parole prononcée du haut du trône n'avait encore fait connaître solennellement les intentions positives de l'Empereur.

Il fixa enfin au dimanche 26 Mars, le jour où il ferait, à la face de la nation, sa nouvelle profession de foi[79].

Les ministres, le conseil d'état, la cour de cassation, la cour des comptes, la cour impériale, le préfet et le conseil municipal de Paris furent admis au pied du trône.

Le prince archi-chancelier, portant la parole au nom des ministres, dit:

> SIRE, la Providence, qui veille sur nos destinées, à r'ouvert à Votre Majesté, le chemin de ce trône; où vous avait porté le choix libre du peuple et de la reconnaissance nationale. La patrie relève son front majestueux, et salue pour la seconde fois du nom de libérateur, le prince qui détruisit l'anarchie, et dont l'existence peut seule consolider aujourd'hui nos institutions libérales.
>
> La plus juste des révolutions, celle qui devait rendre à l'homme sa dignité et tous ses droits politiques, a précipité du trône la dynastie des Bourbons. Après vingt-cinq ans de troubles et de guerre, tous les efforts de l'étranger n'ont pu réveiller des affections éteintes ou tout-à-fait inconnues à la génération présente. La lutte des intérêts et des préjugés d'un petit nombre contre les lumières du siècle et les intérêts d'une grande nation, est enfin terminée.
>
> Les destins sont accomplis; ce qui seul est légitime, la cause du peuple a triomphé. Votre Majesté est rendue au voeu des Français; elle a ressaisi les rênes de l'état, au milieu des bénédictions du peuple et de l'armée.
>
> La France, Sire, en a pour garant sa volonté, et ses plus chers intérêts; elle en a pour garant tout ce qu'a dit Votre Majesté au milieu des populations qui se pressaient sur son passage. Votre Majesté tiendra sa parole; elle ne se souviendra que des services rendus à la patrie; elle prouvera

qu'à ses yeux et dans son coeur, quelles qu'aient été les opinions diverses et l'exaspération des partis, tous les citoyens sont égaux devant elle, comme ils le sont devant la loi.

Votre Majesté veut aussi oublier que nous avons été les maîtres des nations qui nous entourent: pensée généreuse, qui ajoute une autre gloire à la gloire acquise!

Déjà Votre Majesté a tracé à ses ministres la route qu'ils doivent tenir; déjà elle a fait connaître à tous les peuples, par ses proclamations, les maximes d'après lesquelles elle veut que son empire soit désormais gouverné. Point de guerre au-dehors, si ce n'est pour repousser une injuste agression; point de réaction au-dedans, point d'actes arbitraires; sûreté des personnes; sûreté des propriétés, libre circulation de la pensée, tels sont les principes que vous avez consacrés.

Heureux, Sire, ceux qui sont appelés à coopérer à tant d'actes sublimes! De tels bienfaits vous mériteront, dans la postérité, c'est-à-dire lorsque le tems de l'adulation sera passé, le nom de Père de la Patrie; ils seront garantis à nos enfans par l'auguste héritier que Votre Majesté s'apprête à couronner au Champ de Mai.

L'Empereur répondit:

Les sentimens que vous m'exprimez sont les miens. Tout à la nation et tout pour la France: voilà ma devise.

Moi et ma famille, que ce grand peuple a élevé sur le trône des Français, et qu'il y a maintenus malgré les vicissitudes et les tempêtes politiques, nous ne voulons, nous devons, et nous ne pouvons jamais réclamer d'autres titres.

M. le Comte Défermon, doyen des présidens du conseil d'état, remit à l'Empereur la déclaration suivante, tendant à prouver la nullité de l'abdication de Fontainebleau:

Le Conseil d'état, en reprenant ses fonctions, croit devoir faire connaître les principes qui font la règle de ses opinions et de sa conduite.

La souveraineté réside dans le peuple; il est la seule source légitime du pouvoir.

En 1789, la nation reconquit ses droits depuis long-tems usurpés ou méconnus.

L'Assemblée nationale abolit la monarchie féodale, établit une monarchie constitutionnelle et un gouvernement représentatif.

La résistance des Bourbons aux voeux du peuple amena leur chute et leur bannissement du territoire français.

Deux fois le peuple consacra, par ses votes, la nouvelle forme de gouvernement établie par ses représentans.

En l'an VIII, Bonaparte, déjà couronné par la victoire, se trouva porté au gouvernement par l'assentiment national. Une constitution créa la magistrature consulaire.

Le Sénatus-consulte du 16 thermidor an X, nomma Bonaparte Consul à vie.

Le Sénatus-consulte du 28 floréal an XII, conféra à Napoléon la dignité impériale et héréditaire dans sa famille.

Ces trois actes solennels furent soumis à l'acceptation du peuple, qui les consacra par près de quatre millions de votes.

Ainsi, pendant vingt-deux ans, les Bourbons avaient cessé de régner en France; ils y étaient oubliés par leurs contemporains; étrangers à nos lois, à nos institutions, à nos moeurs, à notre gloire, la génération actuelle ne les connaissait point.

En 1814, la France fut envahie par les armées ennemies, et la capitale occupée. L'étranger créa un prétendu gouvernement provisoire. Il assembla la minorité des sénateurs, et les força, contre leur mission et leur volonté, de détruire les constitutions existantes, de renverser le trône impérial et de rappeler la famille des Bourbons.

Le Sénat qui n'avait été institué que pour conserver les constitutions de l'empire, reconnut lui-même qu'il n'avait point le pouvoir de les changer. Il décréta que le projet de constitution qu'il avait préparé, serait soumis à l'acceptation du peuple, et que Louis-Stanislas-Xavier serait proclamé Roi des Français, aussitôt qu'il aurait accepté la constitution et juré de l'observer et de la faire observer.

L'abdication de l'Empereur Napoléon ne fut que le résultat de la situation malheureuse où la France et l'Empereur avaient été réduits par les événemens de la guerre, par la trahison et par l'occupation de la capitale. L'abdication n'eut pour objet que d'éviter la guerre civile, et l'effusion du sang français. Non consacré par le voeu du peuple, cet acte ne pouvait détruire le contrat solennel qui s'était formé entre lui et l'Empereur. Et quand Napoléon aurait pu abdiquer personnellement la couronne, il n'aurait pu sacrifier les droits de son fils appelé à régner après lui.

Cependant un Bourbon fut nommé lieutenant-général du royaume et prit les rênes du Gouvernement.

Louis-Stanislas-Xavier arriva en France; il fit son entrée dans la capitale; il s'empara du trône, d'après l'ordre établi dans l'ancienne monarchie féodale.

Il n'avait point accepté la constitution décrétée par le Sénat; il n'avait point juré de l'observer et de la faire observer; elle n'avait point été envoyée à l'acceptation du peuple, le peuple, subjugué par la présence des armées étrangères, ne pouvait pas même exprimer librement ni valablement son voeu.

Sous leur protection, après avoir remercié un prince étranger de l'avoir fait remonter sur le trône, Louis-Stanislas-Xavier data le premier acte de son autorité de la 19ème année de son règne, déclarant ainsi que les actes émanés de la volonté du peuple, n'étaient que le produit d'une longue révolte; il *accorda volontairement, et par le libre exercice de son autorité royale, une Charte constitutionnelle appelée Ordonnance de réformation*; et pour toute sanction, il la fit lire en présence d'un nouveau corps qu'il venait de créer et d'une réunion de députés qui n'était pas libre, qui ne l'accepta point, dont aucun n'avait caractère pour consentir à ce changement, et dont les deux cinquièmes n'avaient même plus de caractère de représentans.

Tous ces actes sont donc illégaux. Faits en présence des armées ennemies et sous la domination étrangère, ils ne sont que l'ouvrage de la violence, ils sont essentiellement nuls et attentatoires à l'honneur, à la liberté et aux droits du peuple.

Les adhésions données par des individus et par des fonctionnaires sans mission, n'ont pu ni anéantir, ni suppléer le consentement du peuple exprimé par des votes solennellement provoqués et légalement émis.

Si ces adhésions, ainsi que les sermens, avaient jamais pu même être obligatoires pour ceux qui les ont faits, ils auraient cessé de l'être dès que le Gouvernement qui les a reçus a cessé d'exister.

La conduite des citoyens qui, sous ce Gouvernement, ont servi l'État, ne peut être blâmée. Ils sont même dignes d'éloges, ceux qui n'ont profité de leur position que pour défendre les intérêts nationaux et s'opposera l'esprit de réaction et de contre-révolution qui désolait la France.

Les Bourbons eux-mêmes avaient constamment violé leurs promesses; ils favorisèrent les prétentions de la noblesse fidèle; ils ébranlèrent les ventes des biens nationaux de toutes les origines; ils préparèrent le rétablissement des droits féodaux et des dîmes; ils menacèrent toutes les existences nouvelles; ils déclarèrent la guerre à toutes les opinions libérales: ils attaquèrent toutes les institutions que la France avait acquises au prix de son sang; aimant mieux humilier la nation que de s'unir à sa gloire, ils dépouillèrent la Légion d'honneur de sa dotation et de ses droits politiques; ils en prodiguèrent la décoration pour l'avilir; ils enlevèrent à l'armée, aux braves, leur solde, leurs grades et leurs honneurs, pour les donner à des émigrés, à des chefs de révolte; ils voulurent enfin régner et opprimer le peuple par l'*émigration*.

Profondément affectée de son humiliation et de ses malheurs, la France appelait de tous ses voeux son Gouvernement national, la dynastie liée à ses nouveaux intérêts, à ses nouvelles institutions.

Lorsque l'Empereur approchait de la capitale, les Bourbons ont en vain voulu réparer, par des lois improvisées et des sermens tardifs à leur charte constitutionnelle, les outrages faits à la nation et à l'armée. Les tems des illusions était passé, la confiance aliénée pour jamais. Aucun bras ne s'est armé pour leur défense; la nation et l'armée ont volé au-devant de leur libérateur.

* * * * *

L'Empereur, en remontant sur le trône où le peuple l'avait élevé, rétablit donc le peuple dans ses droits les plus sacrés: il ne fait que rappeler à leur exécution les décrets des assemblées représentatives, sanctionnées par la nation; il revient régner par le seul principe de la légitimité, que la France ait reconnu et reconnaît depuis vingt-cinq ans, et auquel toutes les autorités s'étaient liées par des sermens, dont la volonté du peuple aurait pu seule les dégager.

L'Empereur est rappelé à garantir de nouveau, par des institutions (et il en a pris l'engagement dans ses proclamations à la nation et à l'armée), tous les principes libéraux: la liberté individuelle et l'égalité des droits, la liberté de la presse et l'abolition de la censure, la liberté des cultes, le vote des contributions et des lois par les représentans de la nation légalement élus, les propriétés nationales de toute origine, l'indépendance et l'inamovibilité des tribunaux, la responsabilité des ministres, et de tous les agens du pouvoir.

Pour mieux consacrer les droits et les obligations du peuple et du monarque, les institutions nationales doivent être revues dans une grande assemblée des représentans, déjà annoncée par l'Empereur.

Jusqu'à la réunion de cette grande assemblée représentative, l'Empereur doit exercer et faire exercer, conformément aux constitutions et aux lois existantes, le pouvoir qu'elles lui ont délégué, qui n'a pu lui être enlevé, qu'il n'a pu abdiquer sans l'assentiment de la nation, et que le voeu et l'intérêt général du peuple Français lui font un devoir de reprendre.

L'Empereur répondit:

Les princes sont les premiers citoyens de l'état; leur autorité est plus ou moins étendue, selon l'intérêt des nations qu'ils gouvernent: la souveraineté elle-même n'est héréditaire que parce que l'intérêt des peuples l'exige: hors de ces principes, je ne connais pas de légitimité.

J'ai renoncé aux idées du grand empire, dont depuis quinze ans je n'avais encore que posé les bases; désormais le bonheur et la consolidation de l'empire Français seront l'objet de toutes mes pensées.

La cour de cassation exprima les mêmes principes et les mêmes sentimens que le conseil d'état.

L'Empereur lui répondit:

Dans les premiers âges de la monarchie française, des peuplades grossières s'emparèrent des Gaules. La souveraineté sans doute ne fut pas organisée dans l'intérêt des Gaulois, qui furent esclaves ou n'avaient aucuns droits politiques; mais elle le fut dans l'intérêt de la peuplade conquérante. Il n'a donc jamais été vrai de dire, dans aucune période de l'histoire, dans aucune nation, même en Orient, que les peuples existassent pour les rois. Partout il a été consacré que les rois n'existaient que pour les peuples. Une dynastie créée dans les circonstances qui ont créé tant de nouveaux intérêts, ayant intérêt au maintien de tous les droits et de toutes les propriétés, peut seule être naturelle et légitime, et avoir la confiance et la force, ces deux premiers caractères de tout gouvernement.

La cour des comptes et la cour impériale tinrent le même langage que les autorités précédentes.

L'Empereur leur répondit:

Ce qui distingue spécialement le trône impérial, c'est qu'il est élevé par la nation, qu'il est par conséquent naturel, et qu'il garantit tous les intérêts: c'est là le vrai caractère de la légitimité. L'intérêt de ce trône est de consolider tout ce qui exista, et tout ce qui a été fait en France dans vingt-cinq ans de révolution. Il comprend tous les intérêts, et surtout l'intérêt de la gloire de la nation, qui n'est pas le moindre de tous.

Tout ce qui est revenu avec les armées étrangères, tout ce qui a été fait sans consulter la nation, est nul. Les cours de Grenoble et de Lyon, et tous les tribunaux de l'ordre judiciaire que j'ai rencontrés, lorsque le succès des événemens était encore incertain, m'ont montré que ces principes étaient gravés dans le coeur de tous les Français.

La réception des corps de l'état terminée, il y eut une grande audience dans les appartemens du palais; les réponses de l'Empereur répétées et embellies avaient produit la plus profonde sensation: les mots si long-tems méconnus et proscrits dans cette enceinte, ces mots de gloire nationale, de liberté, de patrie, retentissaient de toutes parts. Lorsque les émigrés reparurent et que les plus illustres serviteurs de l'état furent expulsés, pour faire place à des hommes devenus étrangers à nos moeurs, à nos institutions, à nos triomphes, on eût dit que la France n'existait plus; qu'elle était passée sous la domination étrangère. Quand Napoléon revint, la patrie parut être revenue avec lui; il semblait l'avoir ramenée de l'exil, et c'est alors qu'il put s'écrier avec une juste, fierté: «*La nation, c'est moi.*»

L'exemple donné par les magistrats de Paris trouva bientôt, dans les départemens, de nombreux imitateurs, les fonctionnaires publics, les autorités judiciaires et administratives qui, quelques jours auparavant, avaient offert leurs voeux au Ciel et au Roi pour l'extermination du *Corse*, du *tyran* et de l'*usurpateur*, s'empressèrent de féliciter *l'Empereur* sur son miraculeux retour, et de lui décerner les titres de *héros*, de *libérateur*, et surtout de *souverain légitime*.

La marche de Napoléon avait été si rapide, que beaucoup d'adresses au Roi n'arrivèrent à Paris qu'après son départ, et nous furent remises en même temps que les nouvelles adresses votées à son successeur[80]. Je le fis remarquer à l'Empereur. Il me répondit, en souriant de pitié: «*Voilà les hommes.*»

Les favoris d'Apollon ne manquèrent point d'offrir leur encens banal au Dieu du jour. Nous reçûmes de Madame la comtesse de Genlis de fort jolis vers, en l'honneur de la violette. Une autre femme, plus célèbre encore, Madame la Baronne de Stael, profita de quelques mots flatteurs dits pour elle à M. B. Constant pour écrire à l'Empereur une épître, qu'il serait curieux de faire imprimer en tête de son dernier ouvrage.

Les publicistes et les écrivains les plus rigides, ceux même qui, Cujas et Bartole à la main, avaient la veille fait régulièrement le procès à Napoléon, s'empressèrent de lui témoigner leur admiration et de le proclamer le souverain par excellence.

Napoléon était donc fêté, louangé plus que jamais; et il faut convenir qu'il se conduisait de manière à le mériter: d'une main il caressait la nation, et de l'autre les intérêts particuliers, bien plus importans à ménager que ce qu'on appelle l'intérêt général.

Les décrets de Lyon avaient replacé sous le séquestre les biens rendus aux émigrés depuis 1814; une partie de ces biens avait été vendue par les propriétaires réintégrés, et il fallait calmer les inquiétudes des acquéreurs. L'Empereur déclara irrévocables toutes les ventes consommées, et confirma celles opérées postérieurement au décret, lorsqu'on prouverait qu'elles n'avaient point été simulées.

D'un autre côté, les émigrés rentrés avaient acheté des propriétés dont le prix pouvait ne pas avoir été entièrement soldé: pour être équitable envers les émigrés et leurs vendeurs, il ordonna que les biens nouvellement acquis ne seraient point sujets au séquestre, à la charge d'être revendus dans un délai déterminé.

Un autre décret de Lyon avait aboli indistinctement les promotions faites depuis la restauration Royale, dans la Légion d'Honneur et dans l'armée. Il soumit à une révision les nominations qui lui parurent le résultat de la faveur, de l'intrigue et de la vénalité, et confirma toutes celles qui n'avaient été que le prix de services réels et méritoires. Il ne voulut même point qu'il fût établi de démarcation d'opinion, et il prescrivit au ministre d'avoir égard aux anciens services rendus par les officiers incorporés depuis dans la maison du Roi.

Il confirma également les décorations accordées à la Garde nationale, en distribua de nouvelles aux braves élèves de l'école Polytechnique, dont la belle conduite avait excité à un si haut degré, lors des événemens de 1814, l'admiration de Paris et des étrangers.

Les filles des membres de la Légion d'Honneur avaient des droits trop sacrés à son souvenir et à ses consolations, pour ne point participer à ses bonnes grâces. Il fut les visiter. Sa présence excita, parmi ces intéressantes orphelines, un enthousiasme inexprimable: elles se jetèrent à ses pieds, à ses genoux, et les couvrirent de leurs larmes et de leurs embrassemens. Il s'était servi d'une cuiller pour goûter leurs alimens; après son départ chacune voulut la posséder: elles la mirent en pièces et se la partagèrent. La plupart avaient tressé des bagues en crin, sur lesquelles se trouvaient tracées des devises patriotiques, ou l'expression naïve de leurs sentimens pour Napoléon. L'Empereur ayant daigné en agréer quelques-unes et les placer à ses doigts, chaque orpheline voulut obtenir la même faveur; elles se précipitèrent sur lui, s'emparèrent de ses mains, et en un instant les couvrirent de ces gages innocens de reconnaissance et d'amour. L'Empereur, ému, enchanté, se soumit, avec une complaisante bonté, aux douces étreintes de ces aimables enfans. Elles lui recommandèrent ingénuement de ne point donner les bagues qu'elles lui avaient offertes; il leur promit de les conserver, en leur assurant qu'elles seraient aussi précieuses à ses yeux que les bijoux de sa couronne.

La classe ouvrière, qui avait surnommé Napoléon, *le grand entrepreneur*, reçut aussi sa part des faveurs impériales. Les travaux commencés sous son règne, ensevelis dans la poussière sous celui des Bourbons, furent repris avec activité. La capitale redevint, comme autrefois, un vaste atelier; et les Parisiens, auxquels les étrangers avaient appris à connaître la beauté de leurs monumens, virent, avec un sentiment mêlé de reconnaissance et d'orgueil, que de nouvelles merveilles allaient embellir encore leur majestueuse cité.

Toutes les classes de la société reçurent enfin des témoignages de la sollicitude et de la justice de Napoléon. Pourquoi faut-il le dire? ses anciens compagnons de l'île d'Elbe furent seuls oubliés!

Tant que Napoléon n'avait eu d'autre trône que son rocher, ils s'étaient montrés aussi désintéressés que fidèles; lorsqu'il eut recouvré sa couronne, ils se flattèrent que leur dévouement serait généreusement récompensé.

Les uns, que l'honneur seul avait attachés au sort de Napoléon, jouissaient d'avance des louanges, des titres et des cordons qui leur seraient prodigués; les autres, animés de sentimens moins élevés, aspiraient à des biens plus réels. La garde et ses dignes chefs n'ambitionnaient que la seule faveur de conserver le glorieux titre de *grenadiers de l'île d'Elbe*. Vaines illusions! la pensée de l'Empereur, absorbée toute entière par d'autres soins, ne se reportait plus vers les braves qui avaient partagé son exil et ses malheurs. Cependant, ce moment d'oubli n'eut point le tems de dégénérer en ingratitude, il fut réparé: des grades, des dotations, des indemnités leur furent accordés; et s'ils n'eurent point à se louer complètement de Napoléon, ils cessèrent du moins d'avoir à s'en plaindre.

L'Empereur aurait désiré, par sentiment et peut-être aussi par ostentation, pouvoir reconnaître, d'une manière plus digne de lui, leurs services et leur attachement; il s'arrêta devant la crainte d'être accusé d'imiter les Bourbons, et de préférer les Français qui s'étaient exilés avec lui, aux Français restés fidèles à la mère-patrie.

Ces scrupules, il me semble, n'étaient point fondés.

Les émigrés avaient ensanglanté le sol qui les avait vus naître, par leurs armes ou par les guerres civiles qu'ils avaient entretenues et fomentées: et la nation indignée les avait long-tems combattus et maudits, comme les ennemis de son repos et de son bonheur.

Les Français revenus de l'île d'Elbe avec Napoléon, avaient au contraire versé leur sang pour la défense de la patrie. Ils étaient aimés, honorés, respectés; et les récompenses que l'Empereur eût pu leur décerner, au lieu d'indisposer la France, auraient accompli ses voeux. Elle en eût joui avec ce sentiment de plaisir et d'orgueil qu'éprouve une mère, lorsque, dans les lices ouvertes à la jeunesse, elle entend proclamer les triomphes de ses fils et voit briller sur leurs têtes le prix de leurs succès.

La politique exigeait, non moins que la justice, que Napoléon répandît, même avec prodigalité, ses bienfaits et ses grâces sur les hommes qui s'étaient dévoués pour lui. Dans sa position, il valait encore mieux passer pour prodigue que pour ingrat; mais la fortune le favorisait tellement, qu'il lui était permis de négliger un peu les moyens de s'assurer du faible appui des hommes.

Le rétablissement du gouvernement impérial, qui paraissait devoir éprouver quelques obstacles, s'opérait de tous côtés avec une promptitude et une facilité véritablement inouïs. Le maréchal Augereau, qui avait cherché, dans sa proclamation de 1814, à déshonorer l'Empereur, s'était empressé, dans une proclamation nouvelle, de lui faire amende honorable.

Le duc de Bellune, le comte Gouvion Saint-Cyr, après d'inutiles efforts pour contenir leurs troupes insurgées, avaient été forcés de se dérober, par la fuite, à leur mécontentement.

Les troubles suscités dans la Vendée et le Calvados, par quelques volontaires royaux, avaient été apaisés, et les perturbateurs désarmés.

La maison militaire du roi s'était soumise à son licenciement, et avait rendu docilement ses armes et ses chevaux.

La famille royale enfin avait évacué le territoire impérial.

L'Empereur voulut instruire lui-même son armée de ces heureux résultats.

«Grâce au peuple Français et à vous, dit-il en passant les troupes en revue le 27 Mars, le trône impérial est rétabli. Il est reconnu dans tout l'empire, sans qu'une goutte de sang ait été versée. Le comte de Lille, le comte d'Artois, le duc de Berry, le duc d'Orléans ont passé la frontière du nord, et sont allés chercher un asile chez l'étranger. Le pavillon tricolor flotte sur les tours de Calais, de Dunkerque, de Lille, de Valenciennes, de Condé, etc. Quelques bandes de Chouans avaient cherché à se former dans le Poitou et la Vendée; l'opinion du peuple et la marche de quelques bataillons ont suffi pour les dissiper. Le duc de Bourbon qui était venu fomenter des troubles dans les provinces, s'est embarqué à Nantes.

«Qu'ils étaient insensés, continua l'Empereur, et qu'ils connaissaient mal la nation, ceux qui croyaient que les Français consentiraient à recevoir un prince des mêmes mains qui avaient ravagé notre territoire, et qui, à l'aide de la trahison, avaient un moment porté atteinte à nos lauriers!»

Le Roi, qui s'était d'abord réfugié à Lille, venait en effet de se retirer à Gand. Sa Majesté avait donné l'ordre à sa maison et aux princes de venir le rejoindre dans cette ville, où son intention paraissait être de se maintenir et de convoquer les chambres. Mais le Maréchal Duc de Trévise, gouverneur de la division, lui déclara qu'il ne répondrait plus de ses troupes, si l'on faisait entrer dans la place les mousquetaires, les gardes-du-corps, etc., et lui conseilla de se rendre à Dunkerque, qui, par sa position, géographique et le dévouement de ses habitans, lui offrirait la facilité d'attendre sans danger l'issue des événemens. M. de Blacas et les émigrés qui entouraient le Roi, lui remontrèrent vivement qu'il ne serait point en sûreté dans cette place, et que ce n'était plus que chez l'étranger qu'il pourrait être à l'abri des poursuites de Napoléon. Le Duc de Trévise insista; et le Roi, malgré les prières et l'effroi du Comte de Blacas et des autres courtisans, avait résolu de suivre l'avis du Maréchal, lorsque des dépêches du Comte d'Artois, reçues dans la nuit, le déterminèrent à passer la frontière.

L'Empereur avait cru d'abord que le projet de Louis XVIII, était de retourner en Angleterre; il s'en était réjoui: et ce ne fut pas sans un déplaisir extrême, qu'il sut que ce Prince se proposait de rester en observation sur les frontières de la Belgique. Mais si cette résolution, à laquelle le Roi dut peut-être le recouvrement de son trône, déplut à Napoléon, elle ne lui inspira pas du moins, comme de misérables écrivains l'ont prétendu, le désir criminel d'attenter à la vie et à la liberté des Bourbons.

Les ordres donnés au général Excelmans portaient seulement de pousser pied à pied, hors de la France, le Roi et les Princes. Jamais il ne lui fut commandé «ni de s'assurer de leurs personnes, ni de les tuer en cas de résistance.»

Les instructions données en même tems au Maréchal Ney, envoyé en mission sur les frontières du nord et de l'est, prescrivaient aussi, et mot à mot, «de faire respecter la famille royale, et de lui faciliter tous les moyens de sortir librement et paisiblement de la France[81]».

On a soutenu que le Duc de Bassano, chargé momentanément du portefeuille de l'intérieur, avait transmis à M. Siméon, alors préfet royal à Lille, l'ordre d'arrêter le Roi. Le Duc de Bassano indigné de cette odieuse imputation, avait voulu ne point quitter le sol français sans l'avoir repoussée. Il se proposait de sommer M. Siméon de déclarer la vérité, et sa déclaration aurait été rendue publique par la voie de l'impression et des journaux, si la police ne s'y fût opposée.

Le Roi quitta Lille le 25 Mars. Le Duc d'Orléans, qui avait suivi sa Majesté, et que le Roi, en partant, avait investi du commandement de cette place, n'en sortit que vingt-quatre heures après: il adressa au Maréchal Mortier la lettre suivante.

> Je vous remets en entier, mon cher Maréchal, le commandement que j'avais été si heureux d'exercer avec vous dans le département du Nord. Je suis trop bon Français pour sacrifier les intérêts de la France, parce que de nouveaux malheurs me forcent à la quitter. Je pars pour m'ensevelir dans la retraite et l'oubli. Le Roi n'étant plus en France, je ne puis plus transmettre d'ordres en son nom; et il ne me reste qu'à vous dégager de l'observation de tous les ordres que je vous avais transmis, en vous recommandant de faire tout ce que votre excellent jugement et votre patriotisme si pur vous suggéreront de mieux, pour les intérêts de la France, et de plus conforme à tous les devoirs que vous avez à remplir.

L'Empereur, après avoir lu cette lettre, se tourna vers le duc de Bassano, et lui dit: «Voyez ce que le duc d'Orléans écrit à Mortier; cette lettre lui fait honneur. *Celui-là a toujours eu l'âme française.*»

Je lui appris alors qu'on m'avait assuré que le duc d'Orléans en se séparant de ses officiers, avait dit à l'un deux, le colonel Athalin: «Allez, Monsieur, reprendre la cocarde nationale; je m'honore de l'avoir portée, et je voudrais pouvoir la porter encore». L'Empereur parut frappé de ces paroles, et ne répliqua rien. Quelques momens après, il me demanda si je n'avais pas une lettre de madame la duchesse d'Orléans. Je la lui remis, il la lut, et dit: «Je veux que sa mère *soit traitée avec les égards qu'il mérite*». Et il ordonna que la duchesse, dont les biens venaient d'être remis sous le séquestre, recevrait annuellement du trésor public trois cents mille francs d'indemnité. Une autre indemnité de cent cinquante mille francs fut accordée en même tems à madame la duchesse de Bourbon.

Le duc de Bourbon, quoique l'Empereur eût annoncé son embarquement, ne partit cependant que plusieurs jours après. Sa présence et sa proclamation avaient excité un soulèvement partiel dans l'arrondissement de Beaupréau: mais convaincu par ses yeux et par les rapports de ses principaux officiers, que la masse des Vendéens resterait immobile, il avait accédé aux voeux exprimés par le colonel Noirot, commandant de la gendarmerie, dans la lettre qui suit:

> MONSEIGNEUR, ce ne sera pas en vain, j'en ai l'assurance, que j'invoquerai les effets de votre magnanimité. Vous pouvez d'un mot calmer une effervescence dont les premiers résultats peuvent encore une fois ensanglanter la trop malheureuse Vendée; ce mot, Votre Altesse le prononcera, et tout rentrera dans l'ordre. Vous jugerez aussi, Monseigneur, qu'un plus long séjour dans l'arrondissement de Beaupréau, en compromettant la sûreté intérieure du pays, compromettrait aussi la sûreté personnelle de Votre Altesse.
>
> Daignez donc, je vous en conjure, Monseigneur, vous rendre aux voeux que je forme pour votre bonheur et celui de mon pays. Tous les moyens de sûreté que désirera Votre Altesse, pour se rendre à la destination qu'elle aura choisie, je les lui garantis.

Cette lettre que je me suis plu à citer, pour prouver quel était le langage des hommes du 20 mars, ne fut point impuissante. Le duc de Bourbon chargea son aide-de-camp de s'entendre avec le colonel Noirot, et il fut arrêté que Son Altesse abandonnerait la Vendée et s'embarquerait à Nantes pour l'Angleterre.

Par des raisons que j'ignore, le prince ne remplit point ses engagemens. Il quitta effectivement Beaupréau, mais rôda quelque tems encore sur les côtes, sous un nom et avec un passe-port supposés. Le général ***[82] le reconnut et respecta son déguisement. L'Empereur approuva cette déférence et donna l'ordre de se borner à le forcer de s'éloigner; le père du duc d'Enghien était devenu sacré pour la France et pour lui!

De toute la famille des Bourbons, le duc et la duchesse d'Angoulême persistaient seuls à lutter contre leur mauvaise fortune.

Madame se trouvait à Bordeaux au moment du débarquement. L'entrée de Napoléon à Paris, la fuite du Roi, la défection générale de l'armée n'abattirent point son courage. Elle fit prendre les armes à la Garde nationale; elle courut aux casernes haranguer les soldats, et leur rappeler ce qu'ils devaient à leurs sermens, à leur Roi. De nombreux bataillons de volontaires s'organisèrent en un instant, et furent chargés, par ses ordres, de défendre les avenues de la ville, d'intercepter les communications et de contenir le peuple.

Cependant, le général Clausel, nommé par l'Empereur commandant supérieur de la 11ème division, s'était avancé jusqu'à Saint-André de Cubsac (six lieues de Bordeaux), à la tête d'environ vingt-cinq gendarmes ralliés en route, et de cent cinquante hommes de la garnison de Blaye qui, instruits par ses émissaires de son arrivée, étaient accourus au devant de lui.

À son approche, un bataillon de volontaires posté à Cubsac, avec deux pièces de canon, se retira précipitamment à Saint-Vincent, et s'y réunit à d'autres volontaires pour défendre en commun le passage de la Dordogne.

Les soldats du général Clausel tentèrent de s'emparer du pont volant, et furent accueillis par plusieurs décharges d'artillerie et de mousqueterie qu'elles reçurent sans riposter. Leur chef, voulant éviter la guerre civile, fit demander qu'on lui envoyât un parlementaire. Les Bordelais lui ayant député leur commandant, M. de Martignac, il chargea cet officier de leur faire connaître que son intention, n'était point d'attenter, en aucune manière, à la sûreté des personnes et de leurs propriétés, et qu'il les conjurait, au nom de la patrie, de ne point verser inutilement le sang français.

Néanmoins, quelques démonstrations hostiles furent continuées de part et d'autre; mais les volontaires royaux s'effrayèrent à la vue de trois bateaux qu'ils crurent chargés de troupes, et prirent la fuite.

Le général Clausel, devenu maître de la Dordogne, se disposait à la passer, lorsque M. de Martignac revint lui annoncer que Madame la Duchesse d'Angoulême consentait à se retirer, et que la ville serait remise dans vingt-quatre heures.

Madame, au lieu de remplir cette double promesse, se laissa subjuguer par le désir et l'espoir de prolonger la défense. Elle assembla la Garde nationale, et fit de nouveaux efforts pour attirer dans le parti royal les troupes de la garnison.

Le général Clausel l'aperçut de loin, passant en revue les gardes nationaux et volontaires; il fit rappeler le parlementaire, et se plaignit de l'inexécution des promesses qui lui avaient été faites. M. de Martignac s'excusa sur les dispositions où se trouvaient la Garde nationale et la garnison, de ne plus rendre la ville. Le Général, reconnaissant alors que les Bordelais se flattaient d'être secondés par les troupes de ligne, assura M. de Martignac qu'elles n'attendaient, au contraire, qu'un signal convenu, pour se déclarer en faveur de la cause impériale. M. de Martignac parut en douter: le Général fit aussitôt agiter en l'air un drapeau, et sur le champ l'étendard tricolore fut arboré sur le Château-Trompette[83].

Les Bordelais, stupéfaits et consternés, demandèrent à capituler. Le général Clausel s'empressa d'acquiescer à toutes leurs propositions, et le lendemain ils lui ouvrirent les portes de leur ville.

L'Empereur fut très-satisfait de l'heureuse issue de cette affaire. Il donna l'ordre de publier sur-le-champ l'ordre du général Clausel; mais ce rapport n'étant qu'une relation militaire, il y ajouta lui-même les détails supplémentaires ci-après, qu'il fit insérer dans le *Moniteur* sous la rubrique de Bordeaux.

> La conduite ferme et courageuse du général Clausel nous a évité de grands malheurs: le passage de la Dordogne avait produit ici une vive impression. Avant qu'il fût arrivé à la Bastide, la duchesse d'Angoulême, en proie à une terreur qu'elle ne pouvait cacher, lui fit promettre qu'elle quitterait Bordeaux dans la matinée du 1er avril; c'est ce qui détermina le général Clausel à s'arrêter à la Bastide, en face de Bordeaux, sur la rive droite de la Garonne, où il arriva le 31 Mars au soir. La duchesse d'Angoulême voulut profiter de ce délai pour ne point tenir ses promesses; elle se porta aux casernes, fit réunir les troupes, et chercha à leur persuader de défendre l'entrée de Bordeaux au général Clausel. Les officiers de tout grade lui déclarèrent nettement qu'ils auraient pour elle le respect dû à son malheur, à son sexe; mais qu'étant Français, aucun motif ne pourrait les porter à prendre les armes contre les Français. La duchesse versa d'abondantes larmes; elle demanda que du moins les troupes restassent neutres, si les gardes nationales voulaient combattre pour elle. Les officiers répondirent qu'ils ne

tireraient point sur la garde nationale, mais qu'ils ne souffriraient point que celle-ci tirât sur les troupes du général Clausel; qu'ils ne voulaient pas qu'une seule goutte de sang français fût répandue. Les soldats se joignirent d'une voix unanime aux sentimens de leurs officiers. La duchesse se retira l'effroi dans l'âme et la menace à la bouche: elle était tremblante. Lorsqu'elle arriva sur le quai où la garde nationale était sous les armes, elle y fut reçue dans un silence profond; on entendait murmurer dans tous les rangs: *Point de combat, point de guerre civile.* La duchesse se hâta de se retirer dans le palais impérial d'où elle ordonna son départ[84]; à huit heures, elle avait quitté Bordeaux. Le feu qu'elle avait allumé, n'était pas éteint dans tous les coeurs. La garde nationale qui venait de tenir une conduite si sage, avait à côté d'elle des hommes effrénés; c'étaient des hommes de la lie du peuple, formant la masse des compagnies de volontaires royaux: ces hommes qui n'avaient été enrôlés qu'à prix d'argent, comptaient sur le pillage. Leurs espérances étaient déjouées par la fermeté de la garde nationale. Un petit nombre de furieux tirèrent sur la compagnie de M. Troplong, qui passait pour être animée du meilleur esprit; les gardes nationales ripostèrent. Les volontaires s'enfuirent, mais le capitaine Troplong avait été atteint mortellement. Il vient d'être enterré avec tous les honneurs militaires; plus de dix mille personnes ont suivi le convoi de cet excellent citoyen. Les regrets qu'on a donnés à sa mort ont suspendu un moment l'allégresse de ce peuple, heureux d'être enfin délivré des maux dont il était menacé.

L'énergie et l'intrépidité que déploya dans cette circonstance la petite fille de Marie-Thérèse excita les éloges de l'Empereur, et lui inspira ce mot si connu: *C'est le seul homme de la famille.*

Il admira également la contenance ferme et respectueuse qu'avaient conservés, au milieu des provocations et des reproches de la Duchesse, les régimens de la garnison. «Tout ce qui s'est passé à Bordeaux, dit-il, est vraiment extraordinaire, et je ne sais ce qui doit étonner le plus, de la noble audace de Madame d'Angoulême, ou de la patience magnanime de mes soldats.»

L'effervescence des Bordelais était assoupie; il restait encore à pacifier la Provence et le Languedoc, où le Duc d'Angoulême avait fait naître et entretenu le feu de l'insurrection.

Ce prince ayant appris à Toulouse que l'Empereur était descendu au Golfe Juan, se transporta sur-le-champ dans les principales villes du midi, et fit prendre les armes aux partisans des Bourbons et de la royauté.

Trois mille deux cents Marseillais, et trois mille cinq cents volontaires de Nismes, d'Avignon et de Montpellier, se rangèrent sous ses drapeaux.

Le 10ème, 55ème et 83ème régimens de ligne, composés chacun d'environ neuf cents hommes; les dépôts du 9ème et du 87ème d'infanterie, forts de cinq cent cinquante combattans, deux cent cinquante chasseurs à cheval du 14ème régiment, cent cinquante artilleurs et trois cents soldats du régiment royal étranger, furent tirés de leurs garnisons respectives, et formèrent, avec les volontaires royaux, une armée de douze mille hommes, qui devait s'accroître, par les levées qu'on opérait journellement dans les provinces soumises au gouvernement royal, et par les secours que le Prince s'était empressé de demander au Roi de Sardaigne et à la Suisse, et qu'il espérait en obtenir.

Le Duc d'Angoulême divisa son armée en deux corps.

Le premier commandé par le Général Ernouf, ayant sous ses ordres les Maréchaux-de-camp Gardanne et Loverdo, se dirigea sur Grenoble ou Sisteron.

Le deuxième, commandé par le Prince en personne, et sous ses ordres par le Lieutenant-Général Monnier, le Baron de Damas et le Vicomte d'Escars, suivit la route de Valence.

Les deux corps, après avoir soumis le pays et rallié les royalistes, devaient se réunir à Grenoble, et marcher ensemble sur Lyon.

L'avant-garde du deuxième corps, conduite par M. d'Escars, n'éprouva de résistance sérieuse qu'au passage de la Drôme.

Le général Debelle, à la tête de quelques hussards du quatrième, d'un bataillon du trente-neuvième, et d'environ huit cents gardes nationaux, s'était laissé chasser de Loriol, et s'était retiré, tant bien que mal, derrière la Drôme.

Les volontaires de Vaucluse, protégés par l'artillerie royale, passèrent la rivière à gué, et vinrent se poster sur le flanc gauche des gardes nationaux; au même moment, le prince fit attaquer le pont par le dixième de ligne. Cette manoeuvre n'intimida point les gardes nationales; elles tinrent ferme; et le dixième, malgré l'ardeur que lui inspirait l'exemple du duc d'Angoulême, allait plier, lorsque plusieurs voltigeurs, qui se trouvaient en tête, reconnurent, parmi leurs adversaires, d'anciens camarades; ils commencèrent mutuellement par cesser leur feu, et finirent par s'embrasser aux cris de *vive l'Empereur!*

Pendant la durée de leur colloque et de leurs embrassemens, le reste du dixième régiment regagna du terrain; les Impériaux, croyant qu'ils venaient se jeter dans leurs bras, s'avancèrent sans défiance; une décharge les détrompa: la confusion se mit dans les troupes du général Debelle; il ne fit rien pour les rallier, et la déroute devint complète. Une partie des Impériaux furent pris par les royalistes, les autres se réfugièrent dans les montagnes, ou furent porter à Grenoble et à Valence la nouvelle de leur défaite.

Le lendemain 5 avril, le duc d'Angoulême et son armée victorieuse entrèrent à Valence, et, sans perdre de tems, se portèrent à Romans sur l'Isère.

Le premier corps, après avoir occupé Sisteron, s'était divisé en deux colonnes: l'une, ayant à sa tête le général Loverdo, s'était portée sur Lamure; l'autre, commandée par le général Gardanne, avait pris Gap en passant, et s'était avancée jusqu'à Travers, où venaient de prendre position, la garnison de Grenoble et les gardes nationales de Vizille, de Lamure et des communes environnantes.

Tout, jusqu'à ce jour, avait favorisé les voeux de l'armée royale; elle marchait de succès en succès; et le bruit de ses victoires, accrues par la peur et la renommée, avait répandu la consternation et l'effroi à Grenoble et à Lyon.

L'Empereur lui-même fut inquiet. En partant de Lyon, il avait prévu la possibilité d'un soulèvement partiel dans le midi; et, rassuré par l'énergie et le patriotisme des Dauphinois, il s'était reposé sur eux du soin de défendre leur territoire et leur capitale. Mais, s'ils étaient assez forts pour repousser les agressions des royalistes, ils n'étaient point en état de résister aux quatre mille soldats qui avaient embrassé leur cause et combattaient dans leurs rangs.

Le général Grouchy reçut l'ordre de voler à Lyon, et de faire lever en masse les gardes nationales du Dauphiné, du Lyonnais et de la Bourgogne.

Au nom de l'Empereur et de la patrie, tout se mit en mouvement; les patriotes de la Drôme et de l'Isère sortirent de leurs montagnes; les Lyonnais quittèrent leurs ateliers; les Bourguignons se mirent spontanément en marche, les officiers réformés à leur tête.

Cet élan patriotique fut si unanime, que les routes se couvrirent en un instant de gardes nationales, et que le général Corbineau, à qui l'Empereur avait donné la mission d'accélérer leur départ, fut au contraire obligé de l'empêcher. Mais toutes ces dispositions, tristes présages de la guerre civile, ne furent point heureusement nécessaires.

Les troupes du général Gardanne, pendant leur séjour à Gap, avaient eu connaissance des proclamations de l'Empereur; elles avaient réveillé leurs souvenirs, électrisé leurs âmes; et le cinquante-huitième arbora la cocarde tricolore.

La défection de ce régiment fut bientôt connue de la division du général Loverdo; et, malgré les efforts de ce général, une partie du quatorzième de chasseurs, et le quatre-vingt-troisième tout entier, embrassèrent également la cause impériale. Les autres soldats, quoique fidèles en apparence, n'inspiraient plus de confiance à leurs généraux; «ils ne pouvaient parler à un seul habitant du pays, sans en recevoir des impressions absolument contraires au parti du roi[85]», et l'on s'attendait à chaque instant à les voir déserter à l'ennemi.

Le général Loverdo, impatient de combattre, et croyant pouvoir se passer de leur assistance, voulut, avec le seul appui de ses volontaires royaux, forcer le défilé de Saulces, en avant de Gap; mais cette attaque, aussi téméraire qu'inutile, n'eut aucun succès, et il fut forcé de se replier sur Sisteron.

Le deuxième corps, contenu par la présence du duc d'Angoulême, n'avait perdu qu'un petit nombre de soldats; l'ordre de se porter en avant venait d'être donné, lorsque le prince reçut à la fois de toutes parts les nouvelles les plus accablantes.

D'un côté, il apprit la défection des troupes réglées du général Ernouf, et sa retraite forcée sur Sisteron.

De l'autre, il fut prévenu que le général Grouchy s'avançait à sa rencontre avec des forces formidables.

Un troisième avis l'informait que le parti royal à Nismes et à Toulouse s'était dissous sans résistance; que M. de Vitrolles, chef du comité d'insurrection, avait été arrêté, et que les patriotes et les troupes de la neuvième division, réunis sous les ordres du général Gilly, s'étaient portés sur ses derrières, avaient repris de vive force le pont Saint-Esprit et dépassé le Rhône.

Des dépêches de Turin lui annoncèrent enfin qu'il ne fallait plus compter sur les secours des Suisses et sur les promesses du roi de Sardaigne.

Le prince fit sonner la retraite et se retira sur Valence.

L'Empereur, qui, suivant sa coutume, prenait la peine de composer lui-même les articles du Moniteur relatifs à cette petite guerre, rendit compte ainsi de l'évacuation de Valence:

> *Valence, le 7 avril.*—Le duc d'Angoulême a fait ici une triste figure; le tocsin sonnait dans tout le Dauphiné, et de nombreux bataillons de gardes nationales étaient partis de Lyon. Le duc d'Angoulême, informé de leur arrivée, s'est mis à la débandade avec les quatre mille insurgés qui sont sous ses ordres. Les troupes de ligne, instruites par nos concitoyens qu'il était question de la cause de la nation contre quelques familles privilégiées, de celle du peuple

contre la noblesse, et enfin, de celle de la révolution contre la contre-révolution, ont subitement changé de parti: cependant, l'armée compte trois traîtres qui paraissent s'être rangés du parti des ennemis de la patrie: ce sont les généraux Ernouf, Monnier et d'Aultanne[86].

L'Empereur avait également le soin de rendre publiques les correspondances qu'on parvenait à intercepter; et comme les unes annonçaient *l'intention de séparer la paille du bon grain et de la jeter au feu*; les autres, *de faire pendre, sans pitié et sans exception, tous les rebelles*; et que d'autres, enfin, *conviaient l'Espagne, la Suisse et le roi de Piémont de venir mettre la France à la raison*, elles contribuaient, non moins puissamment que le succès de l'armée impériale, à détacher de la cause des Bourbons tous les Français ennemis de la trahison, des potences et des étrangers.

Le général Grouchy, informé de la retraite du duc d'Angoulême, mit des troupes légères à sa poursuite; la plupart des chasseurs du quatorzième et des artilleurs se réunirent aux Impériaux. Les volontaires du midi, qui jusqu'alors n'avaient point mis de bornes à leurs présomptueuses espérances, ne surent point en mettre à leur frayeur; aussi lâches dans le malheur qu'arrogans dans la prospérité, ils abandonnèrent leur général à l'approche du danger; et tous, à l'exception de quelques centaines de braves, cherchèrent leur salut dans la fuite.

Le duc d'Angoulême, entouré des faibles débris de leurs bataillons, et du 10ème de ligne toujours fidèle, continuait jour et nuit sa marche rétrograde, et traversait silencieusement les lieux que son armée, quelques jours auparavant, avait fait retentir de ses cris de *victoire*; les montagnards qui avaient eu tant à souffrir des exactions et des mauvais traitemens des volontaires royaux, répétaient à leur tour, *Malheur aux vaincus!* et ne permettaient point au duc d'Angoulême et aux siens de goûter un seul instant de repos. Pressé d'un côté par les colonnes de Grouchy, de l'autre par les troupes du général Gilly; enfermé, sans espoir de secours, entre la Drôme, le Rhône, la Durance et les montagnes, le duc d'Angoulême n'avait que deux ressources: l'une d'abandonner son armée, et de gagner, à travers les montagnes, Marseille ou le Piémont; l'autre de se soumettre, avec ses compagnons d'infortune, aux lois du vainqueur. Le prince ne voulut point séparer son sort de celui de son armée. Il consentit à se rendre. Le baron de Damas et le Général Gilly réglèrent les articles de la capitulation, et il fut convenu que le prince licencierait son armée et s'embarquerait à Cette. La dépêche télégraphique, annonçant cette nouvelle, fut apportée sur-le-champ à l'Empereur par le duc de Bassano; et ce ministre, malgré l'opposition de plusieurs personnages, décida Napoléon à répondre par le télégraphe qu'il approuvait la capitulation. Au même instant, une seconde dépêche annonça que le général Grouchy n'avait pas cru devoir autoriser, sans l'aveu de l'Empereur, l'exécution de la convention, et que le duc d'Angoulême s'était constitué prisonnier. M. de Bassano se hâta de transmettre les premiers ordres de Napoléon, et ne l'instruisit de l'annulation de la convention, que lorsque l'obscurité de la nuit eût rendu impossible toute communication télégraphique. L'Empereur eut connaissance de la noble hardiesse de son ministre, et au lieu de le gronder, il lui dicta la lettre suivante:

> M. le comte Grouchy, l'ordonnance du Roi en date du 6 mars et la déclaration signée le 13 à Vienne par ses ministres, pourraient m'autoriser à traiter le duc d'Angoulême comme cette ordonnance et cette déclaration voulaient qu'on me traitât moi et ma famille; mais, constant dans les dispositions qui m'avaient porté à ordonner que les membres de la famille des Bourbons puissent sortir librement de France, mon intention est que vous donniez des ordres, pour que le duc d'Angoulême soit conduit à Cette où il sera embarqué, et que vous veilliez à sa sûreté et à écarter de sa personne tout mauvais traitement. Vous aurez soin seulement de retirer les fonds qui ont été enlevés des caisses publiques, et de demander au duc d'Angoulême, qu'il s'oblige à la restitution des diamans de la couronne, qui sont la propriété de la nation[87]. Vous lui ferez connaître en même tems les dispositions des lois des Assemblées nationales, qui ont été renouvelées, et qui s'appliquent aux membres de la famille des Bourbons qui rentreraient sur le territoire français, etc.

Le duc d'Angoulême, en attendant la décision de Napoléon, fut gardé à vue. Il supporta cette nouvelle disgrâce avec calme et fermeté. Le marquis de Rivière, informé de sa détention, menaça le comte Grouchy, s'il ne lui rendait point la liberté, de livrer Marseille aux Anglais, et de faire insurger toute la Provence. Ces vaines menaces restèrent sans effet. Le sort du duc ne dépendait point du comte de Grouchy; ce n'était qu'à contre-coeur qu'il avait osé porter sur ce prince une main sacrilége; et il faisait des voeux pour que la décision de l'Empereur lui permît de briser ses chaînes.

Aussitôt que cette décision lui parvint, le général s'empressa d'assurer à M. le duc d'Angoulême les moyens de s'embarquer promptement, et prit, avec un zèle religieux, les mesures nécessaires pour qu'il fût traité, sur son passage, avec le respect qui lui était dû.

Le prince, arrivé à Cette, s'embarqua sur-le-champ, et se dirigea vers Cadix.

Sa capitulation et son départ entraînèrent bientôt la soumission de Marseille; et grâce à la prudence et à la fermeté du prince d'Essling, gouverneur de la division, le drapeau royal fut abattu et remplacé par le drapeau tricolor, sans désordre et sans effusion de sang.

L'Empereur nomma le général Grouchy maréchal d'Empire, non point qu'il fût émerveillé de sa conduite, car il savait qu'il n'avait pressé que mollement le duc d'Angoulême, mais pour donner de l'éclat à la disgrâce du prince et décourager les royalistes des autres parties de la France. Voulant en même tems punir la trahison commise par le 10ème au passage de la Drôme, il décréta que ce régiment porterait un crêpe à son drapeau, jusqu'à ce qu'il eût lavé, dans le sang ennemi, les armes qu'ils avaient trempées dans le sang français[88].

L'Empereur apprit par le télégraphe la soumission de Marseille et l'entière pacification du midi, au moment où il allait passer en revue la Garde nationale de Paris. C'était toujours dans de semblables circonstances que les grandes nouvelles parvenaient à l'Empereur; il semblait que la fortune, soigneuse de lui plaire, voulait encore embellir ses dons en les lui offrant à propos. Depuis son arrivée, il avait eu constamment le dessein de passer cette revue; mais l'inspection successive des troupes de ligne l'en avait détourné. On ne manqua point d'attribuer ce retard, si facile à expliquer, à la crainte que lui inspiraient les baïonnettes et les sentimens des légions de Paris. Sur ces entrefaites, quelques grenadiers ex-volontaires royaux, se répandirent contre lui en menaces, en imprécations; et il n'en fallut pas davantage pour alarmer les trembleurs de sa cour. Ils conjurèrent Napoléon de mêler à la revue, par précaution, quelques bataillons de sa garde: l'Empereur rejeta leurs prières et s'offensa de leurs terreurs; néanmoins, ils le firent accompagner, à son insu, par dix ou douze grenadiers, à qui l'on recommanda de ne point le perdre de vue un seul instant.

Tant que l'Empereur avait passé au pas dans les rangs, son escorte l'avait suivi, sans qu'il y fît attention. Mais quand il prit le galop, il s'apperçut que ses grenadiers galoppaient avec lui, il s'arrêta: «Que fais-tu là? dit-il à l'un d'eux. Va-t-en!» Le vieux grognard[89], qui savait qu'on craignait pour la vie de son général, fit mine de résister; l'Empereur le prit alors par son bonnet à poil, et le secouant fortement, lui répéta, en riant, l'ordre de se retirer: «Je veux que vous vous en alliez tous. Je ne suis entouré que de bons Français; je suis en sûreté avec eux comme avec vous.» Les gardes nationaux, qui entendirent ces paroles, s'écrièrent spontanément, «Oui, oui, Sire, vous avez raison; nous donnerions tous notre vie pour défendre la vôtre.» Encouragés par la familiarité que l'Empereur leur témoignait, ils quittèrent leurs rangs, et se pressèrent autour de lui: les uns lui serrèrent les mains, les autres les lui baisèrent; tous lui exprimèrent leur satisfaction et leur dévouement par des cris prolongés de *vive la nation! vive l'Empereur!*

L'Empereur, après cette scène imprévue, continua sa revue; il fit ensuite former en cercle les officiers, mit pied à terre, et leur adressa la parole à-peu-près en ces termes:

SOLDATS DE LA GARDE NATIONALE DE PARIS! je suis bien aise de vous voir. Je vous ai formés, il y a quinze mois, pour le maintien de la tranquillité publique dans la capitale et pour sa sûreté. Vous avez rempli mon attente. Vous avez versé votre sang pour la défense de Paris; et si des troupes ennemies sont entrées dans vos murs, la faute n'en est pas à vous, mais à la trahison, et surtout à la fatalité qui s'est attachée à nos affaires dans ces malheureuses circonstances.

Le trône royal ne convenait pas à la France; il ne donnait aucune sûreté au peuple sur ses intérêts les plus précieux; il nous avait été imposé par l'étranger. Je suis arrivé, armé de toute la force du peuple et de l'armée, pour faire disparaître cette tache, et rendre tout leur éclat à l'honneur et à la gloire de la France.

Soldats de la garde nationale! ce matin même, le télégraphe de Lyon m'a appris que le drapeau tricolor flotte à Antibes et à Marseille. Cent coups de canon, tirés sur nos frontières, apprendront aux étrangers que nos dissensions civiles sont terminées; *je dis les étrangers, parce que nous ne connaissons pas encore d'ennemis.* S'ils rassemblent leurs troupes, nous rassemblerons les nôtres. Nos armées sont toutes composées de braves qui se sont signalés dans plusieurs batailles, et qui présenteront à l'étranger une barrière de fer; tandis que de nombreux bataillons de grenadiers et de chasseurs des gardes nationales garantiront nos frontières. Je ne me mêlerai point des affaires des autres nations; malheur aux gouvernemens qui se mêleraient des nôtres! Des revers ont retrempé le caractère du peuple Français; il a repris cette jeunesse, cette vigueur qui, il y a vingt ans, étonnait l'Europe.

Soldats! vous avez été forcés d'arborer des couleurs proscrites par la nation; mais les couleurs nationales étaient dans vos coeurs: vous jurez de les prendre toujours pour signe de ralliement, et de défendre ce trône impérial, seule et naturelle garantie de nos droits; vous jurez de ne jamais souffrir que des étrangers, chez lesquels nous avons paru plusieurs fois en maîtres, se mêlent de nos constitutions et de notre gouvernement; vous jurez enfin de tout sacrifier à l'honneur et à l'indépendance de la France.

Ce serment fut prononcé avec enthousiasme. La Garde nationale montra qu'elle ne craignait point d'être prise au mot.

On avait appréhendé que la garde, qui en avait voulu long-tems aux Parisiens de s'être si promptement rendus en 1814, ne se permît quelques reproches offensans; mais Napoléon avait prescrit à ses grenadiers de se taire, et pour compléter la réconciliation, il la fit cimenter par un dîner que la Garde impériale offrit à la Garde nationale et à la garnison de Paris.

Quinze mille hommes de toutes armes se réunirent au Champ de Mars, sous les yeux du peuple Parisien; les chants joyeux des soldats et des citoyens se répondaient tour à tour et donnaient à cette fête un caractère vraiment national.

Le repas achevé, une foule nombreuse de soldats, d'officiers et de gardes nationaux se mirent en marche vers les Tuileries, portant le buste de Napoléon couronné de lauriers. Arrivés sous les fenêtres de Sa Majesté, ils la saluèrent par mille et mille acclamations; ils se rendirent ensuite à la Place Vendôme, et déposèrent religieusement, au pied du monument élevé à la gloire de nos armées, l'image du héros qui les avait conduites à la victoire. L'Empereur, aussitôt qu'il en fut informé, m'ordonna d'écrire au ministre de la police de faire enlever le buste dans la nuit. «Ce n'est point à la suite d'une orgie, dit-il avec fierté, que mon effigie doit être rétablie sur la colonne.»

Chacun sait en effet, que la statue de Napoléon, qui couronnait autrefois ce monument, en avait été arrachée dans les premiers jours de la restauration; et ce n'était point à des citoyens isolés et sans mission, qu'il appartenait de réparer cet outrage.

Ce furent quelques royalistes, à la tête desquels figuraient M. de Maubreuil et M. Sostène de la Rochefoucault, qui se rendirent coupables de cette profanation. M. de la Rochefoucault, dont la famille avait eu tant de part aux largesses et aux bontés de Napoléon, passa lui-même la corde au cou de son bienfaiteur, dans l'intention de le faire traîner dans la boue par quelques vagabonds qu'il avait soudoyés; mais la statue se joua de ses efforts; il n'en recueillit, d'autre fruit que le blâme des honnêtes gens et le mépris des étrangers[90].

La colonne elle-même offusqua long-tems les regards jaloux des ennemis de notre gloire: ils en conspirèrent la destruction, et l'auraient accomplie, s'ils l'eussent osé. L'histoire, qui ne laisse rien impuni, flétrira (je l'espère) ces mauvais Français, ces nouveaux Vandales, d'un opprobre éternel. Elle inscrira leurs noms et leurs voeux sacrilèges au pied de la colonne immortelle qu'ils voulurent renverser. Elle dira sans doute aussi que les fédérés, les officiers à demi-solde et tous les partisans de Napoléon, qu'on se plaît à représenter comme des forcenés, comme des brigands, respectèrent, pendant les cent jours, la statue de Henri IV, quoique cette statue, placée à la hauteur de leurs coups, et reconstruite en matière fragile, eût pu succomber au moindre choc.

Napoléon avait dit à la Garde nationale de Paris: nous ne connaissons point encore d'ennemis. Ces paroles étaient vraies. On avait remarqué que les troupes étrangères se concentraient sur nos frontières, mais aucune de leurs dispositions ne paraissait hostile, et Napoléon pouvait encore raisonnablement espérer que ses soins pour maintenir la pais ne seraient point infructueux.

Dès le jour même de son entrée à Lyon, il s'était empressé de faire déclarer, par le Prince Joseph, aux ministres d'Autriche et de Russie près la diète Helvétique, qu'il était prêt à ratifier le traité de Paris.

Arrivé dans la capitale, il apprit que les ministres étrangers, et particulièrement le Baron de Vincent, ministre d'Autriche, et M. Boudiakeen, chargé d'affaires de Russie, ne l'avaient point encore quittée, faute de passe-ports.

Il fit entraver le départ de M. Vincent et de M. de Boudiakeen, et chargea le Duc de Vicence de les voir et de leur renouveler l'assurance de ses dispositions pacifiques.

M. le Baron de Vincent se refusa d'abord à toute espèce de communication et de pourparlers; mais il consentit ensuite à se trouver avec M. de Vicence dans une maison tierce. Ils eurent ensemble une conférence chez Madame de Souza. M. de Vincent ne dissimula point la résolution des alliés de s'opposer à ce que Napoléon conservât le trône. Mais il fit entrevoir qu'il pensait que son fils n'inspirerait point la même répugnance. Il s'engagea néanmoins à faire connaître à l'Empereur d'Autriche les sentimens de Napoléon; et consentit à se charger d'une lettre pour l'impératrice Marie-Louise[91].

M. de Boudiakeen, après avoir également refusé l'entretien proposé par le duc de Vicence, finit aussi par l'accepter. Il fut convenu qu'ils se rencontreraient chez mademoiselle Cauchelet, dame du palais de la princesse Hortense.

M. de Jaucourt avait oublié, dans le porte-feuille des affaires étrangères, un traité secret par lequel l'Angleterre, l'Autriche et la France s'étaient mutuellement engagées à s'opposer, de gré ou de force, au démembrement de la Saxe, que conspiraient ouvertement la Russie et la Prusse.

L'Empereur pensa que ce traité pourrait peut-être aliéner aux Bourbons l'intérêt de ces deux puissances, et jeter, parmi les alliés, la défiance et la discorde. Il ordonna au duc de Vicence de le mettre sous les yeux du ministre russe, et de le lui représenter comme une preuve nouvelle de l'ingratitude dont la cour des Tuileries payait les nombreux bienfaits de l'empereur Alexandre. L'existence de cette triple alliance était ignorée de M. de Boudiakeen, et parut lui faire éprouver autant de surprise que de mécontentement. Mais il déclara que les principes de son souverain lui étaient trop connus, pour qu'il osât se flatter que la circonstance de ce traité, ou tout autre, pût opérer, dans ses dispositions, quelque changement favorable. Il promit cependant de lui reporter fidèlement l'entretien, qu'il avait eu avec M. de Vicence, et de lui exprimer le désir manifesté par l'Empereur Napoléon de redevenir l'allié et l'ami de la Russie.

L'Empereur, pour donner plus d'empire à ces propositions, chargea la princesse Hortense de les confirmer personnellement à l'empereur Alexandre. Il fit écrire aussi au prince, Eugène et à la grande duchesse Stéphanie de Bade, pour les inviter à renouveler les mêmes assurances à ce souverain, et à ne négliger aucun moyen de le détacher de la coalition.

L'Empereur enfin fit faire des ouvertures au cabinet de Londres, par l'intermédiaire d'un personnage indiqué par le duc d'Otrante; et, pour captiver les suffrages du parlement, et donner au ministère anglais un gage anticipé de ses bonnes dispositions, il abolit, par un décret spontané, la traite des nègres.

Après avoir usé de ces voies détournées, Napoléon pensa qu'il était de son devoir, comme de sa dignité, de donner à la manifestation de ses dispositions pacifiques un caractère authentique et solennel.

Il écrivit donc aux souverains étrangers une lettre ainsi conçue:

> MONSIEUR MON FRÈRE, vous aurez appris, dans le cours du mois dernier, mon retour sur les côtes de France, mon entrée à Paris, et le départ de la famille des Bourbons. La véritable nature de ces événemens doit être maintenant connue de Votre Majesté: ils sont l'ouvrage d'une irrésistible puissance, l'ouvrage et la volonté unanime d'une grande nation, qui connaît ses devoirs et ses droits. La dynastie que la force avait rendu au peuple Français, n'était point faite pour lui: les Bourbons n'ont voulu s'associer ni à ses sentimens, ni à ses moeurs. La France a dû se séparer d'eux. Sa voix appelait un libérateur: l'attente qui m'avait décide au plus grand des sacrifices, avait été trompée. Je suis venu, et du point où j'ai touché le rivage, l'amour de mes peuples m'a porté jusqu'au sein de ma capitale. Le premier besoin de mon coeur est de payer tant d'affection par le maintien d'une honorable tranquillité. Le rétablissement du trône impérial étant nécessaire au bonheur des Français, ma plus

douce pensée est de la rendre en même tems utile à l'affermissement du repos de l'Europe. Assez de gloire a illustré tour à tour les drapeaux des diverses nations, les vicissitudes du sort ont assez fait succéder de grands revers et de grands succès; une plus belle arène est aujourd'hui ouverte aux souverains, et je suis le premier à y descendre. Après avoir présenté au monde le spectacle de grands combats, il sera plus doux de ne connaître désormais d'autres rivalités que celles des avantages de la paix, d'autre lutte que la lutte sainte de la félicité des peuples. La France se plaît à proclamer avec franchise ce noble but de tous ses voeux. Jalouse de son indépendance, le principe invariable de sa politique sera le respect le plus absolu pour l'indépendance des autres nations: si tels sont, comme j'en ai l'heureuse confiance, les sentimens personnels de Votre Majesté, le calme général est assuré pour long-tems, et la justice, assise aux confins des états, suffit seule pour en garder les frontières.

Paris, ce 4 Avril.

Le duc de Vicence reçut l'ordre d'exprimer personnellement aux ministres étrangers les sentimens dont l'Empereur était animé; mais les courriers, porteurs de ces dépêches, ne purent parvenir à leurs destinations: l'un fut arrêté à Kelh; un autre à Mayence; un troisième, expédié en Italie, ne put dépasser Turin; les communications étaient interrompues. On se conformait déjà aux dispositions de la déclaration du congrès de Vienne du 13 mars.

Cette déclaration, transmise directement par les émissaires du roi aux préfets des villes frontières, et propagée par les royalistes, circulait dans Paris. Les petits journaux avaient signalé son apparition, et s'étaient réunis pour affirmer qu'un tel acte était indigne des monarques alliés, et ne pouvait être l'ouvrage que de la malveillance et de la calomnie.

Cependant, comme il ne devenait plus possible de révoquer en doute sa légitimité, il fallut bien se résoudre à ne plus en faire un mystère à la France, et il en fut rendu compte ainsi le 15 avril dans le *Moniteur*.

CONSEIL DES MINISTRES.

Séance du 29 mars.

Le duc d'Otrante, ministre de la Police générale, expose qu'il va donner au conseil lecture d'une déclaration, datée de Vienne, le 13, et qu'on suppose émanée du congrès;

Que cette déclaration, provoquant l'assassinat de l'Empereur, lui paraît apocryphe; que si elle pouvait être vraie, elle serait sans exemple dans l'histoire du monde; que le style de libelle dans lequel elle est écrite, donne lieu de penser qu'il faut la classer au nombre de ces pièces fabriquées par l'esprit de parti, et par des folliculaires qui sans mission se sont, dans ces derniers tems, ingérés dans toutes les affaires de l'état; qu'elle est supposée signée des ministres Anglais, et qu'il est impossible de penser que les ministres d'une nation libre, et surtout lord Wellington, aient pu faire une démarche contraire à la législation de leur pays et à leurs caractères; qu'elle est supposée signée des ministres d'Autriche, et qu'il est impossible de concevoir, quelques dissentimens politiques qui existassent d'ailleurs, qu'un père pût appeler l'assassinat sur son fils; que, contraire à tout principe de morale et de religion, elle est attentatoire au caractère de loyauté des souverains dont les libellistes compromettent ainsi les mandataires; que cette déclaration est connue depuis plusieurs jours, mais que, par les considérations qui viennent d'être déduites, elle avait du être considérée comme digne d'un profond mépris; qu'elle n'a été jugée devoir fixer l'attention du ministère, que, lorsque des rapports officiels, venus de Metz et de Strasbourg, ont fait connaître qu'elle a été apportée en France par des courriers du prince de Bénévent; fait constaté par le résultat de l'enquête qui a eu lieu et des interrogatoires qui ont été subis; qu'enfin il est démontré que cette pièce qui ne peut pas avoir été signée par les ministres de l'Autriche, de la Russie, de l'Angleterre, est émanée de la légation du comte de Lille à Vienne, laquelle légation a ajouté au crime de provoquer l'assassinat, celui de falsifier la signature des membres du congrès.

La prétendue déclaration du congrès, les rapports de Metz et de Strasbourg, ainsi que l'enquête et les interrogatoires qui ont été faits par les ordres du ministre de la police générale, et qui constatent que ladite déclaration est émanée des plénipotentiaires du comte de Lille à Vienne, seront renvoyés aux présidens des sections du conseil.

DÉCLARATION.

Les puissances qui ont signé le traité de Paris, réunies en congrès à Vienne, informées de l'évasion de Napoléon Bonaparte et de son entrée à main armée en France, doivent à leur propre dignité et à l'intérêt social, une déclaration solennelle des sentimens que cet événement leur a fait éprouver.

En rompant ainsi la convention qui l'avait établi à l'île d'Elbe, Bonaparte a détruit le seul titre légal auquel son existence se trouvait attachée. En reparaissant en France, avec des projets de trouble et de bouleversement, il s'est privé lui-même de la protection des lois, et a manifesté, à la face de l'univers, qu'il ne saurait y avoir ni paix ni trêve avec lui.

Les puissances déclarent, en conséquence, que Napoléon Bonaparte s'est placé hors des relations civiles et sociales, et que, comme ennemi et perturbateur du monde, il s'est livré à la vindicte publique.

Elles déclarent en même tems, que fermement résolues de maintenir intact le traité de Paris du 30 mars 1814, et les dispositions sanctionnées par ce traité, et celles qu'elles ont arrêtées ou arrêteront encore pour le compléter et le consolider; elles emploieront tous leurs moyens et réuniront tous leurs efforts, pour que la paix générale, objet des voeux de l'Europe, ce but constant de leurs travaux, ne soit pas troublée de nouveau, et pour la garantir de tout attentat qui menacerait de replonger les peuples dans les désordres et les malheurs des révolutions.

Et quoiqu'intimement persuadés que la France entière, se ralliant autour de son souverain légitime, fera incessamment rentrer dans le néant cette dernière tentative d'un délire criminel et impuissant, tous les souverains de l'Europe, animés des mêmes sentimens et guidés par les mêmes principes, déclarent que si, contre tout calcul, il pouvait résulter de cet événement un danger réel quelconque, ils seraient prêts à donner au Roi de France et à la nation Française, ou à tout autre gouvernement attaqué, dès que la demande en serait formée, les secours nécessaires pour rétablir la tranquillité publique, et à faire cause commune contre tous ceux qui entreprendraient de la compromettre.

La présente déclaration, insérée au Protocole du congrès réuni à Vienne, dans sa séance du 13 mars 1815, sera rendue publique.

Fait et certifié véritable par les plénipotentiaires des huit puissances signataires du traité de Paris, à Vienne, le 13 mars 1815.

Suivent les signatures, dans l'ordre alphabétique des cours.

Autriche |
| Le Prince de METTERNICH,
| Le Baron de WESSEMBERG.

Espagne P. Gomez LABRADOR.

France |
| Le Prince de TALLEYRAND;
| Le Duc D'ALBERG,

| LATOUR-DUPIN,
| Le Comte Alexis de NOAILLES.

Grande Bretagne |
| WELLINGTON,
| CLANCARTY,
| CATHCART,
| STEWART.

Portugal |
| Le Comte PALMELA,
| SALDANHA,
| LOBO.

Prusse |
| Le Prince de HARDENBERG,
| Le Baron de HUMBOLDT.

Russie |
| Le Comte de RASOUMOWSKI,
| Le Comte de STAKELBERG,
| Le Comte de NESSELRODE.

Suède LOWENHIELM.

Cette déclaration, qui fera sans doute un jour l'étonnement de la postérité, fut commentée et réfutée victorieusement par l'Empereur lui-même. M. le Comte Boulay, à qui on attribua le rapport suivant, n'y eut d'autre part que d'en resserrer le cadre et d'en adoucir quelques expressions.

Rapport de la commission des présidens du conseil d'état.

En conséquence du renvoi qui lui a été fait, la commission composée des présidens des sections du conseil d'état, a examiné la déclaration du 13 mars, le rapport du ministre de la police générale, et les pièces qu'il y a jointes.

La déclaration est dans une forme inusitée, conçue dans des termes si étranges, exprime des idées tellement anti-sociales, que la commission était portée à la regarder comme une de ces productions supposées, par lesquelles des hommes méprisables cherchent à égarer les esprits, et à faire prendre le change à l'opinion publique.

Mais la vérification des procès-verbaux dressés à Metz et des interrogatoires des courriers, n'a pas permis de douter que l'envoi de cette déclaration n'eût été fait par les membres de la légation Française à Vienne; et elle doit conséquemment être considérée comme adoptée et signée par eux.

C'est sous ce dernier point de vue, que la commission a cru devoir d'abord examiner cette production qui n'a point de modèle dans les annales de la diplomatie, et dans laquelle des Français, des hommes revêtus du caractère public le plus respectable, commencent par une espèce de mise hors la loi, par une provocation à l'assassinat de l'Empereur Napoléon.

Nous disons, avec le ministre de la police, que cette déclaration est l'ouvrage des plénipotentiaires Français, parce que ceux d'Autriche, de Russie, de Prusse, d'Angleterre, n'ont pu signer un acte que les souverains et les peuples auxquels ils appartiennent, s'empresseraient de désavouer.

Et d'abord, ces plénipotentiaires, co-opérateurs pour la plupart du traité de Paris, savent que Napoléon y a été reconnu, comme conservant le titre d'*Empereur*, et comme *souverain de l'île d'Elbe*; ils l'auraient désigné par ces titres, et ne se seraient écartés, ni au fond ni dans la forme, du respectueux égard qu'ils imposent.

Ils auraient senti que, d'après les lois des nations, le prince le moins fort par l'étendue ou la population de ses états, jouit, quant à son caractère politique et civil, des droits appartenans à tout prince souverain, à l'égard du monarque le plus puissant; et Napoléon, reconnu sous le titre d'Empereur et en qualité de prince souverain, par toutes les puissances, n'était pas plus qu'aucune d'elles, justiciable du congrès de Vienne.

L'oubli de ces principes, impossible à supposer dans des plénipotentiaires qui pèsent les droits des nations avec réflexion, sagesse et maturité, n'a rien d'étonnant, quand il est manifesté par des ministres Français, à qui leur conscience reproche plus d'une trahison, chez qui la crainte a produit l'emportement, et dont les remords égarent la raison.

Ceux-là ont pu risquer la fabrication, la publication d'une pièce telle que la prétendue déclaration du 13 mars, dans l'espoir d'arrêter la marche de Napoléon, et d'abuser le peuple Français sur les vrais sentimens des puissances étrangères.

Mais il ne leur est pas donné de juger, comme elles, le mérite d'une nation qu'ils ont méconnue, trahie, livrée aux armes de l'étranger.

Cette nation brave et généreuse se révolte contre tout ce qui porte le caractère de la lâcheté et de l'oppression; ses affections s'exaltent, quand leur objet est menacé ou atteint par une grande injustice; et l'assassinat auquel provoquent les premières phrases de la déclaration du 13 mars, ne trouvera de bras pour l'accomplir, ni parmi les vingt-cinq millions de Français dont la majorité a suivi, gardé, protégé Napoléon, de la Méditerranée à sa capitale, ni parmi les dix-huit millions d'Italiens, les six millions de Belges ou Riverains du Rhin, et les peuples nombreux d'Allemagne, qui, dans cette conjoncture solennelle, n'ont prononcé son nom qu'avec un souvenir respectueux, ni un seul de la nation Anglaise indignée, dont les honorables sentimens désavouent le langage qu'on a osé prêter aux souverains.

Les peuples de l'Europe sont éclairés; ils jugent les droits de Napoléon, les droits des princes alliés, et ceux des Bourbons.

Ils savent que la convention de Fontainebleau est un traité entre souverains. Sa violation, l'entrée de Napoléon sur le territoire français, ne pouvaient, comme toute infraction à un acte diplomatique, comme toute invasion hostile, amener qu'une guerre ordinaire, dont le résultat ne peut être, quant à la personne, que d'être vainqueur ou vaincu, libre ou prisonnier de guerre; quant aux possessions, de les conserver ou de les perdre, de les accroître ou de les diminuer; et que toute pensée, toute menace, tout attentat contre la vie d'un prince en guerre contre un autre, est une chose inouïe dans l'histoire des nations et des cabinets de l'Europe.

À la violence, à l'emportement, à l'oubli des principes qui caractérisent la déclaration du 13 mars, on reconnaît les envoyés du même prince, les organes des mêmes conseils, qui, par l'ordonnance du 6 mars, mettaient aussi Napoléon hors la loi, appelaient aussi sur lui les poignards des assassins, promettaient aussi un salaire à qui apporterait sa tête.

Et, cependant, qu'a fait Napoléon? il a honoré par sa sécurité les hommes de toutes les nations, qu'insultait l'infâme mission à laquelle on voulait les appeler; il s'est montré modéré, généreux, protecteur envers ceux-là même qui avaient dévoué sa tête à la mort.

Quand il a parlé au général Excelmans, marchant vers la colonne qui suivit de près Louis-Stanislas-Xavier; au général comte d'Erlon, qui devait le recevoir à Lille; au général Clausel qui allait à Bordeaux, où se trouvait la duchesse d'Angoulême; au général Grouchy, qui marchait pour arrêter les troubles civils excités par le duc d'Angoulême; partout, enfin, des ordres ont été donnés par l'Empereur pour que les personnes fussent respectées et mises à l'abri de toute attaque, de tout danger, de toute violence, dans leur marche sur le territoire français, et au moment où elles le quitteraient.

Les nations et la postérité jugeront de quel côté a été, dans cette grande conjoncture, le respect pour les droits des peuples et des souverains, pour les règles de la guerre, les principes de la civilisation, les maximes des lois civiles et religieuses; elles prononceront entre Napoléon et la maison de Bourbon.

Si, après avoir examiné la prétendue déclaration du congrès sous ce premier aspect, on la discute dans ses rapports avec les conventions diplomatiques, avec le traité de Fontainebleau du 11 avril, ratifié par le gouvernement Français, on trouvera que la violation n'est imputable qu'à ceux-là même qui la reprochent à Napoléon.

Le traité de Fontainebleau a été violé par les puissances alliées et par la maison de Bourbon, en ce qui touche l'Empereur Napoléon et sa famille, en ce qui touche les droits et les intérêts de la nation française:

1°. L'Impératrice Marie-Louise et son fils devaient obtenir des passe-ports et une escorte pour se rendre près de l'Empereur: et loin d'exécuter cette promesse, on a séparé violemment l'épouse de l'époux, le fils du père, et cela dans les circonstances douloureuses où l'âme la plus forte a besoin de chercher de la consolation et du support au sein de sa famille et des affections domestiques.

2°. La sûreté de Napoléon, de la famille impériale et de leur suite était garantie (art. 14 du traité) par toutes les puissances; et des bandes d'assassins ont été organisées en France sous les yeux du gouvernement Français et même par ses ordres (comme le prouvera bientôt la procédure solennelle contre le sieur de Maubreuil), pour attaquer et l'Empereur, et ses frères, et leurs épouses; à défaut du succès qu'on espérait de cette première branche de complot, une émeute a été disposée à Orgon, sur la route de l'Empereur, pour essayer d'attenter à ses jours par les mains de quelques brigands: on a envoyé en Corse, comme gouverneur, un sicaire de Georges, le sieur Brulart, élevé exprès au grade de maréchal-de-camp, connu en Bretagne, en Anjou, en Normandie, dans la Vendée, dans toute l'Angleterre, par le sang qu'il a répandu, afin qu'il préparât et assurât le crime; et en effet, plusieurs assassins isolés ont tenté à l'île d'Elbe de gagner, par le meurtre de Napoléon, le coupable et honteux salaire qui leur était promis.

3°. Les duchés de Parme et de Plaisance étaient donnés en toute propriété à Marie-Louise, pour elle, son fils et ses descendans; et après de longs refus de les mettre en possession, on a consommé l'injustice par une spoliation absolue, sous le prétexte illusoire d'un échange sans évaluation, sans proportion, sans souveraineté, sans consentement; et les documens existant aux relations extérieures, que nous nous sommes fait représenter, prouvent que c'est sur les instigations, sur les instances, par les intrigues du Prince de Bénévent, que Marie-Louise et son fils ont été dépouillés.

4°. Il avait été donné au prince Eugène, fils adoptif de Napoléon, qui a honoré la France qui le vit naître, et conquis l'affection de l'Italie qui l'adopta, un établissement convenable, hors de France, et il n'a rien obtenu.

5°. L'Empereur avait (art. 3 du traité) stipulé, en faveur des braves de l'armée, la conservation de leur dotation sur le mont Napoléon; il avait réservé, sur le domaine extraordinaire et sur les fonds restans de sa liste civile, des moyens de récompenser ses serviteurs, de payer les soldats qui s'attachaient à sa destinée. Tout a été enlevé, réservé par les ministres des Bourbons. Un agent des militaires français est allé inutilement à Vienne réclamer pour eux la plus sacrée des propriétés, le prix de leur courage et de leur sang.

6°. La conservation des biens, meubles et immeubles de la famille de l'Empereur, est stipulée par ce même traité, art. 6; et elle a été dépouillée des uns et des autres, savoir: à main armée en France par des brigands commissionnés; en Italie, par la violence des chefs militaires; dans les deux pays, par des séquestres et des saisies solennellement ordonnés.

7°. L'Empereur Napoléon devait recevoir deux millions, et sa famille deux millions cinq cents mille francs par an, selon la répartition établie art. 6 du traité, et le gouvernement Français a constamment refusé d'acquitter ces engagemens; et Napoléon se serait vu bientôt réduit à licencier sa garde fidèle, faute de moyens pour assurer sa paie, s'il n'eût trouvé, dans les reconnaissans souvenirs des banquiers de Gènes et de l'Italie, l'honorable ressource d'un prêt de douze millions qui lui fut offert.

8°. Enfin, ce n'était point sans motif qu'on voulait par tous les moyens éloigner de Napoléon les compagnons de sa gloire, modèles de dévouement et de constance, garans inébranlables de sa sûreté et de sa vie. L'île d'Elbe lui était assurée en toute propriété (art. 3 du traité); et la résolution de l'en dépouiller, désirée par les Bourbons, sollicitée par leurs agens, avait été prise au Congrès.

Et si la Providence n'y eût pourvu dans sa justice, l'Europe aurait vu attenter à la personne, à la liberté de Napoléon, relégué désormais à la merci de ses ennemis, loin de sa famille, séparé de ses serviteurs, ou à Sainte-Lucie ou à Sainte-Hélène qu'on lui assignait pour prison.

Et quand les puissances alliées, cédant aux voeux imprudens, aux instances cruelles des agens de la maison de

Bourbon, ont condescendu à la violation du contrat solennel sur la foi duquel Napoléon avait dégagé la nation française de ses sermens; quand lui-même et tous les membres de sa famille, se sont vus menacés, atteints dans leurs personnes, dans leurs propriétés, dans leurs affections, dans tous les droits stipulés en leur faveur, comme princes, dans ceux même assurés par les lois aux simples citoyens, que devait faire Napoléon?

Devait-il, après avoir enduré tant d'offenses, supporté tant d'injustices, consentir à la violation complète des engagemens pris avec lui? et se résignant personnellement au sort qu'on lui préparait, abandonner encore son épouse, son fils, sa famille, ses serviteurs fidèles à leur affreuse destinée?

Une telle résolution semble au-dessus des forces humaines; et pourtant Napoléon aurait pu la prendre, si la paix, le bonheur de la France, eussent été le prix de ce nouveau sacrifice. Il se serait encore dévoué pour le peuple Français, duquel (ainsi qu'il veut le déclarer à l'Europe) il se fait gloire de tout tenir, auquel il veut tout rapporter, à qui seul il veut répondre de ses actions et dévouer sa vie.

C'est pour la France seule, et pour lui éviter les malheurs d'une guerre intestine, qu'il abdiqua la couronne en 1814. Il rendit au peuple Français les droits qu'il tenait de lui; il le laissa libre de se choisir un nouveau maître, et de fonder sa liberté et son bonheur sur des institutions protectrices de l'un et de l'autre.

Il espérait, pour la nation, la conservation de tout ce qu'elle avait acquis par vingt-cinq années de combats et de gloire, l'exercice de sa souveraineté dans le choix d'une dynastie et dans la stipulation des conditions auxquelles elle serait appelée à régner.

Il attendait du nouveau gouvernement le respect pour la gloire des armées, les droits des braves, la garantie de tous les intérêts nouveaux, de ces intérêts nés et maintenus depuis un quart de siècle, résultant de toutes les lois politiques et civiles, observées, révérées depuis ce tems, parce qu'elles sont identifiées avec les moeurs, les habitudes, les besoins de la nation.

Loin de là, toute idée de la souveraineté du peuple a été écartée.

Le principe sur lequel a reposé toute la législation publique et civile depuis la révolution, a été écarté également.

La France a été traitée comme un pays révolté, reconquis par les armes de ses anciens maîtres, et asservi de nouveau à une domination féodale.

On a imposé à la France une loi constitutionnelle, aussi facile à éluder qu'à révoquer, et dans la forme des simples ordonnances royales, sans consulter la nation, sans entendre même ces corps devenus illégaux, fantôme de représentation nationale.

La violation de cette Charte n'a été restreinte que par la timidité du gouvernement; l'étendue de ses abus d'autorité n'a été bornée que par sa faiblesse.

La dislocation de l'armée, la dispersion de ses officiers, l'exil de plusieurs, l'avilissement des soldats, la suppression de leurs dotations, la privation de leur solde ou de leur retraite, la réduction des traitemens des légionnaires, le dépouillement de leurs honneurs, la prééminence des décorations de la monarchie féodale, le mépris des citoyens désignés de nouveau sous le nom de tiers-état, le dépouillement préparé et déjà commencé des acquéreurs de biens nationaux, l'avilissement actuel de la valeur de ceux qu'on était obligé de vendre, le retour de la féodalité dans ses titres, ses priviléges, ses droits utiles, le rétablissement des principes ultramontains, l'abolition des libertés de l'église Gallicane, l'anéantissement du concordat, le rétablissement des dîmes, l'intolérance renaissante d'un culte exclusif, la domination d'une poignée de nobles sur un peuple accoutumé à l'égalité: voilà ce que les ministres des Bourbons ont fait, ou voulaient faire pour la France.

C'est dans de telles circonstances que l'Empereur Napoléon a quitté l'île d'Elbe: tels sont les motifs de la détermination qu'il a prise et non la considération de ses intérêts personnels, si faibles près de lui, comparés aux intérêts de la nation à qui il a consacré son existence.

Il n'a pas apporté la guerre au sein de la France; il y a, au contraire, éteint la guerre que les propriétaires de biens nationaux, formant les quatre cinquièmes des propriétaires français, auraient été forcés de faire à leurs spoliateurs; la guerre que les citoyens opprimés, abaissés, humiliés par les nobles, auraient été forcés de déclarer à leurs oppresseurs; la guerre que les protestans, les juifs, les hommes des cultes divers auraient été forcés de soutenir contre leurs persécuteurs.

Il est venu délivrer la France, et c'est aussi comme libérateur qu'il y a été reçu.

Il est arrivé presque seul; il a parcouru deux cent vingt lieues sans obstacles, sans combats, et a repris sans résistance, au milieu de la capitale et des acclamations de l'immense majorité des citoyens, le trône délaissé par les Bourbons, qui, dans l'armée, dans leur maison, dans les gardes nationales, dans le peuple, n'ont pu armer personne pour essayer de s'y maintenir.

Et cependant, replacé à la tête de la nation qui l'avait déjà choisi trois fois, qui vient de le désigner une quatrième fois par l'accueil qu'elle lui fait dans sa marche et son arrivée triomphale; de cette nation par laquelle et pour l'intérêt de laquelle il veut régner; que veut Napoléon? ce que veut le peuple Français: l'indépendance de la France, la paix intérieure, la paix avec tous les peuples, l'exécution du traité de Paris, du 30 mai 1814.

Qu'y a-t-il donc désormais de changé dans l'état d'Europe, et dans l'espoir du repos qui lui était promis? Quelle voix s'élève pour demander ces secours qui, suivant la déclaration, ne doivent être donnés qu'autant qu'ils seront réclamés?

Il n'y a rien de changé, si les puissances alliées reviennent, comme on doit l'attendre d'elles, à des sentimens justes, modérés; si elles reconnaissent que l'existence de la France dans un état respectable et indépendant, aussi éloignée de conquérir que d'être conquise, de dominer que d'être asservie, est nécessaire à la balance des grands royaumes, comme à la garantie des petits états.

Il n'y a rien de changé, si, n'essayant pas de contraindre la France à reprendre, avec une dynastie dont elle ne peut plus vouloir, les chaînes féodales qu'elle a brisées, à se soumettre à des prétentions seigneuriales ou ecclésiastiques dont elle est affranchie, on ne veut pas lui imposer des lois, s'immiscer dans ses affaires intérieures, lui assigner une forme de gouvernement, lui donner des maîtres au gré des intérêts et des passions de ses voisins.

Il n'y a rien de changé, si, quand la France est occupée de préparer le nouveau pacte social qui garantira la liberté de ses citoyens, le triomphe des idées généreuses qui dominent en Europe et qui ne peuvent plus y être étouffées, on ne la force pas de se distraire, pour combattre, de ces pacifiques pensées et des moyens de prospérité intérieurs, auxquels le peuple et son chef veulent se consacrer dans un heureux accord.

Il n'y a rien de changé, si, quand la nation française ne demande qu'à rester en paix avec l'Europe entière, une injuste coalition ne la force pas de défendre, comme elle a fait en 1792, sa volonté, et ses droits, et son indépendance, et le souverain de son choix.

Cette éloquente réfutation, pleine de faits irrécusables et de raisonnemens sans réplique, n'était déjà plus nécessaire. L'honneur français avait jugé et condamné le congrès de Vienne et sa déclaration.

Lorsque cette déclaration parut, la France pâlit; elle fut étonnée, effrayée des malheurs que lui présageait l'avenir, et gémit d'être exposée à subir une nouvelle guerre pour un seul homme.

Cette première impression passée, son orgueil, sa vertu s'indignèrent que les alliés eussent osé concevoir la pensée qu'elle céderait à leurs menaces et consentirait lâchement à leur livrer Napoléon.

Napoléon n'eût-il été qu'un simple citoyen, il aurait suffi qu'on eût voulu violer d'autorité dans sa personne les droits des hommes et des nations, pour que les Français, ceux-là du moins qui sont dignes de ce nom, se fussent crus obligés de le protéger et de le défendre.

Mais Napoléon n'était point seulement un simple citoyen, il était le chef de la France; c'était pour l'avoir agrandie par ses conquêtes, illustrée par ses victoires, que les étrangers proscrivaient sa tête; et les âmes les plus timides comme les plus généreuses se firent un devoir sacré de le placer sous la sauvegarde de la nation et de l'honneur français.

Ainsi, la déclaration du congrès, au lieu d'intimider la France, accrut son courage; au lieu d'isoler Napoléon des Français, elle resserra davantage les liens qui les unissaient; au lieu d'appeler sur sa tête la vindicte publique, elle la rendit plus précieuse et plus chère.

Si Napoléon, mettant à profit ses sentimens généreux, eût dit aux Français: «Vous m'avez rendu la couronne, les étrangers veulent me l'arracher, je suis prêt à la défendre ou à la déposer, parlez:» la nation entière aurait entendu le langage de Napoléon, et se serait levée pour faire respecter le souverain de son coeur et de son choix.

Mais Napoléon avait d'autres pensées: il regardait la déclaration du Congrès comme un acte de circonstance, qui avait eu pour objet, à l'époque où il fut souscrit par les alliés, de soutenir le courage des royalistes, et de rendre aux Bourbons la confiance et la force morale qu'ils avaient perdues.

Il pensait que son entrée à Paris et l'entière pacification du midi, avaient entièrement changé l'état des choses; et il espérait que les étrangers finiraient par le reconnaître, lorsqu'ils seraient convaincus qu'il avait été rétabli sur le trône par l'assentiment unanime des Français, et que ses idées de conquête et de domination avaient fait place au désir réel de respecter le repos et l'indépendance de ses voisins, et de vivre avec eux en bonne harmonie.

Il calculait enfin qu'il était de la sagesse et de l'intérêt des alliés de ne point s'engager dans une guerre dont les résultats ne pouvaient leur être favorables: «Ils sentiront qu'ils n'auront point affaire, cette fois, à la France de 1814; et que leurs succès, s'ils parvenaient à en obtenir, ne seraient plus décisifs, et ne serviraient qu'à rendre la guerre plus opiniâtre et plus meurtrière: tandis que, si la victoire me favorise, je puis redevenir aussi redoutable que jamais. J'ai pour moi la Belgique, les provinces du Rhin, et avec une proclamation et un drapeau tricolor, je les révolutionnerais en vingt-quatre heures.»

Le traité du 25 mars, par lequel les grandes puissances, en renouvelant les dispositions du traité de Chaumont, s'engageaient derechef à ne point déposer les armes, tant que Napoléon serait sur le trône, ne lui parut que la conséquence naturelle de l'acte du 13 mars et de l'opinion erronée que les alliés s'étaient formés de la France. Il pensa qu'il ne changerait rien à l'état de la question, et se détermina, malgré ce traité et l'affront fait à ses premières ouvertures, de tenter, itérativement, de faire entendre à Vienne le langage de la vérité, de la raison et de la paix.

M. le baron de Stassart, ancien auditeur au conseil d'état, ancien préfet, était devenu, depuis la restauration, chambellan d'Autriche ou de Bavière: il se trouvait à Paris. L'Empereur, espérant qu'il pourrait, à la faveur de sa qualité de chambellan, pénétrer jusqu'à Vienne, le chargea d'une mission pour l'Impératrice Marie-Louise, et de nouvelles dépêches pour l'Empereur d'Autriche. Napoléon en même tems eut recours à un autre moyen: il connaissait les rapports et les liaisons de MM. D. de Saint-L*** et de Mont*** avec le prince de Talleyrand; et persuadé que M. de Talleyrand leur ferait obtenir l'autorisation de se rendre à Vienne, il résolut de les y envoyer. Il ne se dissimulait point qu'ils n'accepteraient cette mission que pour servir plus à l'aise la cause royale: mais peu lui importait leurs intrigues avec le Roi, pourvu qu'ils remissent et reportassent avec exactitude les dépêches qui leur seraient confiées[92].

Le Roi, et ce qui se passait à Gand, ne l'intéressaient d'ailleurs que médiocrement; c'était sur Vienne que se reportaient ses regards inquiets; et convaincu de l'influence que pouvait y exercer M. de Talleyrand, il chargea spécialement M. *** de lui offrir ses bonnes grâces et de l'argent, s'il voulait abandonner les Bourbons, et faire tourner, au profit de la cause impériale, ses talens et son expérience.

L'Empereur qui ne cessait point d'espérer que ses soins, le tems et la réflexion pourraient amener quelques changement dans les résolutions des alliés, n'apprit pas, sans un extrême déplaisir, que le Roi de Naples avait commencé les hostilités.

Ce prince, depuis long-tems, était mécontent de la complaisance avec laquelle les monarques alliés écoutaient les protestations de la France, de la Savoie et de l'Espagne; et quoique sa couronne lui eût été garantie par un pacte solennel avec l'Autriche et par des déclarations formelles de la Russie et de l'Angleterre, il prévoyait que le dogme de la légitimité l'emporterait sur la foi des traités, et que l'Autriche, quoiqu'ayant intérêt à ne point laisser placer une couronne de plus dans la maison des Bourbons, serait obligée de souscrire à la volonté unanime des autres puissances.

La crainte d'être renversé du trône et la résolution de s'y maintenir, obsédaient donc Joachim, lorsque la nouvelle de l'heureux débarquement de Napoléon parvint à Naples.

L'horreur que la domination Autrichienne inspirait aux Italiens, l'attachement qu'ils avaient conservé à Napoléon, la joie qu'ils firent éclater en apprenant son départ de l'île d'Elbe, persuadèrent au Roi qu'il lui serait facile de soulever l'Italie; et il se flatta d'amener les alliés, soit par la force des armes, soit par la voie des négociations, à lui garantir irrévocablement la possession de son royaume. Voulant, d'un autre côté, se ménager, en cas de non succès, la protection de Napoléon, il lui dépêcha secrètement un émissaire pour le féliciter, et lui annoncer que, dans l'intention de seconder ses opérations, il allait attaquer les Autrichiens, et que si la victoire répondait à ses voeux, il irait bientôt le rejoindre avec une armée formidable: «enfin, lui écrivait-il, le moment de réparer mes torts envers Votre Majesté et de lui prouver mon dévouement, est arrivé; je ne le laisserai point échapper.»

Cette lettre que je déchiffrai, parvint à l'Empereur à Auxerre; et l'Empereur enjoignit sur-le-champ au Roi de continuer à faire ses préparatifs, mais d'attendre, pour commencer les hostilités, qu'il lui en eût donné le signal. L'impatience et l'impétuosité naturelle de ce prince ne lui permirent même point d'attendre la réponse de Napoléon; et quand ses dépêches arrivèrent, le gant était jeté.

Pour mieux déguiser ses projets, Joachim avait appelé, aussitôt la nouvelle du débarquement de Napoléon, les ambassadeurs d'Autriche et d'Angleterre, et leur avait assuré qu'il resterait fidèle à ses engagemens. Quand il eut rassemblé son armée (mise en mouvement sous le prétexte de renforcer ses troupes dans la marche d'Ancone), il fondit à l'improviste sur les Autrichiens, et annonça aux Italiens, par une proclamation datée de Rimini le 31 mars, qu'il avait pris les armes pour affranchir l'Italie du joug de l'étranger, et lui rendre son indépendance et son antique liberté.

> ITALIENS! leur dit-il, le moment est venu où de grandes destinées doivent s'accomplir. La Providence vous appelle enfin à devenir un peuple indépendant; un seul cri retentit des Alpes jusqu'au détroit de Scilla: *l'indépendance de l'Italie.* De quel droit les étrangers veulent-ils vous ravir votre indépendance, le premier droit et le premier bienfait de tous les peuples?

[…]

> Jadis, maîtres du monde, vous avez expié cette funeste gloire par une oppression de vingt siècles. Qu'aujourd'hui votre gloire soit de n'avoir plus de maîtres.

[…]

> Quatre-vingt mille Italiens accourent à vous sous le commandement de leur Roi. Ils jurent de ne pas se reposer que l'Italie ne soit libre. Italiens de toutes les contrées! secondez leurs efforts magnanimes… que ceux qui ont porté les armes les reprennent, que la jeunesse inaccoutumée s'exerce à les manier, que tous les amis de la patrie élèvent une voix généreuse pour la liberté.

> […] L'Angleterre pourrait-elle vous refuser son suffrage, elle dont le plus beau titre de gloire est de répandre ses trésors et son sang pour l'indépendance et la liberté des peuples?

[…]

> Je fais un appel à tous les braves, pour qu'ils viennent combattre avec moi; je fais un appel à tous les hommes éclairés pour que, dans le silence des passions, ils préparent la constitution et les lois qui désormais doivent régir l'heureuse et indépendante Italie…

Cette proclamation, au grand étonnement de l'Italie et de la France, ne prononça point seulement le nom de Napoléon. Elle garda le plus profond silence sur son retour, sur ses intelligences avec Joachim, et sur les espérances que leurs efforts combinés devaient inspirer.

Cependant Joachim n'ignorait point l'ascendant que le nom de Napoléon exerçait sur l'esprit et le courage des Italiens. Mais il savait aussi que ce nom était odieux aux Anglais; et il n'osa point l'invoquer, dans la crainte de leur déplaire. Il crut qu'il était assez puissant par lui-même pour s'isoler de l'Empereur, et qu'il lui suffirait de se montrer en armes à la nation Italienne et de lui offrir l'indépendance, pour la soulever à son gré. Il se trompa: c'était de Napoléon qu'il empruntait toute sa force; personnellement, il ne jouissait en Italie d'aucune influence, d'aucune considération. On ne pouvait lui pardonner d'avoir trahi en 1814 son beau-frère et son bienfaiteur, et révélé en 1815 à l'Autriche la conjuration patriotique de Milan[93].

Les Italiens prévenus n'osèrent point se confier en lui; ses intentions leur parurent louches, ses promesses vagues, ses ressources incertaines; et ils restèrent paisibles spectateurs du combat.

Ce n'est point en effet avec des réticences qu'on séduit et qu'on entraîne les peuples: il faut, pour les subjuguer, convaincre leur raison et leurs coeurs; et le coeur et la raison ne comprennent point d'autre langage que celui de la droiture et de la vérité. Malheureusement ce langage n'était plus connu de Murat. Depuis son avènement au trône, il avait adopté le système de dissimulation et de duplicité qui caractérise assez généralement la politique Italienne. Cette politique rétrécie, qui se nourrit d'astuce et de temporisation, était incompatible avec le sang Français qu'il portait dans ses veines; et les combats continuels que se livraient ses nouveaux penchans et la pétulance naturelle de son caractère, mettaient sans cesse en contradiction ses paroles et ses actions, et l'entraînaient dans de fausses routes, où il devait finir par s'égarer et se perdre.

Néanmoins, telle est la puissance magique de ces mots sacrés de *liberté* et de *patrie*, que Murat ne les prononça pas en vain. Bologne et quelques villes se déclarèrent pour lui; et une foule de jeunes Italiens accoururent se ranger sous ses drapeaux. La victoire favorisa leurs premiers pas: mais Napoléon ne s'abusa point; le moment avait été mal choisi; il prévit la défection ou la perte de Murat; et ce qui se passa au-delà des Alpes, ne lui inspira plus que du dégoût. Dès lors, il s'occupa avec plus d'ardeur que jamais, des moyens de lutter seul contre ses adversaires, dont les démonstrations commençaient à devenir menaçantes.

Le gouvernement royal, par crainte et par économie, avait désorganisé l'armée, réduit à moitié les régimens, changé leurs dénominations, et disséminé les soldats dans de nouveaux bataillons.

Napoléon rétablit les régimens sur l'ancien pied; il leur rendit ces glorieux surnoms d'*Invincible*, d'*Incomparable*, de *Terrible*, d'*Un contre Dix*, etc. etc., qu'ils avaient acquis, mérité sur le champ de bataille. Il rappela sous leurs drapeaux les braves qui en avaient été exilés, et l'armée, forte à peine de quatre-vingt mille hommes, compta bientôt dans ses cadres près de deux cents mille combattans.

Les marins et les gardes-côtes, dont le courage s'était signalé si brillamment dans les plaines de Lutzen et de Bautzen, furent réunis sous le commandement de leurs officiers, et formèrent une masse de quinze à dix-huit mille hommes, destinés à protéger nos établissemens maritimes, ou à renforcer, en cas de besoin, l'armée active.

La cavalerie de la garde impériale et les vieux grenadiers ouvrirent leurs rangs à dix mille soldats d'élite; l'artillerie légère fut réorganisée, et la jeune garde augmentée de plusieurs régimens.

Mais il ne suffisait point de rendre à l'armée les forces qu'on lui avait ôtées; il fallait encore réparer son dénuement: les fantassins manquaient d'armes et d'habillemens; les cavaliers n'avaient ni selles ni chevaux.

L'Empereur y pourvut.

Des achats et des levées de chevaux s'opérèrent à la fois dans tous les départemens.

La gendarmerie, en cédant les dix mille chevaux qu'elle possédait, et qu'elle remplaça sur-le-champ, fournit, à la grosse cavalerie, des chevaux tout dressés, qui, en dix jours de tems, portèrent au complet ses nombreux escadrons.

De vastes ateliers d'habillement, de fabriques d'armes, de construction, s'ouvrirent à la fois et de toutes parts.

L'Empereur, chaque matin, se faisait rendre compte du nombre des ouvriers et du produit de leur travail; il savait combien il fallait de tems à un tailleur pour confectionner un habillement, à un charron pour construire un affût, à un armurier pour monter un fusil. Il connaissait la quantité des armes en bon ou en mauvais état que renfermaient les arsenaux. «Vous trouverez, écrivait-il au ministre de la guerre, dans tel arsenal, tant de vieux fusils et tant de démolitions. Mettez-y cent ouvriers, et dans huit jours, armez-moi cinq cents hommes.» Telle était l'étendue et la variété du génie de Napoléon, qu'il s'élevait, sans effort, aux plus hautes abstractions de l'art de gouverner, et descendait, avec la même facilité, aux plus minces détails de l'administration.

Des commissions extraordinaires furent chargées en même tems de faire réparer et fortifier les places frontières. Elles s'occupaient nuit et jour de cette importante opération. Mais le plus léger retard paraissait à l'Empereur un siècle d'attente, et fréquemment il mettait lui-même la main à l'ouvrage. Il connaissait parfaitement la nature des fortifications de chaque place, le nombre d'hommes qu'elle devait contenir, les approches qu'il fallait défendre; et en quelques heures, il déterminait ce que l'ingénieur le plus expérimenté aurait eu peine à concevoir et à régler en plusieurs jours. Et qu'on ne croye pas que les travaux qu'il ordonnait ainsi se ressentaient de sa précipitation. Il avait, à la tête de son cabinet topographique, l'un des premiers officiers du génie de France, le général Bernard; et ce général, trop brave, trop loyal pour être flatteur, ne se lassait point d'admirer les connaissances profondes que l'Empereur possédait dans l'art des fortifications, et l'heureuse et rapide application qu'il savait en faire.

Le zèle et la réunion des efforts de ces commissions et de l'Empereur, produisirent, en peu de tems, des résultats vraiment miraculeux. La France entière ressemblait à un camp retranché. Napoléon, dans des articles de sa composition, rendait un compte fréquent des progrès de l'armement des places et des travaux défensifs. Je vais transcrire ici un de ces articles, qui, au mérite de peindre beaucoup mieux que je ne pourrais le faire, l'aspect de la France à cette époque, me paraît propre à faire concevoir la bouillante activité de Napoléon, et l'immensité des objets qu'embrassaient ses regards.

> Toutes les places de la frontière du Nord, depuis Dunkerque jusqu'à Charlemont, sont armées et approvisionnées; les écluses sont mises en état, et les inondations seront tendues au premier mouvement d'hostilité; des ouvrages de campagne ont été ordonnées dans la forêt de Monnaie; les mesures sont prises pour faire des retranchemens dans les différens passages de la forêt d'Aregonne; toutes les places de la Lorraine sont en état; des retranchemens sont construits aux cinq passages des Vosges; les forteresses de l'Alsace sont armées; des ordres sont donnés pour la défense du passage du Jura et de toutes les frontières des Alpes. On met en état les passages de la Somme, qui sont en troisième ligne. Dans l'intérieur, les places de Guise, la Ferté, Vitry, Soissons, Château-Thierry, Langres, s'arment et se fortifient. On a même ordonné que des ouvrages fussent construits sur les hauteurs de Montmartre et de Ménilmontant et armés de trois cents bouches à feu; ils seront en terre d'abord, et successivement on leur donnera la solidité des fortifications permanentes.

> Sa Majesté a ordonné que la place de Lyon fût mise en état de défense; une tête-de-pont sera établie aux Broteaux. Le pont-levis de la Guillotière se rétablit. L'enceinte entre la Saône et le Rhône sera armée; quelques redoutes sont

adaptées pour être construites en avant de cette enceinte. Une redoute sera construite sur la hauteur de Pierre-en-Scize pour appuyer un ouvrage qui ferme la ville sur la rive droite. Les hauteurs qui dominent le quartier St Jean sur la rive droite de la Saône, seront défendues par plusieurs redoutes; un armement de quatre-vingt pièces de canon, avec les approvisionnemens nécessaires, est dirigé sur Lyon. Sisteron et le Pont Saint-Esprit seront mis en état de défense. Huit armées, ou corps d'observations sont formées, savoir:

L'armée du Nord;

L'armée de la Moselle;

L'armée du Rhin;

Le corps d'observation du Jura, qui se réunit à Belfort;

L'armée des Alpes, qui se réunit à Chambéry;

Le corps d'observation des Pyrénées, qui se réunit à Perpignan et à Bordeaux;

Et l'armée de réserve, qui se réunit à Paris et à Laon.

Les anciens militaires marchent partout, animés du plus grand enthousiasme, et viennent compléter nos cent vingt régimens d'infanterie. Les marchés passés depuis un mois pour les remontes, s'exécutent rapidement et auront porté très incessamment nos soixante et dix régimens de cavalerie au grand complet. Des régimens de cavaliers volontaires se forment sur beaucoup de points; déjà l'Alsace a fourni deux régimens de lanciers à cheval, de mille homme chacun. On a lieu de penser que cet exemple sera suivi dans la Bretagne, la Normandie et le Limousin, provinces où l'on élève le plus de chevaux.

Des parcs d'artillerie, formant plus de cent cinquante batteries, sont déjà attelés et en marche pour les différentes armées. L'artillerie pour la défense de Lyon se compose de deux compagnies formées à l'école d'Alfort. Le personnel de l'artillerie, chargé du service des trois cents bouches à feu qui seront placées sur les hauteurs de Paris, sera formé de douze compagnies de l'artillerie de la marine; deux compagnies d'invalides; deux compagnies de l'école d'Alfort; deux compagnies de l'école Polytechnique; deux compagnies de l'école de St.-Cyr; six compagnies de l'artillerie à pied.

Des corps de partisans et des corps francs s'organisent dans un grand nombre de départemens; un adjudant-général sera chargé près de chaque général en chef de la correspondance avec ces corps, qui, si l'ennemi avait la témérité de pénétrer sur notre territoire, se jetteraient sur ses communications dans les forêts et dans les montagnes, et s'appuieraient aux places fortes.

L'organisation de la levée en masse de l'Alsace, de la Lorraine, du pays Messin, de la Franche-Comté, de la Bourgogne, du Dauphiné et de la Picardie est préparée.

Toutes les villes s'armeront pour défendre leur enceinte; elles suivront l'exemple de Châlons-sur-Saône, de Tournus, de Saint-Jean-de-Lône. Toute ville, même non fortifiée, trahirait l'honneur national, si elle se rendait à des troupes légères, et ne faisait pas toute la défense que ses moyens rendraient possible, jusqu'à l'arrivée des forces en infanterie et en artillerie; telle que toute résistance cesserait d'être commandée par les lois de la guerre.

Tout est en mouvement sur tous les points de la France. Si les Coalisés persistent dans les projets qu'ils annoncent, de nous faire la guerre, et s'ils violent nos frontières, il est facile de prévoir quel sera le fruit qu'ils recueilleront de leur attentat aux droits de la nation Française; tous les départemens rivaliseront de zèle avec ceux de l'Alsace, des Vosges, de la Franche-Comté, de la Bourgogne, du Lyonnais; partout les peuples sont animés de l'esprit patriotique, et prêts à faire tous les sacrifices, pour maintenir l'indépendance de la nation et l'honneur du trône.

L'Empereur enfin, pour compléter ses moyens d'attaque et de résistance, réorganisa la Garde nationale, et la répartit en trois mille cent trente bataillons, formant un ensemble de deux millions deux cent cinquante mille hommes. Tous les gardes nationaux de vingt ans à quarante furent classés dans les compagnies actives de chasseurs et de grenadiers; et sur-le-champ quinze cents de ces compagnies, ou cent quatre-vingt mille hommes, furent mis à la disposition du Ministre de la Guerre, pour former la garnison des places frontières et renforcer les armées de réserve.

Les officiers-généraux envoyés dans les départemens-frontières, pour accélérer la levée et le départ de cette milice nationale, n'eurent besoin que de paraître pour accomplir leur mission. Chaque citoyen aspirait d'avance à l'honneur d'en faire partie; et dans les provinces de l'Est, du Nord et du Centre, l'on fut obligé de former des compagnies surnuméraires[94]. Le père aurait repoussé son fils, l'épouse son mari, la jeune fille son prétendu, s'ils eussent méconnu la voix de l'honneur et de la patrie. Les mères elles-mêmes, qui dans d'autres tems, déploraient si amèrement le départ de leurs enfans, les excitaient, à l'exemple des Lacédémoniennes, à marcher à l'ennemi, et à mourir s'il le fallait, pour la sainte cause de la patrie. Ce tableau n'est point exagéré! il est vrai, il est fidèle. Jamais plus beau spectacle ne s'offrit aux yeux de l'homme, ami de l'indépendance et de la gloire de son pays, que celui de l'enthousiasme et de la joie martiale dont étaient animés les habitans belliqueux de l'Alsace, de la Lorraine, de la Bourgogne, de la Champagne et des Vosges. Les routes étaient couvertes de chars chargés de jeunes guerriers qui volaient, en chantant, au poste d'honneur que Napoléon leur avait assigné; les populations des villes et des villages les accueillaient sur leur passage par des applaudissemens qui enflammaient leurs âmes d'une nouvelle ardeur, et les faisaient jouir, par anticipation, des acclamations et des louanges que leurs amis, leurs parens, leurs concitoyens leur prodigueraient à leur retour.

La France semblait appelée à voir renaître sa grandeur éclipsée. Elle avait retrouvé toute son énergie: preuve évidente que la force des états est toujours l'ouvrage du Prince qui les gouverne. C'est lui qui, par la mollesse de son gouvernement, énerve l'esprit public et abatardit ses sujets; ou c'est lui qui leur inspire l'amour et l'orgueil de la patrie, et les porte à entreprendre tout ce qui peut en augmenter la puissance et la gloire.

Pour resserrer encore davantage l'union des Français et donner plus d'intensité à leur patriotisme, Napoléon autorisa le rétablissement des clubs populaires et la formation de confédérations civiques. Cette fois le succès ne répondit point à son attente. La majorité des clubs se remplirent des hommes qui composaient autrefois les sociétés et les tribunaux révolutionnaires; et leurs imprécations contre les rois, et leurs motions liberticides firent craindre à l'Empereur d'avoir ressuscité l'anarchie.

Les sentimens manifestés par les fédérés l'inquiétèrent également; il vit qu'il n'occupait point la première place dans leurs pensées, dans leurs affections; que le premier voeu de leurs coeurs était pour la liberté; et comme cette liberté était à ses yeux synonyme de la République, il mit tous ses soins à modérer, à gêner, à comprimer le développement de ces patriotiques associations. Parmi les fédérés, il se trouvait peut-être des hommes dont les principes pouvaient être dangereux et les intentions criminelles; mais, en général, ils se composaient de patriotes purs qui s'étaient armés pour défendre le gouvernement impérial, et non point pour le renverser.

Napoléon n'avait jamais été le maître de dompter l'éloignement que lui inspiraient les vétérans de la révolution. Il redoutait leur constance et leur audace, et se serait cru menacé ou perdu, s'ils avaient repris de la consistance et de l'ascendant. Cette terreur panique fut cause qu'il ne retira point des confédérations le parti qu'il s'en était promis, et qu'elles lui auraient offert indubitablement, s'il n'en eût point ralenti l'essor. Elle fut cause aussi qu'il fit peut-être une plus grande faute: celle d'arrêter les mouvemens populaires qui s'étaient manifestés dans la plupart des départemens. Dans l'état de crise où il se trouvait et dans lequel il avait entraîné la France, il ne devait dédaigner aucun moyen de salut; et le plus efficace, le plus analogue à sa position, était, sans contredit, de lier étroitement le peuple à son sort et à sa défense. Il fallait donc l'empêcher de répandre une seule goutte de sang, mais le laisser se compromettre avec quelques-uns de ces incorrigibles *ultrà* qui, depuis la restauration, l'avaient vexé, maltraité, outragé. Le peuple aurait mieux senti alors que ce n'était plus seulement la cause personnelle de Napoléon qu'il avait à défendre; et la crainte du châtiment et du joug lui aurait rendu cette ancienne exaltation si fatale à la première coalition.

La modération que Napoléon adopta dans cette circonstance, fut honorable et non point politique. Il se conduisit, comme il aurait pu le faire à l'époque où tous les partis, confondus et réconciliés, le reconnaissaient pour leur seul et unique souverain. Mais les choses étaient changées: il n'avait plus pour lui la France toute entière, et il fallait dès lors qu'il se conduisît plutôt en chef de parti qu'en souverain, et qu'il déployât, pour ainsi dire, toute la vigueur et l'énergie d'un factieux. L'énergie réunit les hommes, en leur ôtant toute incertitude et en les entraînant violemment vers le but. La modération au contraire les divise et les énerve, parce qu'elle les abandonne à leurs irrésolutions, et leur laisse le loisir d'écouter leurs intérêts, leurs scrupules et leurs craintes.

Les soins que donnait l'Empereur à ses préparatifs militaires, ne l'empêchaient point de continuer à s'occuper du bien-être de l'état, et à chercher à se concilier de plus en plus la confiance et l'affection publiques.

Déjà, dans d'autres tems, il avait retiré de ses ruines l'antique Université; de nouvelles bases plus larges, plus étendues, plus majestueuses avaient élevé cette noble institution à la hauteur du siècle et de la France. Mais l'éducation primaire ne répondait point aux efforts tentés pour l'améliorer et la répandre parmi les jeunes classes de la société.

M. Carnot, dans un rapport où la plus douce philantropie se trouvait alliée aux vues les plus sages et les plus élevées, fit apprécier à l'Empereur les avantages de la méthode des docteurs Bell et Lancaster; et le monarque et le ministre firent présent à la France, à la morale et à l'humanité, de l'enseignement mutuel.

L'Empereur, en détournant ses yeux de cette intéressante jeunesse, l'espoir de la patrie, les reporta sur les vieux soldats qui en avaient été jadis l'orgueil et le soutien.

Une ordonnance royale avait expulsé de leur asile un assez grand nombre d'invalides, et leur avait ravi une partie de leurs dotations: un décret les rétablit dans leurs droits; et une visite que fit l'Empereur à ces vétérans de la gloire, ajouta la grâce au bienfait.

Il se rendit aussi à l'École Polytechnique: c'était la première fois qu'il s'offrait aux regards des élèves de cette école. Leur amour pour la liberté absolue, leur penchant pour les institutions républicaines leur avaient long-tems aliéné l'affection de l'Empereur; mais l'éclatante bravoure qu'ils déployèrent sous les murs de Paris, leur rendit son estime et son amitié; et il fut satisfait (ce sont ses paroles) de retrouver une aussi belle occasion de se réconcilier avec eux.

Le faubourg Saint Antoine, ce berceau de la révolution, ne fut point oublié; l'Empereur le parcourut d'un bout à l'autre. Il se fit ouvrir les portes de tous les ateliers, et les examina dans le plus grand détail. Les nombreux ouvriers de la manufacture de M. Lenoir, qui avaient conservé précieusement la mémoire de ce que l'Empereur avait fait pour leur maître et pour eux, le comblèrent de témoignages de dévouement. Le commissaire de police du quartier avait suivi Napoléon dans cette manufacture; et voulant donner l'exemple, il ouvrit la bouche jusqu'aux oreilles pour mieux crier à tue tête, *Vive l'Empereur!* mais par un *lapsus linguæ* désespérant, il fit entendre, au contraire, un *Vive le Roi!* bien articulé. Grande rumeur! L'Empereur, se tournant vers cet homme, lui dit avec un ton railleur: «Eh bien; M. le Commissaire, vous ne voulez donc point vous défaire de vos mauvaises habitudes.» Cette saillie devint le signal d'un rire général; le commissaire rassuré reprit sa revanche, et plusieurs *vivat* vigoureux prouvèrent à Napoléon qu'on ne perd jamais rien pour attendre.

L'Empereur n'était accompagné que de trois officiers de sa maison. Il leur fut impossible de le soustraire aux approches et aux caresses du peuple; les femmes baisaient sa main, les hommes la lui serraient à le faire crier; les uns et les autres lui exprimaient par mille propos que je ne puis transcrire, la différence qu'ils faisaient entre son prédécesseur et lui. Dans tous les tems, il avait été fort aimé de la classe des ouvriers et des artisans. Il l'avait enrichie; et l'intérêt, chez le peuple comme chez les grands, est le principal mobile des affections[95].

L'Empereur, dans ses courses, recevait un grand nombre de pétitions. Ne pouvant les lire toutes, il m'ordonna de les examiner soigneusement et de lui en rendre compte. Il aimait à répondre à la confiance que lui témoignait le peuple; et souvent il accordait à la demande d'un citoyen obscur et inconnu, ce qu'il aurait peut-être refusé aux prières d'un maréchal ou d'un ministre.

L'utilité de ces communications familières entre la nation et le souverain, ne se renfermait point à ses yeux dans l'intérêt isolé du pétitionnaire. Il les regardait comme un moyen efficace de connaître les abus, les injustices, et de maintenir dans les bornes de leur devoir les dépositaires de l'autorité. Il se plaisait à les encourager, afin que ces mots: *Si l'Empereur le savait, ou l'Empereur le saura*, pussent soulager le coeur de l'opprimé et faire pâlir l'oppresseur.

Dans d'autres tems, il avait créé une commission spéciale pour recevoir les pétitions et leur donner la suite convenable. Ce bienfait ne lui paraissant point assez complet, il voulut qu'elles fussent soumises, sous ses propres yeux, à un premier examen. Il détermina lui-même les formes à suivre, et me chargea de lui faire connaître tous les jours, sans déguisement, les plaintes, les besoins et les voeux des Français. Je me fis un devoir, un honneur, de remplir dignement cette tâche, et de devenir le protecteur zélé de ceux qui n'en avaient point. Chaque matin, je remettais à l'Empereur un rapport, analytique des demandes susceptibles de fixer son attention; il les examinait avec soin, les apostillait de sa main, et les renvoyait à ses ministres avec des décisions favorables, ou avec l'ordre de les vérifier et de lui en rendre compte.

Enfin, pour combler, autant qu'il était en lui, l'attente publique, l'Empereur fit subir à la législation des droits réunis de nombreux changemens qui, en diminuant l'impôt, le dégagèrent de ses abus et de ses formes tyranniques, et le rendirent moins odieux et plus supportable. Ces améliorations bienfaisantes, quoiqu'incomplètes, furent accueillies avec reconnaissance; on sut gré à l'Empereur de ses efforts pour concilier les intérêts particuliers avec les besoins du trésor public.

Mais la satisfaction que faisaient éprouver à Napoléon les heureux effets de sa sollicitude, était fréquemment troublée par les inquiétudes et le mécontentement que lui donnaient les conciliabules et les manoeuvres des royalistes. «Les prêtres et les nobles, dit-il un jour dans un moment d'humeur, jouent gros jeu. Si je leur lâche le peuple, ils seront tous dévorés en un clin d'oeil[96]».

Déjà, par un décret du 25 mars, il avait ordonné aux ministres et aux officiers civils et militaires de la maison du Roi et de celles des Princes, ainsi qu'aux chefs des Chouans, des Vendéens et des volontaires royaux, de s'éloigner à trente lieues de Paris. Cette prudente précaution n'avait reçu qu'une exécution imparfaite. M. Fouché, pour se ménager un refuge dans le parti du Roi, avait fait appeler chez lui les principaux proscrits, leur avait témoigné l'intérêt qu'il prenait à leur position, les efforts qu'il avait faits pour prévenir leur exil; et en définitive, les avait autorisés assez généralement à rester à Paris.

L'Empereur, ne sachant point que leur audace était le fruit de la protection de son ministre, épiait l'occasion de les intimider par une grande sévérité. Sur ces entrefaites, un M. de Lascours, colonel, fut arrêté à Dunkerque où il s'était introduit en qualité d'émissaire du Roi. Napoléon, trompé par la similitude de nom, crut que cet officier était le même que celui qui prétendit, en 1814, avoir reçu et refusé d'exécuter l'ordre de faire sauter le magasin à poudre de Grenelle. «J'aurais eu du regret, dit-il, de sacrifier pour l'exemple un homme de bien, mais un imposteur comme celui-ci ne mérite aucune pitié. Écrivez au ministre de la guerre qu'il soit traduit devant une commission militaire, et jugé comme provocateur à la guerre civile et au renversement du gouvernement établi.»

L'Empereur, se tournant vers moi, ajouta: «Comment n'a-t-on pas démenti la fable absurde de cet homme?—Sire, lui répondis-je, Gourgaud m'a souvent assuré que tous vos officiers s'en étaient expliqués hautement, et que l'intention de plusieurs généraux, et particulièrement du général Tirlet, avait été de dévoiler au Roi cet odieux mensonge, mais...—C'est assez, dit l'Empereur; je ne tiens aucun compte des intentions: envoyez l'ordre, et que je n'en entende plus parler.»

Je perdis cette affaire de vue. J'ai su depuis que M. de Lascours fut acquitté.

Si le malheur eût voulu que M. de Lascours pérît victime de son dévouement, on aurait accusé l'Empereur de barbarie, et cependant il n'était ni cruel ni sanguinaire; car il ne faut pas confondre la cruauté avec la sévérité: je ne connais, hélas! qu'un seul acte, résultat des plus funestes conseils, qui puisse lui être reproché par la postérité[97]. Qui sont, hors de là, les victimes de sa prétendue férocité? Regardera-t-on comme un meurtre juridique, la mort de Georges et de ses obscurs complices? Aurait-on oublié la machine infernale et ses affreux ravages? Georges, à la tête des Chouans, était un Français égaré qu'on devait plaindre et épargner. Georges, à la tête d'une bande d'assassins, était indigne de toute pitié, et la morale et l'humanité exigeaient son supplice.

Dira-t-on que Pichegru fut étranglé par ses ordres? les desseins de Pichegru étaient si avérés, et les lois si formelles, qu'il ne pouvait échapper à l'échafaud: pourquoi donc l'aurait-il fait tuer? Les plus grands criminels eux-mêmes ne commettent point de forfaits inutiles. On craignait ses révélations?... Que pouvait-il apprendre à la France? que Napoléon aspirait au trône: personne ne l'ignorait.

Un homme que Napoléon devait redouter, c'était Moreau; fit-il attenter à sa vie? Cependant il était moins dangereux de l'assassiner, que de traduire, sur le banc où s'assied le crime, un guerrier alors si cher à la France et à l'armée.

Non, Napoléon n'était point cruel; il n'était point sanguinaire. Si quelquefois il fut inexorable, c'est qu'il est des circonstances où le monarque doit fermer son coeur à la compassion et laisser à la loi son action: mais s'il sut punir, il sut aussi pardonner; et au moment où il abandonnait Georges au glaive[98] de justice, il accordait la vie à MM. de Polignac et au marquis de Rivière, dont il honorait le courage et le dévouement.

L'Empereur ne s'en tint point à l'épreuve rigoureuse qu'il avait voulu tenter sur la personne de M. de Lascours; et par un décret daté de Lyon le 13 mars et publié le 9 avril, il ordonna la mise en jugement et le séquestre des biens du prince de BÉNÉVENT, du duc de RAGUSE, du duc D'ALBERG, de l'abbé de MONTESQUIOU, du comte de JAUCOURT, du comte de BEURNONVILLE, des sieurs LYNCH, VITROLLES, ALEXIS DE NOAILLES, BOURIENNE, BELLARD, LA ROCHE-JAQUELIN, SOSTÈNE DE LA ROCHEFOUCAULT[99], qui tous, en qualité de membres du gouvernement provisoire, ou d'agens du parti royal, avaient concouru au renversement du gouvernement impérial avant l'abdication de Napoléon.

Ce décret, quoique censé né à Lyon, vit le jour à Paris, et fut, comme je viens de le dire, le résultat de l'humeur que donnaient à Napoléon les menées des royalistes; les termes dans lesquels il était d'abord conçu, n'attestaient que trop son origine; l'article premier portait: *Sont déclarés traîtres à la patrie, et seront punis comme tels*, etc.

Ce fut moi qui écrivis ce décret, sous la dictée de l'Empereur. Quand j'eus fini, il m'ordonna d'aller le faire signer par le comte Bertrand, qui avait contresigné les décrets de Lyon. Je me rendis chez le Maréchal. Il lut le décret et me le remit en disant: «Je ne le signerai jamais: ce n'est point là ce que l'Empereur nous a promis; ceux qui lui conseillent de semblables mesures sont ses plus cruels ennemis; je lui en parlerai». Je reportai mot à mot à Napoléon cette réponse ferme et courageuse. Il m'ordonna de retourner près du Grand Maréchal, de chercher à vaincre sa répugnance, et s'il persistait, de le lui amener. Le comte Bertrand me suivit sur-le-champ, et tête levée, dans le cabinet de l'Empereur. «Je suis étonné, lui dit Napoléon avec un ton sec, que vous me fassiez de semblables difficultés. La sévérité que je veux déployer est nécessaire au bien de l'état.—Je ne le crois pas, Sire.—Je le crois, moi; et c'est à moi seul qu'il appartient d'en juger. Je ne vous ai point fait demander votre aveu, mais votre signature qui n'est qu'une affaire de forme, et qui ne peut vous compromettre en rien.—Sire, un ministre qui contresigne un acte du souverain est moralement responsable de cet acte; et je croirais manquer à ce que je dois à Votre Majesté et peut-être à moi-même, si j'avais la faiblesse d'attacher mon nom à de semblables mesures. Si Votre Majesté veut régner par les lois, elle n'a point le droit de prononcer arbitrairement, par un simple décret, la mort et la spoliation du bien de ses sujets. Si elle veut agir en dictateur et n'avoir d'autre règle que sa volonté, elle n'a point besoin alors du concours de ma signature. Votre Majesté a déclaré par ses proclamations qu'elle accorderait une amnistie générale. Je les ai contresignées de tout coeur, et je ne contresignerai point le décret qui les révoque.—Mais vous savez bien que je vous ai toujours dit que je ne pardonnerais jamais à Marmont, à Talleyrand et à Augereau; que je n'ai promis d'oublier que ce qui s'est passé depuis mon abdication. Je connais mieux que vous ce que je dois faire pour tenir mes promesses et pour assurer la tranquillité de l'état. J'ai commencé par être indulgent jusqu'à la faiblesse; et les royalistes, au lieu d'apprécier ma modération, en ont abusé; ils s'agitent, ils conspirent; et je dois, et je veux les mettre à la raison. J'aime mieux faire tomber mes coups sur des traîtres que sur des hommes égarés. D'ailleurs, tous ceux qui sont sur la liste, à l'exception d'Augereau, sont hors de France ou cachés. Je ne chercherai point à les atteindre; mon intention est de leur faire plus de peur que de mal. Vous voyez donc, continua l'Empereur en adoucissant sa voix, que vous avez mal jugé l'affaire; signez-moi cela, mon cher Bertrand, il le faut.—Je ne le puis, Sire. Je demande à Votre Majesté la permission de lui soumettre par écrit mes observations.—Tout cela, mon cher, nous fera perdre du tems; vous vous effarouchez, je vous l'assure, très-mal à propos; signez, vous dis-je, je vous, en prie; vous me ferez plaisir.— Permettez, Sire, que j'attende que Votre Majesté ait vu mes observations.» Le Maréchal sortit. Cette noble résistance n'offensa point l'Empereur; le langage de l'honneur et de la vérité ne lui déplaisait jamais, quand il partait d'un coeur pur.

Le général Bertrand remit à Napoléon une note raisonnée. Elle ne changea rien à sa résolution; elle le détermina seulement à donner au décret une forme légale.

L'Empereur, persuadé que le général Bertrand ne changerait point non plus de sentiment, ne voulut pas que le nouveau décret lui fût présenté, et il parut sans porter de contre-seing.

L'effet qu'il produisit, justifia les appréhensions du grand maréchal. On le considéra comme un acte de vengeance et de despotisme, comme une première infraction aux promesses faites à la nation. Les murmures publics trouvèrent des échos jusque dans le palais impérial. Labédoyère, dans un moment où Napoléon passait, dit assez haut pour être entendu: «Si le régime des proscriptions et des séquestres recommence, tout sera bientôt fini.».

L'Empereur, selon sa coutume, en pareil cas, affectait d'être content de lui, et ne paraissait nullement s'inquiéter de l'orage. Etant à table avec plusieurs personnages et dames marquantes de la cour, il demanda à madame la comtesse Duchâtel, si son mari, directeur-général des domaines, avait exécuté l'ordre de séquestrer les biens de Talleyrand et compagnie: «Cela ne presse point», lui répondit-elle sèchement. Il ne répliqua point, et changea de conversation.

On reproche sans cesse aux hommes qui l'entouraient, d'avoir rampé lâchement devant ses opinions et ses volontés; cette anecdote, et beaucoup d'autres que je pourrais raconter, prouvent que tous ne méritaient pas du moins ce reproche; mais, en supposant qu'il fût juste à l'égard de quelques personnes, est-il donc aussi facile, qu'on le croit communément, de combattre et de vaincre les volontés des souverains?

Napoléon, par fierté et peut-être par la conviction de sa supériorité, ne souffrait que difficilement les conseils.

Dans les affaires d'état, il s'était imposé la loi de consulter ses conseillers et ses ministres. Doué par la nature de la faculté de tout savoir ou de tout deviner, il prenait, presque toujours, une part active aux discussions; et, je dois le dire, à la louange commune de l'Empereur, de ses ministres et de ses conseillers, il régnait, dans ces discussions, la plupart du tems fort animées, une confiance, une franchise, une indépendance au-dessus de toute expression. L'Empereur, loin d'être choqué qu'on le contredît, endurait, provoquait les contradictions, et adoptait, sans résistance, l'avis de ses adversaires, quand il le croyait préférable à son propre sentiment.

Lorsqu'il s'agissait de ces grandes déterminations, qui influent sur le sort des empires, c'était autre chose. Il écoutait, pendant un certain tems, les objections de ses ministres; quand le terme de son attention était arrivé, il les interrompait, et soutenait son opinion avec tant de feu, de force et de persévérance, qu'il les réduisait au silence.

Ce silence était moins l'effet de leur obéissance passive aux intentions du monarque, que le résultat des leçons de l'expérience. Ils avaient vu que les entreprises de Napoléon, les plus téméraires, les plus incompréhensibles, j'ai presque dit les plus insensées, étaient invariablement couronnées du plus heureux succès, et ils s'étaient convaincus que la raison ne peut lutter contre les inspirations du génie et les faveurs de la fortune.

Souvent enfin, Napoléon ne consultait que sa seule volonté; et ses ministres ne connaissaient alors ses résolutions qu'en recevant l'ordre de les exécuter.

Telle était, et telle sera toujours la position des ministres, dans une monarchie où le Prince gouverne par soi-même, et surtout encore quand ce Prince, ainsi que Napoléon, n'aura dû le trône qu'à l'ascendant de son génie et de son épée.

Au surplus, le tems des flatteurs et des flatteries était passé pour Napoléon. Chacun avait intérêt à lui dire la vérité, et personne ne la lui épargnait.

La sécurité qu'inspirait cette rare et précieuse véracité, fut fortifiée par l'arrivée du prince Joseph et du prince Lucien. On connaissait la modération de l'un, le patriotisme de l'autre; et l'on se reposait sur tous deux du soin d'entretenir les intentions libérales et pacifiques de l'Empereur.

Le Prince Lucien avait été profondément affligé, en 1814, des malheurs de son frère, et s'était empressé de lui offrir sa fortune et ses services. Cette offre généreuse n'effaça point entièrement, du coeur de Napoléon, le souvenir de leurs anciens différends, mais elle en adoucit l'amertume; et l'on put prévoir, que leur inimitié ne serait plus éternelle.

Aussitôt que le Prince Lucien connut l'entrée de Napoléon à Paris, il lui écrivit une lettre de félicitations. «Votre retour, disait-elle, met le comble à votre gloire militaire. Mais il est une gloire plus grande encore, et surtout plus désirable, la gloire civile. Les sentimens et les intentions que vous avez manifestés solennellement promettent aux Français que vous saurez l'acquérir,» etc.

Le Prince Lucien cependant, malgré le désir de revoir cette patrie dont il plaidait la cause, n'osait point en approcher. Mais l'invasion du Roi de Naples ayant rendu ses services nécessaires au souverain pontife, la reconnaissance qu'il devait au Saint Père, triompha de ses appréhensions. Il partit sous le titre de secrétaire d'un nonce du pape, et franchit les Alpes sans obstacles. Arrivé sur le sol français, il écrivit à Napoléon, pour lui faire part de sa mission, et lui demander s'il lui serait agréable qu'il vînt à Paris. Le premier mouvement de Napoléon fut d'hésiter à le recevoir; le second, de lui tendre les bras. L'intention du prince était de retourner subitement à Rome où le rappelaient les intérêts qui lui étaient confiés; l'interruption des communications ne le permit point. Obligé de revenir à Paris, il rompit l'*incognito*; son retour fut alors annoncé publiquement, et fit sur tous les esprits une utile et agréable sensation.

L'Empereur, quelques jours auparavant, avait fait la conquête d'un autre personnage, moins illustre, il est vrai, mais également renommé pour son patriotisme et ses lumières: je veux parler de M. Benjamin Constant.

Napoléon, connaissant l'expérience et la réputation de ce savant publiciste, le fit appeler pour causer avec lui *de liberté et de constitution*. Leur entretien dura plus de deux heures. L'Empereur, voulant s'attacher M. Constant, mit en oeuvre tous ses moyens de séduction; et je laisse aux Français et aux étrangers qui l'ont approché, le soin de dire s'il était possible de lui résister.

Lorsqu'il voulait enchaîner quelqu'un à son char, il étudiait et pénétrait avec une extrême sagacité son genre d'esprit, ses principes, son caractère, ses passions dominantes; et alors, avec cette grâce familière, cette amabilité, cette force et cette vivacité d'expression qui donnait tant de prix et de charme à ses entretiens[100], il s'insinuait insensiblement dans votre âme, il s'emparait de vos passions, les soulevait mollement, les caressait avec art; puis, déployant tout-à-coup les ressources magiques de son génie, il vous plongeait dans l'ivresse, dans l'admiration, et vous subjuguait si rapidement, si complètement, qu'il semblait vous avoir enchanté.

Ce fut ainsi que M. Benjamin Constant succomba: il était arrivé aux Tuileries avec répugnance: il en sortit enthousiasmé.

Le lendemain, il fut nommé conseiller d'état; et il dut cette faveur non point à de basses soumissions, comme l'ont prétendu ses ennemis, mais à son savoir, et au désir qu'eut l'Empereur de donner à l'opinion et à M. Benjamin Constant lui-même, un gage d'oubli du passé, gage d'autant plus méritoire que l'Empereur, indépendamment de la philippique lancée contre lui le 19 mars par cet écrivain, avait en autre, sous les yeux, une lettre de sa main à M. de Blacas, lettre dont l'objet et les expressions étaient de nature à inspirer à Napoléon, pour son auteur, plus que de l'éloignement.

M. de Blacas avait laissé, dans ses cartons, un grand nombre de papiers. L'Empereur chargea le duc d'Otrante de les examiner. Il s'en repentit aussitôt et les lui fit redemander: une partie nous échut en partage; le reste fut remis à M. le duc de Vicence. Leur examen n'offrit rien d'intéressant. L'Empereur désappointé accusa M. Fouché d'avoir soustrait les pièces importantes. Celles que nous visitâmes, ne consistaient qu'en rapports particuliers, en notes confidentielles et anonymes. La haine de la révolution perçait à chaque mot, à chaque ligne. On n'osait point proposer nettement de révoquer la Charte et d'abolir les institutions nouvelles; mais on déclarait sans détour que la dynastie des Bourbons ne serait jamais en sûreté avec les lois actuelles, et qu'il fallait se défaire et se défier des hommes de la révolution. Pour mieux les connaître et les persécuter, M. de Blacas avait fait exhumer des archives du cabinet et des ministères, les documens qui pouvaient servir à apprécier leur conduite depuis 1789; et il s'était fait composer sur chacun d'eux des notes biographiques, qu'on aurait prises volontiers pour des actes d'accusation de M. Bellart[101].

Nous y trouvâmes aussi une foule de minutes, de lois et d'ordonnances, écrites de la main de ce ministre, et attestant, par leurs laborieuses corrections, combien il était dépourvu d'imagination et de facilité. Souvent il faisait trois ou quatre brouillons, avant de parvenir à donner de la consistance et de la suite à ses idées: son style familier était sec et boursoufflé: si le style est l'homme, que je plains M. de Blacas! Il prenait un soin extrême de varier, lui-même, les formules de ses rendez-vous; et la peine qu'il se donnait pour dire les mêmes choses de plusieurs manières différentes, rappelait à merveille le billet-doux du Bourgeois Gentilhomme: «Belle Marquise, vos beaux yeux me font mourir d'amour; d'amour mourir me font, belle Marquise, vos beaux yeux.»

Nous recueillîmes enfin, dans le cabinet de ce ministre, une ample collection royale de dénonciations, de placets, de justifications et d'amendes honorables, de ces hommes qui, tels que Lockard, sont toujours *les très-humbles serviteurs des événemens.*

Ces humbles serviteurs, quand l'Empereur fut de retour de l'île d'Elbe, ne manquèrent point de se prosterner de nouveau devant lui. Ils l'assurèrent, à l'exemple d'un certain marquis très-connu, qu'ils ne l'avaient renié, injurié, calomnié, que pour pouvoir lui rester fidèles, sans se rendre suspects au gouvernement royal; ils le conjurèrent de leur accorder le bonheur et la gloire de le servir; mais il dédaigna leurs supplications, comme il avait dédaigné leurs outrages: ils n'obtinrent que son mépris. Toujours sans pudeur et sans foi, ils s'empressèrent, aussitôt la chute de Napoléon, de faire une nouvelle volte-face et de reporter au Roi leurs hommages flétris. Les uns, tel que M. le comte de M***, dont les mains sont encore fumantes du sang de ses administrés, parvinrent, à l'aide de leur fidélité mensongère, à surprendre sa facile confiance. Les autres, tel que M. F***, devinrent dans leurs écrits, les persécuteurs acharnés des hommes dont ils avaient envié le sort et mendié l'appui. Tous s'arrogèrent exclusivement le titre de royalistes purs, le titre d'honnêtes gens... Je les connais... le masque dont ils se couvrent les honneurs, les dignités dont ils sont revêtus, ne peuvent les déguiser à mes yeux... les nommerai-je?... Et l'on accuse l'Empereur de mépriser les hommes!... ah! quel est le souverain qui peut les estimer?

Fin du premier volume.

NOTES

[1: On sait que les malheurs de cette journée et du reste de la campagne, furent causés par la trahison des Saxons et par la défection des princes de la Confédération du Rhin.]

[2: On a prétendu que Napoléon, depuis son abdication, avait souvent répété: *ce sont les idées libérales qui m'ont tué.* L'a-t-il dit? Je ne le pense pas. Je suis loin de contester que les idées libérales n'aient acquis aujourd'hui une force irrésistible; mais elles n'eurent, je crois, aucune part à la première chute du trône impérial: on n'y songeait point alors. La France était façonnée au gouvernement de Napoléon, et ne s'en plaignait point. Elle n'était point libre, dans le sens où elle veut l'être aujourd'hui; mais la liberté dont elle jouissait lui suffisait: et si, dans certains cas, on exigeait d'elle une obéissance absolue, elle n'avait du moins qu'un seul maître, et ce maître était le maître de tous.

La nation, il est vrai, abandonna Napoléon en 1814; mais ce ne fut point parce qu'elle était lasse et mécontente de son gouvernement: ce fut parce qu'une suite non interrompue de guerres désastreuses l'avait épuisée, abattue, démoralisée. Elle n'aurait pas mieux demandé que d'obéir encore: elle n'en avait plus la force ni le courage.

La véritable cause de la chute de Napoléon est indubitablement sa haine contre l'Angleterre, et le système continental qui en fut le résultat.

Ce système gigantesque, en oppressant l'Europe, devait finir par la soulever contre Napoléon et la France, et par amener dès-lors la perte de la France et de Napoléon. «Rome, dit Montesquieu, s'était agrandie, parce qu'elle n'avait eu que des guerres successives; chaque nation, par un bonheur inconcevable, ne l'attaquant que quand l'autre avait été ruinée. Rome fut détruite parce que toutes les nations l'attaquèrent à la fois et pénétrèrent partout.»]

[3: Le Comte d'Artois avait devancé dans Paris son auguste frère; il répondit par ces belles paroles aux félicitations que lui adressèrent, sur son retour, les autorités municipales du Paris.]

[4: *Journal des Débats.* L'un des principaux propriétaires et rédacteurs était M. Laborie, créature de M. de Talleyrand, et secrétaire intime du gouvernement provisoire.]

[5: Les femmes de l'ancien régime, exemptes de la crainte qui retenait encore leurs maris, s'abandonnèrent sans ménagement et sans pudeur, à toute la fougue de leur haine et de leur orgueil. Elles insultèrent ouvertement les femmes nouvellement titrées; et celles de ces dernières que le rang de leurs maris forçait d'aller à la cour, n'y arrivaient qu'en tremblant, et n'en sortaient qu'en larmes.]

[6: Je cite de mémoire].

[7: Ce mot est un de ceux dont les ministres abusèrent le plus. Quand on leur représentait que tel magistrat, tel militaire, tel employé qu'ils, venaient de destituer, avait rempli ses devoirs avec honneur, avec distinction; qu'il était aimé, estimé, regretté, ils répondaient: *c'est un homme dangereux*, et tout était dit.]

[8: Le Général Dupont.]

[9: M. l'Abbé de Montesquiou.]

[10: M. Dambray.]

[11: Je n'entends parler ici que des êtres pensant et agissant il est dans tous les tems une classe d'hommes nuls qui n'appartiennent, par insouciance, par égoïsme, par stupidité, à aucun parti et, pour ainsi dire, à aucune nation].

[12: Je ne puis mieux repousser, en général, cette imputation de mutinerie, qu'en citant les paroles suivantes arrachées à M. de Montesquiou, le 14 Mars, par la force de la vérité. Depuis dix mois, dit-il, dans le corps de la Vieille Garde en garnison à Metz, pas *un* soldat ni *un* seul officier n'a été réprimandé une seule fois.]

[13: Le rétablissement de la maison du roi déplut à tout le monde et excita particulièrement le mécontentement et la jalousie de la garnison de Paris.

Les soldats de la ligne et les gardes nationaux de service aux Tuileries, ne pouvant se soumettre à regarder les gardes-du-corps comme étant au-dessus d'eux, s'abstenaient la plupart du tems de leur porter les armes. Ils se plaignirent, et l'ordre fut donné à la troupe de ligne seulement, de leur rendre, sous peine de punition, les honneurs militaires qui leur étaient dus. De jeunes gardes-du-corps, fiers de cette victoire prirent plaisir à passer et repasser sans cesse devant les factionnaires, et à les forcer chaque fois de rendre respectueusement hommage à leurs épaulettes, etc. L'on sent facilement combien cet enfantillage qui ne fut pas réprimé, dut humilier et blesser les vieux soldats de Napoléon.]

[14: Les Chouans ne perdaient jamais l'occasion d'un meurtre. Ils portaient le fusil en conduisant la charrue, et souvent ils arrosaient de sang le sillon qu'ils creusaient. C'était surtout contre les prêtres assermentés, contre les acquéreurs de domaines nationaux, qu'ils employaient tous les raffinemens de la barbarie. Ils surprenaient rarement une ville sans rançonner les habitans, sans égorger ceux qui étaient désignés à leur haine, etc.—*Lacretelle, Précis de la Révolution.*]

[15: Les sieurs Dard et Falconnet.

Pour apaiser les clameurs publiques, on décerna contre eux un mandat d'amener, motivé sur ce qu'ils avaient voulu exciter la guerre civile et armer les citoyens les uns contre les autres. On devina facilement que ce mandat n'était qu'une dérision, et qu'en aggravant le délit, on avait voulu favoriser l'absolution des coupables: effectivement ils furent acquittés.]

[16: On évalue à neuf ou dix millions le nombre des individus qui ont participé directement ou indirectement aux ventes et reventes des domaines nationaux.]

[17: Les grands seigneurs, avant la révolution, obtenaient des arrêts de surséance, à l'aide desquels ils se jouaient impunément de leurs engagemens et des poursuites de leurs créanciers.]

[18: Un gouvernement peut quelquefois sans danger attaquer les principes; mais il n'attaque jamais impunément les hommes et les intérêts. L'intérêt personnel (et cette vérité quoique affligeante n'en est pas moins incontestable) est le premier (j'ai presque dit le seul) mobile des opinions et des sentimens.

Ce funeste égoïsme se fait particulièrement sentir après les grandes catastrophes des états. Les passions nobles, n'ayant plus alors d'alimens, s'éteignent peu à peu; l'esprit, sans occupation au-dehors, se replie sur soi-même et engendre l'intérêt personnel, vrai fléau de l'âme. Quand ce mal attaque une nation, le gouvernement qui blesse les intérêts individuels est perdu.]

[19: C'était avec le secours des ordonnances de toute nature, que le ministère statuait, quand bon lui semblait, sur des objets d'administration publique qui ne devaient être réglés que par les lois; en sorte, que la plupart des lois soumises aux chambres «étaient déjà créées et exécutées en vertu d'ordonnances, et que les fonctions des chambres se réduisaient à légitimer les usurpations du ministère, en métamorphosant en lois ses décisions et ses actes arbitraires.» (*Censeur*.)]

[20: Plusieurs personnes, à Paris même, furent maltraitées et reçurent des coups de baïonnettes, pour avoir refusé de se découvrir et de plier le genou au moment où passaient les processions.]

[21: J'ai cru ne pouvoir mieux traduire leurs paroles, qu'en copiant ce passage du Précis de la révolution par M. Lacretelle jeune.]

[22: Napoléon eut dès sa jeunesse, on peut même dire dès son enfance, le pressentiment qu'il n'était point destiné à vivre dans la médiocrité. Cette opinion lui inspira de bonne heure du dédain pour les autres, de la considération pour lui-même. À peine fut-il admis dans l'artillerie, qu'il se crut le supérieur de ses égaux, l'égal de ses supérieurs. Appelé, à l'âge de 26 ans, au commandement de l'armée d'Italie, il passa sans s'étonner d'un grade secondaire au rang suprême, et prit sur-le-champ, avec ces vieux généraux si fiers de leurs lauriers, un air de grandeur et d'autorité qui les plaça, vis-à-vis de lui, dans une position nouvelle pour eux, et qui cependant ne leur parut ni extraordinaire ni humiliante; tant l'ascendant exercé par Napoléon, était irrésistible! tant il possédait en lui-même cet instinct de commander, ce talent de se faire obéir, qui ne sont ordinairement l'apanage que des hommes nés sur le trône.

Napoléon, dans tous les pays du monde, serait probablement parvenu au faîte de la puissance. Il avait été formé par la nature pour commander ou régner, et jamais elle ne crée de tels hommes pour les laisser dans l'obscurité. Il semble, comme le remarque je ne sais quel écrivain qu'elle soit glorieuse de son ouvrage et qu'elle veuille l'offrir à l'admiration en le plaçant elle-même à la tête des associations humaines.]

[23: Napoléon exerça sur l'Europe, par suite de son système continental, un véritable despotisme. On ne veut point le nier ici: on veut tirer seulement la conséquence que ce despotisme extérieur avait dû concourir à faire croire à l'Europe, sans autre examen, que l'homme qui tyrannisait aussi violemment des peuples qui n'étaient point à lui, devait être, à plus forte raison, le tyran de ses propres sujets.]

[24: Paroles de l'Empereur aux députés des Cortès à Bayonne.]

[25: On a beaucoup reproché à Napoléon d'avoir aspiré à la monarchie universelle: ce reproche fut adressé de tout tems aux princes ambitieux et puissans. Jamais prince, il faut l'avouer, ne fut plus autorisé que Napoléon à se laisser séduire par cette brillante chimère. Du haut de son trône, il tenait en main les rênes d'une partie de l'Europe et en faisait mouvoir à son gré les dociles monarques. Leurs sujets, au premier mot, ou premier signal, accouraient se ranger sous les aigles impériales. Leur mélange continuel avec les Français, leur obligation d'obéir à Napoléon, les avaient habitués à le regarder comme leur chef, et de chef à souverain la transition est facile. Mais Napoléon, quelle que soit l'ambition qu'on lui suppose, avait trop de bon sens pour aspirer au trône universel: il eut un autre dessein, celui de rétablir l'Empire d'Orient et l'Empire d'Occident. Il serait inutile de révéler les hautes et puissantes considérations qui lui avaient suggéré cette grande et noble pensée: alors il était permis à la France de vouloir ressaisir le sceptre de Charlemagne; aujourd'hui, il faut oublier que nous avons été les maîtres du monde.]

[26: Louis XIV, tant vanté pour ses libéralités, ne donnait par an, à titre de pension, aux savans et artistes français, que 52,300 f. et 14,000 f. aux savans étrangers.]

[27: L'honneur, la patrie, Napoléon s'étaient tellement identifiés dans l'esprit des soldats, que les prisonniers d'Angleterre arrachés par Louis XVIII à de longues années de souffrance et de captivité ne rentraient en France qu'en maudissant leur liberté, et en faisant entendre les cris de *Vive l'Empereur!*

Dans les déserts mêmes de la Russie, on ne put jamais arracher aux prisonniers Français, ni par la menace des mauvais traitemens, ni par la promesse de les secourir lorsqu'ils mouraient de faim, un seul mot, un seul murmure contre Napoléon.]

[28: Le général Dupont venait d'être remplacé par le maréchal Soult.]

[29: Il prit pour défenseur l'un des habiles et courageux rédacteurs du *Censeur*, M. Comte; et pour conseil le général Fressinet. Cet officier, dont la fermeté de caractère égale le talens et la bravoure, fut puni plus tard par l'exil, de l'assistance généreuse qu'il prêta dans cette importante circonstance au général Excelmans, son frère d'armes et son ami.]

[30: On a prétendu, mais à tort, qu'il conservait son goût pour les exercices militaires. Pendant son séjour à Porto-Ferrajo, il ne passa point une seule revue: il paraissait n'avoir plus d'attrait pour les armes.]

[31: On sait qu'il n'y avait point un seul individu de marque attaché au service de ses Alliés et de ses ennemis, dont Napoléon ne connût parfaitement le fort et le faible.]

[32: Cet officier est celui dont il est question dans la déclaration du 15 mars au prince d'Essling, alors gouverneur de la 8ème division militaire, par M. P., débarqué avec Napoléon de l'ile d'Elbe et arrêté à Toulon par ordre du Préfet du département du Var.]

[33: L'Empereur étant à la Malmaison, me demanda ce qu'était devenu M. Z. «Il a été tué, lui dis-je, sur le plateau de Mont St. Jean.—Il est bien heureux, me répondit-il. Puis il continua: Vous a-t-il dit qu'il était venu à l'île d'Elbe?— Oui, Sire: Il m'a même remis la relation de son voyage et des entretiens qu'il eut avec Votre Majesté.—Il faudra me donner cette relation; je l'emporterai; elle me servira pour mes mémoires.—Je ne l'ai plus, Sire.—Qu'en avez-vous donc fait? il faut la r'avoir et me la remettre demain.—Je l'ai déposée dans les mains d'un ami qui n'est point à Paris en ce moment.—Ainsi cette relation va courir le monde?—Non, Sire; elle est renfermée sous enveloppe dans une boîte dont j'ai conservé la clé; mais si je ne puis la remettre à Votre Majesté d'ici à son départ, Votre Majesté pourra dans tous les cas en avoir connaissance: car je me propose, suivant les volontés de M. Z., de la faire imprimer, à moins que Votre Majesté ne me le défende.—Non, je vous le permets; retranchez-en ce qui pourrait compromettre ceux qui m'ont montré de l'attachement. Si Z. a rapporté fidèlement tout ce qui s'est passé, les Français sauront que je me suis sacrifié pour eux, et que ce n'est point l'amour du trône qui m'a ramené en France, mais le désir de rendre aux Français les biens les plus chers aux grands peuples, l'indépendance et la gloire. Il faudra prendre garde qu'on ne vous enlève votre manuscrit: ils le falsifieraient; faites-le passer en Angleterre à ***, il le fera imprimer: il m'est dévoué, et il pourra vous être fort utile. M*** vous donnera une lettre pour lui. Entendez-vous?—Oui, Sire.—Mais faites tous vos efforts pour retirer votre manuscrit avant mon départ; je vois bien que vous y tenez, et je vous le laisserai; je veux seulement le lire.» L'empereur le lut, et me le rendit en disant. Z. a dit la vérité, et rien que la vérité. Conservez son manuscrit pour la postérité.]

[34: Petit cabriolet découvert où l'on tient à peine une personne, et avec lequel on va un train d'enfer.]

[35: La feuille du bord ne portait que six hommes, ils avaient pris un matelot en sus pour se retrouver six après mon débarquement: sans cette précaution, ils auraient été obligés en arrivant à terre de prouver ce qu'ils avaient fait du matelot que je représentais.]

[36: On connaît à-peu-près le tems nécessaire pour le trajet d'un port à l'autre. Si l'on excède ce tems sans motif plausible on suppose que vous avez pu relâcher en route dans un lieu infecté, et l'on vous oblige par excès de précaution, à faire la petite quarantaine. On inflige aussi la petite quarantaine comme châtiment, aux patrons des barques, lorsqu'ils ne sont point soumis et respectueux envers les officiers de la santé.]

[37: Les journaux ministériels m'avaient fait croire que la mer était couverte de vaisseaux Anglais et Français qui arrêtaient au passage les bâtimens et les passagers allant à l'île d'Elbe. Je n'en rencontrai point un seul. On exerçait dans les ports une surveillance aussi brutale que tyrannique, mais la mer était libre. On entrait à Porto-Ferrajo et l'on en sortait, sans éprouver le plus léger obstacle.]

[38: La corvette commandée par le capitaine Campbell.]

[39: En général, il aimait beaucoup à intimider et à déconcerter ceux qui l'approchaient. Tantôt il feignait de ne point entendre et vous faisait répéter très-haut ce qu'il avait fort bien entendu (quoique réellement il fût un peu sourd.) D'autres fois, il vous accablait de questions si rapides et si brusque que vous n'aviez pas le tems de le comprendre, et que vous lui répondiez tout de travers. Il s'amusait alors de votre embarras, et se réjouissait à vos dépens du plaisir de vous avoir fait manquer d'assurance et de présence d'esprit— *Note de l'auteur des Mémoires.*]

[40: L'Empereur, dans la crainte que Salviti et ses compagnons ne se rencontrassent avec moi dans le port où je pourrais descendre, avait fait mettre leur barque en fourrière sous le prétexte de les punir de m'avoir conduit de vive force à Livourne.]

[41: Je l'avais appris dans la traversée.]

[42: Cette relation prouve évidemment que la révolution du 20 mars ne fut point l'effet d'une conspiration, mais l'ouvrage inouï de deux hommes et de quelques mots.

La part qu'eut au retour de Napoléon M. Z., appellera peut-être sur sa tête le blâme des gens qui ne jugent les événemens que d'après leurs résultats. Ce blâme serait-il fondé? Les hommes sont-ils responsables des caprices du sort? N'est-ce pas à la fortune plutôt qu'à M. Z. qu'il faut imputer la fin désastreuse de cette révolution, commencée sous d'aussi heureux auspices?

Plus fortuné que Napoléon, M. Z. fut tué sur le mont St. Jean au moment où nos troupes y pénétraient aux applaudissemens de l'armée. Il put rendre le dernier soupir sur les drapeaux que les vainqueurs de Ligny venaient d'arracher aux Anglais, et loin de prévoir que son voyage à l'île d'Elbe serait peut-être un jour reproché à sa mémoire, il dut mourir avec la pensée que la victoire avait fixé irrévocablement nos destinées, et que son nom, cher aux Français, cher au héros qu'il leur avait rendu, serait à jamais consacré par la reconnaissance de la France redevenue la grande Nation.

Je ne ravirai point d'avance à ses mânes cette consolante illusion; je ne leur apprendrai point que... Non! il sera toujours tems de troubler leur repos, et j'attendrai l'attaque pour commencer la défense.]

[43: La flotille de Napoléon était composée du brick l'*Inconstant*, portant vingt-six canons et quatre cents grenadiers, et de six autres petits bâtimens légers, montés par deux cents hommes d'infanterie, deux cents chasseurs Corses, et environ cent chevau-légers Polonais.

Les félouques et le brick avaient été disposés de manière à ne point laisser apercevoir les troupes et à ne présenter l'aspect que de bâtimens marchands.]

[44: On est persuadé assez généralement que l'évasion de l'Empereur de l'île d'Elbe fut favorisée par le capitaine Campbell: je ne le pense pas; mais tout porte à croire que cet officier avait reçu de son gouvernement l'ordre de ne point s'y opposer.—(*Note de l'Auteur des Mémoires.*)]

[45: Il s'était enfui précipitamment jusqu'à Bâle.]

[46: La cocarde adoptée par Napoléon, comme souverain de l'île d'Elbe, était blanche et amaranthe, parsemée d'abeilles.]

[47: Les écrits publiés depuis la seconde restauration n'ont point manqué de prétendre que les troupes de l'Empereur pillèrent odieusement les communes qu'elles traversèrent. Cette imputation est, comme tant d'autres, une lâche calomnie. L'Empereur avait recommandé à ses grenadiers (et l'on sait qu'ils ne lui désobéirent jamais) de ne rien exiger des habitans; et pour prévenir jusqu'au moindre désordre, il avait pris lui-même le soin de régler les moyens de constater et de payer toutes les fournitures. Il avait chargé de cette opération un Inspecteur en chef aux revues, M. Boinot, et un commissaire des guerres, M. Ch. Vauthier, dont il estimait particulièrement le zèle et l'intégrité. Les fournitures, aussitôt leur livraison, étaient acquittées par le trésorier, M. Peyruse, sur un décompte arrêté par M. Vauthier et au prix que les maires avaient eux-mêmes fixés.]

[48: Cette forme de procéder, digne des siècles barbares, était une nouvelle infraction du ministère, au droit des gens et aux lois constitutionnelles de la France. Aucun article de la Charte ne conférait au monarque le droit de mort sur ses sujets, et l'on n'avait point conséquemment le pouvoir de proscrire les hommes qui accompagnaient et assistaient Napoléon. Si on les considérait même comme des brigands, c'était aux tribunaux à les juger et à les punir.

On n'était nullement autorisé non plus à faire courir sus à Napoléon. Il avait conservé le titre d'*Empereur*; il jouissait légalement des prérogatives de la souveraineté, et pouvait faire à son gré la paix ou la guerre.

Le titre d'*Empereur des Français* qu'il s'arrogeait ne pouvait être un titre de proscription. George III s'intitula jusqu'à l'époque du traité d'Amiens, *Roi de France et de Navarre*. Aurait-on eu le droit, s'il fût descendu à main armée sur notre territoire, de le mettre hors la loi et d'ordonner aux Français de lui courir sus?]

[49: Ces quatre généraux s'étaient concertés pour se porter ensemble sur Paris. Les troupes du comte d'Erlon, cantonnées à Lille, trompées par des ordres supposés, étaient en marche, lorsqu'elles furent rencontrées par le Duc de Trévise qui allait prendre le commandement de son gouvernement. Il les interrogea, pénétra le complot et les fit rétrograder.

Le comte Lefebvre-Desnouettes, ignorant ce contre-tems, mit en mouvement son régiment en garnison à Cambrai. Arrivé à Compiègne, il n'y trouva point les troupes sur lesquelles il comptait, et montra de l'hésitation. Les officiers de son corps, et particulièrement le major Lyon, le questionnèrent et finirent par l'abandonner.

D'un autre côté, les frères Lallemand, dont l'un était général d'artillerie, s'étaient portés sur la Fère, avec quelques escadrons, dans l'intention de s'emparer du parc d'artillerie. La résistance que leur fit éprouver le général d'Aboville les déconcerta; et après avoir essayé vainement de débaucher la garnison, ils prirent la fuite et furent bientôt arrêtés.

On a cru que cette levée de boucliers avait été concertée avec Napoléon. Je sais de bonne part, qu'elle fut uniquement le résultat d'une soirée qui eut lieu chez le général ***. Quelques bowls de punch avaient exalté les têtes; on se plaignit; on s'indigna de se laisser faire la loi par une poignée d'émigrés sans courage; on reconnut combien il serait facile de s'en défaire; et de paroles en paroles, On finit par convenir qu'on marcherait sur Paris et qu'on forcerait le Roi à changer le ministère et à chasser hors de France tous les individus désignés par l'opinion publique comme ennemis de la Charte, et perturbateurs du repos et du bonheur public.

Voilà quel était leur seul et véritable but.]

[50: M. le Chancelier oubliait sans doute la proscription à mort des Français qui suivaient ou assistaient Bonaparte.]

[51: On assure qu'il y eut à cette occasion une conférence à laquelle assistèrent MM. Lainé, de Broglie, La Fayette, d'Argenson, Flaugergues, Benjamin Constant, etc., dans laquelle il fut décidé qu'on demanderait au Roi, au nom du salut public: 1.° De renvoyer MM. de Blacas, Montesquiou, Dambray, et Ferrand; 2.° D'appeler à la chambre des Pairs, quarante membres nouveaux, choisis exclusivement parmi les hommes de la révolution; 3.° De confier à M. de la Fayette le commandement de la garde Nationale; 4.° D'envoyer des commissaires patriotes pour stimuler le dévouement, le zèle et la fidélité des troupes]

[52: Il avait fait à cheval, et plus souvent à pied, la route de Cannes à Grenoble.]

[53: Ce fut une grande inconséquence de mettre le Comte d'Artois en présence de Napoléon. Il était facile de prévoir si ce prince succombait dans une ville de cent mille âmes contre huit cents hommes, que tout serait décidé.]

[54: Le maréchal Macdonald ne fut point aussi heureux. Deux hussards, dont l'un était ivre, le poursuivirent, et l'auraient arrêté, si le maréchal n'eût été dégagé par son aide-de-camp.]

[55: Les personnes qui ont approché Napoléon savent qu'il recommandait à ses secrétaires et aux officiers de sa maison de tenir note de ce qu'il avait dit et fait dans ses voyages. On a dû trouver aux Tuileries une foule de notes de cette nature, dont la plupart offraient des détails du plus haut intérêt. J'ai conservé les miennes, et c'est d'après elles que j'ai écrit une grande partie cet ouvrage.]

[56: Les Bourbons.]

[57: Les journaux du tems avaient prétendu que Napoléon, quoiqu'ayant dans sa poche la proclamation d'Augereau, pleine de reproches et d'invectives, s'était jeté dans ses bras et avait essuyé, sans mot dire, les reproches sanglans du maréchal.]

[58: Il était retiré en Suisse.]

[59: L'auteur d'un libelle intitulé: *Les Quinze Semaines*, prétend qu'on fit entendre les cris de *vive la mort! vive le crime! à bas la vertu! à bas Dieu!* Une semblable imputation n'a pas besoin d'être réfutée; je ne la rapporte ici que pour prouver à quel point l'esprit de parti et les passions haineuses ont égaré les écrivains soi-disant royalistes. On a prétendu également que le peuple avait pillé et dévasté un grand nombre de boutiques et de magasins; le fait est faux: il n'y eut d'autre désordre que sur la place de Bellecour, où le peuple brisa les vitres et les tables du Café Bourbon, connu pour être le lieu de réunion des ultra-royalistes: ce désordre fut apaisé et réprimé sur-le-champ.]

[60: Il avait voulu pérorer les Châlonnais qui ne lui laissèrent que le tems de se sauver.]

[61: Je n'ose l'affirmer, ayant confondu dans mes notes Châlons, Avalons, etc.

[62:

ORDRE DU JOUR.

Le Maréchal Prince de la Moskova aux troupes de son Gouvernement.

OFFICIERS, SOUS-OFFICIERS, ET SOLDATS!

La cause des Bourbons est à jamais perdue. La dynastie légitime que la nation Française a adoptée, va remonter sur le trône: c'est à l'Empereur Napoléon, notre souverain, qu'il appartient seul de régner sur notre beau pays. Que la noblesse des Bourbons prenne le parti de s'expatrier encore, ou qu'elle consente à vivre au milieu de nous; que nous importe! La cause sacrée de la liberté et de notre indépendance ne souffrira plus de leur funeste influence. Ils ont voulu avilir notre gloire militaire, mais ils se sont trompés: cette gloire est le fruit de trop nobles travaux, pour que nous puissions jamais en perdre le souvenir. Soldats! les tems ne sont plus où l'on gouvernait les peuples en étouffant leurs droits. La liberté triomphe enfin, et Napoléon, notre auguste Empereur, va l'affermir à jamais. Que désormais cette cause si belle soit la nôtre et celle de tous les Français: que tous les braves que j'ai l'honneur de commander se pénètrent de cette grande vérité.

Soldats! je vous ai souvent menés à la victoire, maintenant je vais vous conduire à cette phalange immortelle que l'Empereur Napoléon conduit à Paris, et qui y sera sous peu de jours; et là, notre espérance et notre bonheur seront à jamais réalisés. Vive l'Empereur!

Lons le Saulnier, le 13 Mars, 1815.

Le Maréchal d'Empire,

PRINCE DE LA MOSKOVA.]

[63: Il faisait allusion à l'installation du conseil d'état, où le chancelier mit effectivement un genou en terre pour demander et recevoir les ordres du roi, au banquet de la ville, où le Préfet, sa femme et le corps municipal servirent à table le roi et sa suite, composée de quarante dames de l'ancienne cour, et de quatre dames seulement de la nouvelle noblesse parmi lesquelles se trouvaient les deux épouses des maréchaux de service.]

[64: M. Gamot, préfet d'Auxerre, avait épousé la soeur de Madame Ney.]

[65: Il est incontestable, en effet, qu'une insurrection générale, provoquée par la conduite oppressive et insensée du gouvernement, allait éclater au moment où Napoléon reparut.

On savait que la France, fatiguée, dégoûtée, mécontente du nouvel ordre de choses, appelait de tous ses voeux une seconde révolution; et l'on s'était réuni et concerté pour préparer la crise, et la faire tourner à l'avantage de la patrie.

Quelques mécontens prétendaient qu'il fallait commencer par secouer le joug insupportable sous lequel on gémissait, sauf à voir ensuite ce qu'on ferait: le plus grand nombre se prononçait formellement pour le rappel immédiat de l'Empereur, et voulait qu'on lui députât des émissaires ou qu'on envoyât des vaisseaux l'enlever de l'île d'Elbe.

On était unanimement d'accord sur la nécessité d'un changement, et l'on cherchait à s'accorder sur le reste, lorsque l'arrivée subite de Napoléon mit fin à toute discussion.

L'Empereur, après le 20 Mars, eut connaissance de ces projets de soulèvement et sut que certains chefs avaient montré de l'hésitation à se servir de lui; «Les meneurs, disait-il, voulaient s'approprier l'affaire et travailler pour eux; ils prétendent aujourd'hui m'avoir frayé le chemin de Paris, je sais à quoi m'en tenir: c'est la nation, le peuple, les soldats, les sous-lieutenans qui ont tout fait. C'est à eux, à eux seuls que je dois tout.]

[66: Sobriquet donné aux officiers émigrés.]

[67: Il venait de recevoir le commandement de l'avant-garde.]

[68: Napoléon avait déjà donné des ordres semblables au général Cambronne. Voici sa lettre, que je me reproche de n'avoir point citée.

«Général Cambronne, je vous confie ma plus belle campagne; tous les Français m'attendent avec impatience; vous ne trouverez partout que des amis: ne tirez point un seul coup de fusil, je ne veux pas que ma couronne coûte une goutte de sang aux Français.»]

[69: Napoléon était fataliste et superstitieux, et ne s'en cachait point. Il croyait aux jours heureux et malheureux. On s'étonnerait de cette faiblesse, si l'on ne savait qu'elle fut commune aux plus grands hommes de l'antiquité et des siècles modernes.]

[70: C'était la caresse favorite de Napoléon. Plus il vous aimait, plus il vous en donnait, et plus fort il frappait.]

[71: Le duc de Vicence, convaincu de l'inutilité des efforts que ferait Napoléon pour établir des relations diplomatiques avec les puissances étrangères, refusa d'accepter le ministère. L'Empereur l'offrit à M. Molé. M. Molé objecta qu'il était entièrement étranger à la diplomatie, et pria Napoléon de faire un autre choix. Napoléon et ses autres ministres pressèrent tellement alors le duc de Vicence, que celui-ci se fit un devoir de céder. Il aurait préféré que l'Empereur lui eût donné un commandement dans l'armée, où du moins il aurait pu trouver l'occasion de servir utilement la patrie et l'Empereur.

Le ministère de l'intérieur, destiné d'abord à M. Costaz, fut également proposé à M. Molé, et finit par être donné à M. Carnot, sur la proposition du duc de Bassano.

L'Empereur ne fut point content des refus opiniâtres de M. Molé; il aimait son nom, et faisait cas de ses talens. Il avait eu l'intention de le nommer gouverneur du prince Impérial, et ce fut à telle pensée que M. Molé dut principalement le haut rang auquel il avait été élevé si rapidement.

Néanmoins, M. Molé demanda et obtint la direction générale des ponts et chaussées, qu'il occupait en 1813, avant d'être employé au ministère de la justice.]

[72: Adresse du général Letort au Roi.]

[73: Il refusa constamment le traitement et les frais de bureau considérables attachées au grade de Major-Général de la garde. Les appointemens de Lieutenant-Général et d'aide-de-camp lui paraissaient suffisans pour le payer plus qu'il ne valait.]

[74: Je ne puis m'empêcher de faire remarquer la beauté de ce passage.]

[75: Le Roi partit si subitement, qu'il n'eut pas le tems d'enlever ses papiers personnels. On trouva, dans sa table à écrire, son porte-feuille de famille; il renfermait un très-grand nombre de lettres de Madame la Duchesse d'Angoulême, et quelques-unes des Princes. Napoléon en parcourut plusieurs, et me remit le portefeuille, en m'ordonnant de le faire conserver religieusement. Napoléon voulait qu'on eût du respect pour la Majesté Royale, et pour tout ce qui appartenait à la personne des Rois.

Le Roi se servait habituellement d'une petite table qu'il avait rapportée d'Hartwell: Napoléon prit plaisir à y travailler pendant quelques heures: il la fit retirer ensuite, et prescrivit qu'on en eût le plus grand soin.

Le fauteuil mécanique du Roi, ne pouvant convenir à Napoléon, dont le corps et la santé étaient pleins de force et de vigueur, fut relégué dans l'arrière cabinet. Quelqu'un s'y trouvait assis dans un moment où l'Empereur passa sans être attendu. Il lui lança un regard courroucé, et le fauteuil fut enlevé.

Un de ses valets de chambre, comptant lui faire sa cour, osa placer sur sa cheminée des caricatures injurieuses aux Bourbons; il les jeta dédaigneusement au feu, et lui ordonna sévèrement de ne plus se permettre à l'avenir de semblables impertinences.]

[76: Napoléon, m'a-t-on assuré, composa dans sa jeunesse l'histoire de Paoli et de la guerre de la liberté: puisse-t-il, pour l'instruction des siècles à venir, réaliser le dessein d'écrire l'histoire de son règne! Ce règne est si fécond en événemens extraordinaires, en catastrophes imprévues, il nous offre de si nombreux exemples des vicissitudes humaines, que son histoire pourrait suppléer à toutes les autres, et devenir à elle seule la leçon des peuples et des rois.]

[77: Ce décret et tous ceux datés précédemment du Palais des Tuileries, ne contenaient plus d'autre qualification que celle d'Empereur des Français, On supprima les etc. etc. remarqués avec inquiétude dans les proclamations et les décrets de Lyon. Ils y avaient été insérés sans réflexion, et seulement par tradition. L'Empereur ne voulut point non plus qu'on continuât à terminer ses lettres familières par cette formule: «Sur ce, je prie Dieu qu'il vous ait en sa sainte garde, etc.: il faut laisser là, dit-il, toutes ces vieilles antiquailles; elles sont bonnes pour les Rois par la grâce de Dieu.»]

[78: Jamais en effet, à aucune époque de la révolution, les écrivains ne jouirent d'une liberté et d'une impunité aussi complète. La saisie, du *Censeur Européen*, dont on fit tant de bruit, fut l'ouvrage de M. Fouché. L'Empereur ne connut cette infraction à la loi, que lorsqu'elle fut consommée, et sur le champ il ordonna qu'on rendit aux rédacteurs du *Censeur* les exemplaires confisqués, et qu'on leur permit de les répandre librement dans la circulation.]

[79: L'audience devait avoir lieu à midi, et à neuf heures Sa Majesté n'avait point encore préparé ses réponses; elles furent dictées à la hâte, et à peine eûmes-nous le tems de les mettre au net.]

[80: Je n'entends parler ici que des adresses des corps constitués et de certains généraux et préfets.]

[81: Ce fut cette mission qui devint la source de la disgrâce dans laquelle le Maréchal vécut jusqu'au jour de son rappel à l'armée. L'Empereur lui avait fait ordonner de partir sur-le-champ; il répondit qu'il ne pourrait partir qu'autant qu'on lui payerait une vingtaine de mille francs qui lui étaient dus; l'Empereur, en jurant, ordonna qu'ils fussent payés.

Le lendemain, le général Lecourbe, à qui l'Empereur venait de confier un commandement important, lui écrivit pour lui demander plusieurs grâces, et en outre cent cinquante mille francs à titre de traitement arriéré, pour payer ses dettes.

Deux autres généraux moins connus, voulurent également lui faire acheter leurs services. Il se révolta contre leurs prétentions. «Est-ce que ces gens-là, dit-il, croyent que je jette mon argent par les fenêtres? Je n'ai point envie de me laisser rançonner à la Henri IV: s'ils ne veulent pas se battre, qu'ils mettent des jupons, et qu'ils aillent se promener.»]

[82: Je regrette de n'avoir point recueilli son nom.]

[83: Forteresse où se trouvait casernée la garnison.]

[84: Elle partit dans la soirée pour Pouillac, où, après avoir adressé ses adieux aux volontaires à cheval qui l'avaient escortée, elle monta à bord d'un navire anglais, et mit à la voile le 2 avril pour l'Angleterre.]

[85: Rapport du général Ernouf.]

[86: Il oublia le général Loverdo.]

[87: Les diamans que l'on voulait obtenir en échange du duc d'Angoulême représentaient une valeur de quatorze millions. Le duc d'Otrante proposa à l'Empereur de donner M. de Vitrolles par dessus le marché, si l'on voulait les restituer; l'Empereur y consentit très-volontiers. Le duc d'Otrante entama une négociation à cet égard, qui n'eut d'autre résultat que de lui procurer l'occasion de correspondre plus à son aise avec Gand.]

[88: Il fut reconnu par le duc d'Albuféra, que cette trahison prétendue était l'effet de la méprise que j'ai rapportée plus haut, et le décret n'eut point de suite.]

[89: C'était un sobriquet donné par Napoléon à ses vieux grenadiers.]

[90: L'Empereur Alexandre fit éclater particulièrement la plus généreuse indignation.]

[91: M. de Vincent partit avant que cette lettre ne fût rédigée, et on la confia à son secrétaire. L'Empereur d'Autriche se la fit remettre et se contenta d'annoncer à l'Impératrice Marie-Louise qu'on avait reçu des nouvelles de son époux, et qu'il se portait bien.]

[92: Par une singularité assez plaisante, de tous les hommes à deux fins dont se servit l'Empereur, aucun ne lui inspira plus de confiance que M. de Mont***. Il l'avait autrefois maltraité, persécuté et exilé; il savait qu'il le détestait et qu'il était l'ami le plus intime, le plus dévoué de M. de Talleyrand: mais il connaissait aussi la tournure d'esprit de M. de Mont***, et il pensa qu'il trouverait un charme infini à bien remplir sa mission et à *rouer* M. de Talleyrand, qui se flattait de ne l'avoir jamais été par personne. J'ignore si M. de Mont*** trouva piquant ou non d'attraper M. de Talleyrand: ce que je sais, c'est qu'il justifia l'attente de Napoléon, et lui rapporta intactes les lettres que M. de Men*** lui remit.]

[93: J'ignore si le fait est vrai; mais vrai ou faux, il produisit le même effet sur l'esprit des Italiens.]

[94: On ne peut s'empêcher de faire ici un rapprochement. Le comte d'Artois, le 15 Mars, veut former une légion d'élite de la garde nationale de Paris. Il passe en revue les douze légions, les harangue, leur annonce qu'il marchera à la tête des gardes nationaux volontaires: 150 se présentent!

Napoléon, du fond de son cabinet, appelle la garde nationale à la défense de la cause impériale: 150,000 hommes prennent les armes et volent au combat!

Que doit-on conclure de cette froideur d'une part et de cet enthousiasme de l'autre? Je laisse cette question à résoudre aux hommes qui prétendent que la révolution du 20 Mars n'obtint l'assentiment que d'une poignée de factieux.]

[95: Les revers de Napoléon avaient été si rapides, que les possesseurs des grande places et des grandes fortunes n'avaient point eu le tems de réformer leur luxe. Quand les Bourbons furent rappelés, il fallut compter avec soi-même; et toutes ces dépenses effrénées cessèrent tout-à-coup.

D'un autre côté, la nouvelle cour, dans l'intention de se distinguer de la cour impériale, fit succéder au faste utile de Napoléon, la simplicité la plus choquante. Les émigrés les plus riches imitèrent ce pernicieux exemple; et, comme le remarqua Napoléon, le luxe de la table fut à-peu-près le seul auquel ils n'épargnèrent point les encouragemens. Il résulta de ce système d'économie, que les produits de nos manufactures restèrent sans emploi, et que l'industrie fut subitement paralysée.

La paix, que le commerce appelait de tous ses voeux, l'anéantit donc presque totalement; et les manufacturiers, les fabricans, les négocians (j'en excepte ceux des ports), regrettèrent vivement les tems *heureux* où nous avions la guerre.

Il faut convenir, en effet, que notre industrie fut redevable à la guerre et à nos conquêtes, de ses progrès et de son prodigieux accroissement. La guerre, en nous privant des produits des manufactures anglaises, nous avait appris à fabriquer nous-mêmes. La prohibition constante de ces marchandises préserva nos manufactures naissantes des dangers de la concurrence, et leur permit de se livrer avec sécurité aux essais et aux dépenses nécessaires pour atteindre ou surpasser la perfection des fabrications étrangères. Sur tous les points de l'empire, on vit s'élever des filatures et des manufactures de coton, et cette branche de commerce, presqu'inconnue jusqu'alors, employa trois cents mille ouvriers et produisit une valeur commerciale de plus de deux cent cinquante millions. Les autres produits de notre industrie reçurent également des développemens et des améliorations importantes, et la France, malgré la conscription, comptait dans ses nombreux ateliers près de douze cents mille ouvriers.

Si cet état florissant de notre commerce continental fut l'effet de l'agrandissement de notre territoire et de l'essor que la guerre avait donné à notre industrie, il fut aussi (il faut le dire) le résultat des secours, des encouragemens, des distinctions honorifiques, que Napoléon sut répartir à propos à nos fabricans, à nos manufacturiers, et le prix des sacrifices énormes qu'il fit pour créer, restaurer et entretenir ces routes superbes et ces nombreux canaux qui rendaient, entre la France et les contrées soumises à son empire, les communications aussi faciles que sûres et agréables.]

[96: Ces paroles, et plusieurs autres que j'ai déjà citées, prouvent que Napoléon n'ignorait point le parti qu'il aurait pu tirer du peuple. S'il ne s'en servit point, c'est qu'il craignit sans doute que le remède ne fût pire que le mal.]

[97: Napoléon, pendant les Cent Jours, eut un moment l'idée de faire paraître une note semi-officielle sur l'arrestation et la mort du duc d'Enghien.

Voici quelques renseignemens extraits des pièces qui devaient servir de base à cette note.

Des rapports de police avaient instruit Napoléon qu'il existait des menées royalistes au-delà du Rhin, et qu'elles étaient dirigées et entretenues, 1.°, par Messieurs Drack et Spencer Smith, à Stutgard et à Munich; 2.°, par le duc d'Enghien et le général Dumourier. Le foyer des premières était à Offenbourg, où se trouvaient des émigrés, des agens anglais, et la baronne de Reich, si connue par ses intrigues politiques. Le foyer des secondes était soi-disant au château d'Ettenheim où résidaient le duc d'Enghien, Dumourier, un colonel anglais et plusieurs agens des Bourbons.

Les cent vingt-huit mille francs donnés par le ministre Drack au sieur Rosey, chef de bataillon, pour exciter un soulèvement; et les rapports de M. Sh***, préfet de Strasbourg et beau-frère du duc de Fel..., ne laissaient aucun doute sur l'existence des intrigues d'Offenbourg et d'Ettenheim, auxquels M. Sh*** attribuait spécialement l'agitation et les symptômes de mécontentement qui régnaient à Weissembourg et sur plusieurs points de l'Alsace.

D'un autre côté, la conspiration du 3 nivôse venait d'éclater. Les révélations faites par le domestique de Georges et par d'autres individus, portaient à croire que le duc d'Enghien avait été envoyé par l'Angleterre sur les bords du Rhin pour se mettre à la tête de l'insurrection, aussitôt qu'on se serait défait de Napoléon.

La nécessité de mettre un terme à ces complots et d'en effrayer les instigateurs par un grand acte de représailles, cadrait d'une manière incroyable avec les considérations politiques qui portaient Napoléon à tenter un coup d'éclat, pour donner à la révolution et aux révolutionnaires les garanties que les circonstances exigeaient.

Napoléon, nommé consul à vie (j'emprunte ici le langage du manuscrit de Sainte Hélène) sentait la faiblesse de sa position, le ridicule de son consulat. Il fallait établir quelque chose de solide pour servir d'appui à la révolution. Les républicains s'effrayaient de la hauteur où le plaçaient les circonstances; ils se défiaient de l'usage qu'il allait faire de son pouvoir; ils redoutaient qu'il ne renouvelât une vieille royauté à l'aide de son armée. Les royalistes fomentaient ce bruit, et se plaisaient à le représenter comme un singe des anciens monarques: d'autres royalistes, plus adroits, répandaient sourdement qu'il s'était enthousiasmé du rôle de Monck, et qu'il ne prenait la peine de restaurer le pouvoir que pour en faire hommage aux Bourbons, lorsqu'il serait en état de leur être offert.

Les têtes médiocres qui ne mesuraient pas sa force, ajoutaient foi à ces bruits; ils accréditaient le parti royaliste, et le décriaient dans le peuple et dans l'armée; car ils commençaient à douter de lui et de son attachement à leur cause. Il ne pouvait pas laisser courir une telle opinion, parce qu'elle tendait à tout désunir. Il fallait, à tout prix, détromper la France, les royalistes, et l'Europe, afin qu'ils sussent à quoi s'en tenir avec lui. Une persécution de détail contre des propos, ne produit jamais qu'un mauvais effet, parce qu'elle n'attaque pas le mal dans sa racine.

La mort du duc d'Enghien décidait donc la question qui agitait la France; elle décidait de Napoléon sans retour; elle pouvait enfin intimider et punir les auteurs des trames ourdies sans cesse contre sa vie et contre l'état: il l'ordonna.

Il fit appeler le maréchal Berthier, et ce ministre prescrivit au général Ord***, par un ordre que l'Empereur dicta et que j'ai *vu*, de se rendre en poste à Strasbourg; de faire mettre à sa disposition par le général Lev*** quinze pontonniers, trois cents dragons de la garnison de Schelstadt et trente gendarmes; de passer le Rhin à Rheinaw, de se porter sur Ettenheim, de cerner la ville, *d'enlever le duc d'Enghien, Dumourier, un colonel anglais, et tous les individus qui seraient à leur suite.*

Le duc d'Enghien, le général Thumery, le colonel de Grunstein, le lieutenant Schmidt, l'abbé Weinburn, et cinq autres personnes subalternes, furent arrêtées par un chef d'escadron de gendarmerie nommé Ch***, chargé de cette partie de l'expédition.

On acquit alors, et seulement alors, la certitude que Dumourier n'était point à Ettenheim. On avait pris pour lui le général Thumery. Cette erreur causée par la similitude de leurs grades et par l'espèce de conformité de leur noms, qui, avec l'accent allemand, se prononcent à peu-près de la même manière, avait accru, dans la pensée de Napoléon, l'importance et la criminalité des prétendues menées d'Ettenheim, et exerça sur sa détermination la plus funeste influence.

Le duc d'Enghien fut amené de Strasbourg à Paris, et traduit devant une commission militaire.

L'Impératrice Joséphine, la princesse Hortense, se jetèrent en larmes aux pieds de Napoléon, et le conjurèrent de respecter la vie du duc d'Enghien. Le prince Cambacérès et le prince de Neufchâtel lui remontrèrent vivement l'affreuse inutilité du coup qu'il allait frapper. Il paraissait hésiter, lorsqu'on vint lui annoncer que le prince avait cessé de vivre.

Napoléon ne s'était point attendu à une catastrophe aussi prompte. Il avait même donné l'ordre à M. Real de se rendre à Vincennes pour interroger le duc d'Enghien; mais son procès et son exécution avaient été pressés par Murat, qui, poussé par quelques régicides, à la tête desquels se trouvait M. Fou***, crut servir Napoléon, sa famille et la France, en assurant la mort d'un Bourbon.

Le prince de T***, à qui l'Empereur a souvent reproché publiquement de lui avoir conseillé l'arrestation et la mort du duc d'Enghien, fut chargé d'apaiser la cour de Bade et de justifier la violation de son territoire aux yeux de l'Europe. M. de Caulincourt se trouvant à Strasbourg, l'Empereur le crut plus propre que tout autre à suivre une négociation, si la tournure de l'affaire venait à l'exiger; et il fut chargé d'envoyer au ministre de Bade la dépêche du prince de T***; mais on n'eut point besoin de recourir à la voie des négociations. La cour, loin de se plaindre qu'on eût violé son territoire, témoigna être fort aise que la marche suivie lui eût ôté la honte d'un consentement ou l'embarras d'un refus.

Tel est le récit exact et véridique des circonstances qui ont précédé, suivi et accompagné l'enlèvement et la mort du dernier des Condé.

On a long-tems imputé, et les personnes non instruites de la vérité imputent encore à M. de Caulincourt l'arrestation du duc d'Enghien: les unes prétendent qu'il l'arrêta de ses propres mains; les autres qu'il donna l'ordre de se saisir de sa personne: ces deux imputations sont également fausses. Il n'a point arrêté le duc d'Enghien, car son arrestation fut exécutée et consommée par le chef d'escadron Ch***. Il n'a point donné directement ou indirectement l'ordre d'arrêter ce prince, car la mission spéciale de le faire enlever avait été confiée au général Ord***; et ce général n'avait aucun ordre à recevoir de M. de Caulincourt son égal, et peut-être même son inférieur. Ce qui avait fait croire, dans un tems où il n'était point possible d'expliquer les faits, que M. de Caulincourt avait été chargé d'arrêter ou faire arrêter le duc d'Enghien, c'est que M. de Caulincourt reçut au même moment que le général Ord***, l'ordre de se rendre à Strasbourg, pour faire enlever les émigrés et les agens anglais qui avaient établi le siége de leurs intrigues à Offenbourg, Mais cette mission, pour laquelle il dut être dans le cas de se concerter avec le général Ord***, et peut-être même de l'appuyer en cas de besoin, car une action simultanée était nécessaire pour qu'une expédition ne fit point échouer l'autre, cette mission, dis-je, quoiqu'analogue, n'avait aucun rapport réel avec celle du général Ord***. Leur but était différent: l'une avait pour objet l'enlèvement du duc d'Enghien à Ettenheim; l'autre, l'arrestation à huit ou dix lieues de là des conspirateurs d'Offenbourg. Peut-être objectera-t-on que M. de Caulincourt n'ignorait point que le général Ord*** était chargé d'arrêter le duc d'Enghien; cela serait vrai, que je ne vois point la conséquence qu'on pourrait en tirer. Mais ce que j'ai *vu* au cabinet, et ce que j'atteste, c'est que l'ordre donné à M. de Caulincourt ne parlait aucunement d'Ettenheim, et que le nom du duc d'Enghien ne s'y trouvait même point prononcé. Il était uniquement relatif d'abord à la construction d'une flotille qu'on préparait sur le Rhin, et secondairement à l'expédition d'Offenbourg, expédition qui se termina (on ne l'a sans doute point oublié) par la fuite si risible du ministre Drack et de ses agens.

J'ai cru de mon devoir, comme Français et comme historien, d'entrer dans ces détails, et de détruire à jamais une erreur dont la malveillance et l'esprit de parti se sont emparés pour chercher à ternir la vie politique d'un des hommes qui fait le plus d'honneur au gouvernement impérial et à la France.

M. de Caulincourt, eût-il commis la fatale arrestation qu'on lui impute, n'en serait pas moins exempt de tout reproche: il aurait fait son devoir, comme le général Ord*** fit le sien. Un militaire n'est point le juge des ordres qu'il exécute. Le grand Condé, tout couvert des lauriers de Rocroy, de Fribourg, de Nordlingue et de Lenz, fut arrêté, au mépris de la foi promise, dans les appartemens du Roi; et ni les contemporains, ni la postérité n'ont fait un crime de cette arrestation au maréchal d'Albret.]

[98: On m'a assuré que, trois fois, il fit offrir à Georges sa grâce, s'il promettait de ne plus conspirer, et que ce n'est qu'au troisième refus qu'il ordonna d'exécuter le jugement.]

[99: Le maréchal Augereau, duc de Castiglione, se trouvait également porté sur cette liste. Il en fut rayé à la prière de la duchesse, et en considération de la proclamation qu'il publia le 23 mars.]

[100: Ces entretiens avec les personnes dont Napoléon estimait l'opinion et le mérite étaient toujours aimables, instructifs, intéressans, toujours empreints de pensées fortes, d'expressions hardies, ingénieuses ou sublimes. Avec les personnes qui lui étaient indifférentes ou dont il pénétrait la nullité, ses phrases à peine commencées n'étaient jamais finies; ses idées ne roulaient que sur des choses insignifiantes, des lieux communs, qu'il assaisonnait volontiers pour se désennuyer, de sarcasmes amers, ou de plaisanteries plus bizarres que spirituelles.

Ceci explique la contradiction des divers jugemens portés sur l'esprit de Napoléon par les étrangers admis à sa cour.]

[101: Procureur-général du Roi, chargé dans certains cas, de la poursuite des délits et des crimes politiques.]

Booksophile
Your Local Online Bookstore

Buy Books Online from

www.Booksophile.com

Explore our collection of books written in various languages and uncommon topics from different parts of the world, including history, art and culture, poems, autobiography and bibliographies, cooking, action & adventure, world war, fiction, science, and law.

Add to your bookshelf or gift to another lover of books - first editions of some of the most celebrated books ever published. From classic literature to bestsellers, you will find many first editions that were presumed to be out-of-print.

Free shipping globally for orders worth US$ 100.00.

Use code "Shop_10" to avail additional 10% on first order.

Visit today
www.booksophile.com

Milton Keynes UK
Ingram Content Group UK Ltd.
UKHW011110201123
432908UK00007B/1164

9 789357 947176